初めて学ぶ建築製図

2色刷ワークブック

〈建築のテキスト〉編集委員会 ▶編

学芸出版社

まえがき

　西日本工高建築連盟では，高等学校で建築を学ぶ生徒が自主的に学習を行い，建築に関する基礎知識を修得するための手引き書となるよう，「建築のテキスト」編集委員会を組織し，1996年に「初めての建築」シリーズ第一弾として『建築環境』『建築一般構造』『建築構造設計』『建築積算』『建築製図』を発刊した．その後，2000年にシリーズ第二弾として『建築計画』『建築構造力学』『建築材料』『建築施工』『建築法規』『建築設備』『建築CAD』を刊行し，全12巻の「初めての建築」シリーズが完結した．

　第一弾の発刊から十余年が経過し，地球温暖化をはじめとする環境問題の深刻化，少子高齢化の進行，ノーマライゼーションの進展など社会状況の大きな変化があり，また，建築関係法令の改正，JIS建築製図通則の改正，教育システムの改変などを受けて，「初めての建築」シリーズの補完が強く望まれていた．

　西日本工高建築連盟では，新たに「建築のテキスト」（第二次増補版）編集委員会を組織し，『建築製図』『建築コンペ・卒業設計』『建築計画』『住環境』『建築設備』『建築構造設計』の6巻を「初めて学ぶ建築」シリーズとして刊行することとなった．

　内容は，前シリーズと同様，高校生はもとより，専門学校，短期大学，大学の建築関係の学生から若い実務者に至るまで，幅広い読者層を考慮するものとなっている．

　『建築製図』は，最新のJIS建築製図通則に準拠し，木構造（住宅），鉄筋コンクリート構造（大学同窓会館），鋼構造（事務所）の各種図面の描き方を2色刷で示し，模型写真や立体図を使って分かりやすく解説している．

　『建築コンペ・卒業設計』は，建築設計競技や卒業設計を行う上で必要な，課題分析，エスキース，プレゼンテーションなどの各プロセスの手法を，多くの写真・図版・実例を用いてていねいに解説している．

　『建築計画』は，建築と風土，都市，文化，歴史などの建築計画の背景，および環境工学，規模計画，デザイン要素，サステイナブル建築などの建築計画の基礎知識の修得を主目的とし，手法の具体例として住宅の計画の進め方を示している．

　『住環境』は，住まいを「地球・都市・まち」の環境の中に位置づけ，住まいの防災・防犯・長寿命化，こころとからだのここちよさ，誰もが使いやすい住まいなどについて，やさしく解説している．

　『建築設備』は，給排水設備，空気調和設備，電気設備，ガス設備，防災設備，搬送設備について，設備の構成や機器の構造を理解することに重点をおいて，分かりやすく記述している．

　『建築構造設計』は，構造設計を理解するための構造力学と構造計画の基本事項を平易に記述した後に，小規模の鉄筋コンクリート構造建築物の一連の構造計算を分かりやすく解説している．

　本シリーズは，日頃建築教育にたずさわる本連盟の会員が知恵を出し合い，多くの図版を用いて初学者の皆さんが楽しく学べるように工夫し，編集したものである．皆さんが多少の努力を惜しまず根気よく学べば，建築に関する基礎知識が必ず修得できるものと確信している．

　本シリーズ発刊にあたり，貴重な資料の提供と適切な助言を賜った皆様に，深い感謝の意を表します．また，出版をお引き受けいただき，執筆・編集にあたり積極的な助言をいただいた㈱学芸出版社社長をはじめ編集部の皆様に厚く御礼申し上げます．

「建築のテキスト」（第二次増補版）編集委員会

まえがき 2

第1章 建築製図の基本 5

- 1・1 製図用具 …………………………………………………6
- 1・2 製図の基本ルール …………………………………………8
- 1・3 図面の概要 …………………………………………………10

第2章 木造図面の描き方 11

- 2・1 配置図 …………………………………………………12
- 2・2 1階平面図 ………………………………………………15
- 2・3 2階平面図 ………………………………………………20
- 2・4 断面図 …………………………………………………24
- 2・5 立面図 …………………………………………………28
- 2・6 かなばかり図 ……………………………………………32
- 2・7 基礎伏図 …………………………………………………40
- 2・8 1階床伏図 ………………………………………………44
- 2・9 2階床伏図・1階小屋伏図 ………………………………48
- 2・10 2階小屋伏図 ……………………………………………52
- 2・11 軸組図 …………………………………………………56
- 2・12 部分詳細図 ……………………………………………60

第3章　鉄筋コンクリート造図面の描き方　61

- 3・1　配置図 ……………………………………………………62
- 3・2　1階平面図 …………………………………………………63
- 3・3　2階平面図 …………………………………………………68
- 3・4　断面図 ……………………………………………………69
- 3・5　立面図 ……………………………………………………73
- 3・6　かなばかり図 ………………………………………………77
- 3・7　部分詳細図 …………………………………………………85

第4章　鋼構造図面の描き方　87

- 4・1　配置図 ……………………………………………………88
- 4・2　1階平面図 …………………………………………………89
- 4・3　2階平面図 …………………………………………………93
- 4・4　断面図 ……………………………………………………94
- 4・5　立面図 ……………………………………………………98
- 4・6　かなばかり図 ………………………………………………102
- 4・7　部分詳細図 …………………………………………………110

第1章　建築製図の基本

作図の手順

1. 中心線を下書きする

2. 柱・壁を下書きする

3. 柱・壁を仕上げる

4. 建具を仕上げる

5. 階段・設備機器・家具を仕上げる

6. 寸法・名称を記入する

1階平面図 S 1:100

1・1 製図用具

(1) 製図の用紙

1) 用紙の種類

鉛筆（シャープペン，ホルダー）やインクを使用したペンで製図する場合は，トレーシングペーパーやケント紙が一般に用いられる．着彩用紙としては，ミューズコットン紙，キャンソン紙，ワトソン紙がある．建築士の製図試験では，方眼がうすく印刷された厚手の上質紙が用いられている．

2) 用紙サイズ

用紙サイズは，図1-1に示すようにA系列サイズがJISで定められている．建築ではA列サイズのA1，A2，A3サイズがよく用いられている．用紙の縦横の比は，$1:\sqrt{2}$の関係であり，A1サイズの半分がA2で，A2の半分がA3，A3の半分がA4となっている．

(2) 製図板

製図板には，合板製のほか合板にビニールシートを張ったものや合板にマグネットシートを張ったものがある．製図板のサイズは，A2用，A1用，A0用のものがあり，使用する用紙サイズに合わせて製図板を選ぶとよい．また，用紙は，製図板の上の作図しやすい位置に張り使用する．用紙の端部付近で作図するとき，T定規や三角定規が使いにくくなるので注意する．

(3) 製図機器

製図機器には，平行定規とトラック式がある．平行定規は，直定規が平行に移動し，長い線を引くことができ便利である．トラック式は，T定規，三角定規，分度器，スケールの機能が備わっている機器で製図に便利である．

(4) 定規・スケール

1) 定規

定規には，T定規，三角定規，勾配定規がある．

T定規は，図1-2に示すように製図板にT定規のすり定規を当て主に水平線を引く定規である．三角定規は，垂直線や斜線を引く定規で，45°の直角二等辺三角形のものと，30°と60°の直角三角形のものが二枚一組になっている．図1-3に示すように，左手でT定規を右方向に引き寄せるように押さえ，右手で三角定規をT定規にすらせながら線を引く．長さ240～300mm，厚さ3mm程度のものが使いやすい．勾配定規は，90°以外の2つの角度が任意に設定できる定規で角度と勾配の目盛りがあり，目盛りを合わせて必要な勾配を引くのに便利である．屋根の勾配などの斜線を引くのに用いられる．

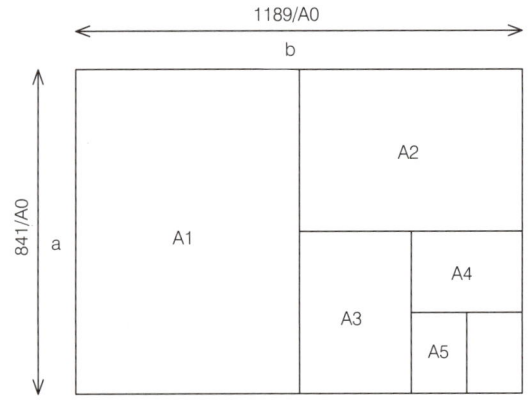

図1-1 用紙サイズA系列

表1-1 用紙のサイズA系列

呼び方	寸法 a × b (mm)
A0	841 × 1189
A1	594 × 841
A2	420 × 594
A3	297 × 420
A4	210 × 297
A5	148 × 210

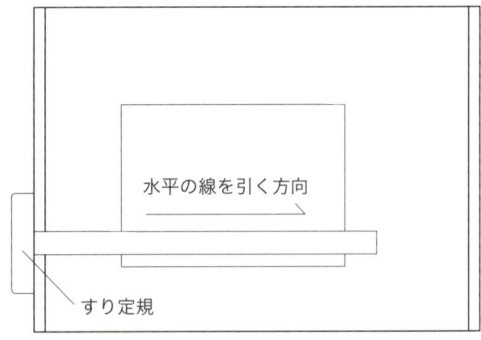

図1-2 T定規の線の引き方

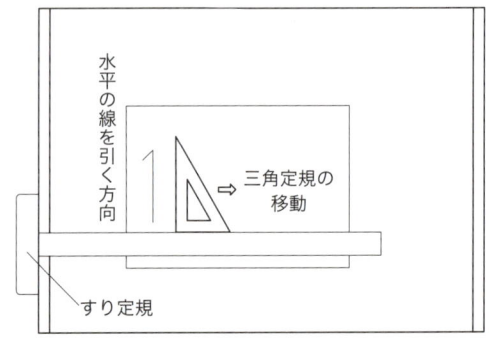

図1-3 三角定規の線の引き方

2) スケール

スケールには，三角スケールやヘキサスケールがある．図の尺度に適したスケールを用い，寸法を測るのに用いられる．建築図面は，いろいろなサイズで描かれるので，三角スケール・ヘキサスケールの縮尺は，1:100，1:200，1:300，1:400，1:500，1:600 の 6 つの縮尺の目盛りが刻まれている．

(5) 筆記用具

鉛筆仕上げの場合は，製図用鉛筆のほか，ホルダーやシャープペンシルが用いられる．シャープペンシルには，0.3〜1mm の芯の太さがあり，線の種類に合わせて太さの違うシャープペンシルを数本用意すると便利である．芯の硬さは，鉛筆，シャープペンシル，ホルダーとも 2H〜2B 程度のものを線の目的や使用する用紙に応じて使い分けるようにする．メリハリのある図面を描くために太い線を引く場合は，HB 以上の芯を使用し，細い線を引く場合は，H 以下の芯を使用するとよい．

シャープペンシルを使用するときは，芯を削る必要はないが，鉛筆は鉛筆削りを使用し，ホルダーはホルダー用の芯削り器を使用すると便利である．

(6) 消しゴム・消し板

鉛筆で作図したものを消すには，プラスチック製の消しゴムはよく消すことができる．細かい部分をきれいに消す場合は，消し板を用いるとよい．

消し板は，ステンレス製の薄いものが使用しやすい．また，消しゴムで不必要な部分のみを消すのに電動消しゴムは便利である．

(7) その他の用具

一般には，小さな円や円弧を描くときは，テンプレートの円定規を使用し，作図する円や円弧の大きさに適した直径を選び使用する．円の中心を通る十字線を下書きし，それに円定規の印を十字線に合わせ円弧を描く．大きな円や円弧を描くときはコンパスを使用し，より大きな円弧を描くときはビームコンパスを使用する．

また，円弧や曲線を描くために雲形定規や自在曲線定規を使用する．テンプレートには，円形，だ円形，四角形，三角形を描くためのものや，家具や衛生陶器を描くためのものがある．

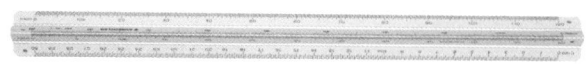
三角スケール(30cm)

三角スケール(15cm)

ヘキサスケール(30cm)

ヘキサスケール(15cm)

シャープペンシル(0.5mm芯)

シャープペンシル(0.3mm芯)

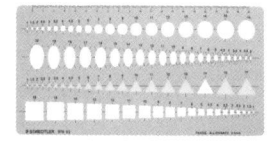
テンプレート

芯削器

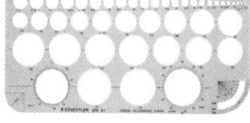
電動消しゴム

雲形定規

消し板

自在曲線定規

テンプレートを使って円を描く

図1-4 製図用具等

1・2 製図の基本ルール

(1) 線

線の種類は，表1-2のように実線，破線，一点鎖線，二点鎖線の4種類がある．また，線の太さには，表1-3のように極太線，太線，細線の3種類がある．図面を構成する線の用途により，線の種類と太さを適宜組み合わせる．

(2) 文字

文字は，図面表現の重要な要素である．図面の名称，室名，材料名などに使われる．ていねいに読みやすいように明瞭にはっきり書く必要がある．文字は，常用漢字（漢字の画数が16画以上の場合は，できるだけかな表現とする），ひらがな，カタカナ，数字，英字が用いられる．文字の大きさは，文字の高さで呼び，漢字は3.5，5，7，10，14，20mmの6種類，かな・数字・英字は2.5，3.5，5，7，10，14，20mmの7種類とする．図1-5に文字の大きさを示す．なお，ていねいにそろえた文字を書くために，薄い補助線を引いて記入する．

(3) 寸法

寸法の単位は，原則ミリメートルで表示し，単位は記入しない．ミリメートル以外で表すときは，単位を記入する．けた数が多い場合は，3けたごとに数字の間隔をあけ読みやすくする．寸法は，寸法線，寸法数字，寸法補助線，端末記号などで構成される．表1-4に寸法の表示の方法を示す．

(4) 尺度

尺度は，倍尺・現寸・縮尺の3種類があり，建築図面では，一般に縮尺で表現され，必要に応じて現寸で表すときもある．縮尺の表現は，S1:100と表され，表1-5のように，描かれる図面に応じて適した尺度が用いられる．なお，平面図・立面図・断面図は，同一の縮尺で示すのが基本である．

表1-2　線の種類と用途

線の種類	線種	用途
実線	────────	外形線、断面線、輪郭線など
破線	─ ─ ─ ─ ─	隠れ線
一点鎖線	─・─・─・─	中心線、基準線、境界線
二点鎖線	─‥─‥─‥─	想像線

表1-3　実線の太さと用途

線の太さ	線種	用途
極太線	────────	断面線、輪郭線など
太線	────────	外形線など
細線	────────	中心線、寸法線、目地線など

図1-5　文字の大きさ

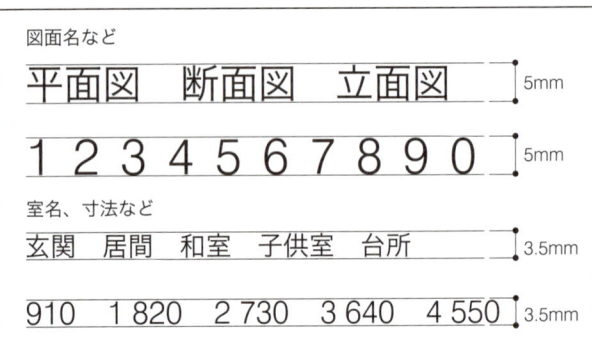

表1-4　寸法の表示

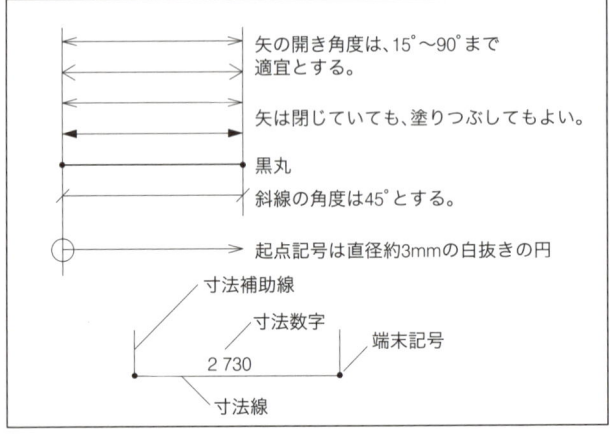

表1-5　尺度の種類と図面の種類

尺度	図面の種類
S 1:1、S 1:2	現寸図、部分詳細図など
S 1:5、S 1:10、S 1:20、S 1:50	かなばかり図、部分詳細図など
S 1:100、S 1:200	平面図、断面図、立面図、配置図
S 1:500、S 1:1000、S 1:2000	大規模な敷地の配置図など

(5) 表示記号

建築物を縮尺して図面表現するために，JISにより標準的な製図記号を定めている．建築製図では，JIS A0150で平面表示記号（表1-6），材料構造表示記号（表1-7）を定めているので，これを用いて表現する．

表1-6 平面表示記号

出入口一般	回転扉	片引戸	窓一般	はめ殺し窓 回転窓 すべり出し窓 突き出し窓	網窓
片開き扉	折りたたみ戸	引込戸	片開き窓	上げ下げ窓	格子付き窓
両開き扉	伸縮間仕切（材料・様式を記入）	雨戸	両開き窓	シャッター	シャッター付き窓
自由扉	引違い戸	網戸	引違い窓	両開き防火戸および防火壁	階段上り表示

表1-7 材料構造表示記号

表示事項＼縮尺	1:100、1:200程度	1:20、1:50程度（1:100、1:200程度で用いてよい）	現寸、1:2、1:5程度（1:20、1:50、1:100または1:200程度で用いてよい）
壁一般			
コンクリートおよび鉄筋コンクリート			
軽量壁一般			
普通ブロック壁			実形を書いて材料名を記入
軽量ブロック壁			
鉄骨			
木材および木造壁	真壁造 管柱 片ふた柱 通し柱／真壁造 管柱 間柱 通し柱／大壁 管柱 間柱 通し柱／（柱を区別しない場合）	化粧材／構造材／補助構造材	化粧材（年輪または木目を記入する）／構造材 補助構造材／合板

表示事項＼縮尺	1:100、1:200程度	1:20、1:50程度（1:100、1:200程度で用いてよい）	現寸、1:2、1:5程度（1:20、1:50、1:100または1:200程度で用いてよい）
地盤			
割石			
砂利・砂		材料名を記入する	材料名を記入する
石材または擬石			
左官仕上		材料名および仕上げの種類を記入する	材料名および仕上げの種類を記入する
畳			
保温・吸音材		材料名を記入する	材料名を記入する
網		材料名を記入する	メタルラスの場合／ワイヤラスの場合／リブラスの場合
板ガラス			
タイルまたはテラコッタ		材料名を記入する／材料名を記入する	
その他の部材		輪郭をかいて材料名を記入する	輪郭または実形をかいて材料名を記入する

1・3 図面の概要

(1) 図面の役割

　図面は，設計者が他の人に，その建築物の設計意図や建築物の内容を伝えるために描くものである．建築図面には，大まかな空間構成や基本的なデザインの方向性を伝える基本設計図，建築確認申請や見積・積算，建築施工をするための実施設計図，そして，実際の施工段階では，より細かな納まりや各部分の詳細を示す施工図がある．

(2) 図面の種類

　建築物を図面で表現する場合，縮尺を用いて表現し，建築物全体を表す図面と各部分納まりを示す詳細図を組み合わせて表現する．建築物全体を表す図面には，平面図，断面図，立面図がある．平面図は，各階を水平に切断して内部空間の構成を表す．断面図は，建築物の高さ方向の構成や寸法が分かるように，鉛直方向に切断して内部を表す．立面図は，外観を表す図面である．

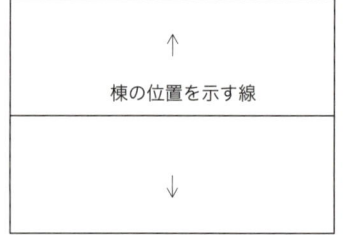

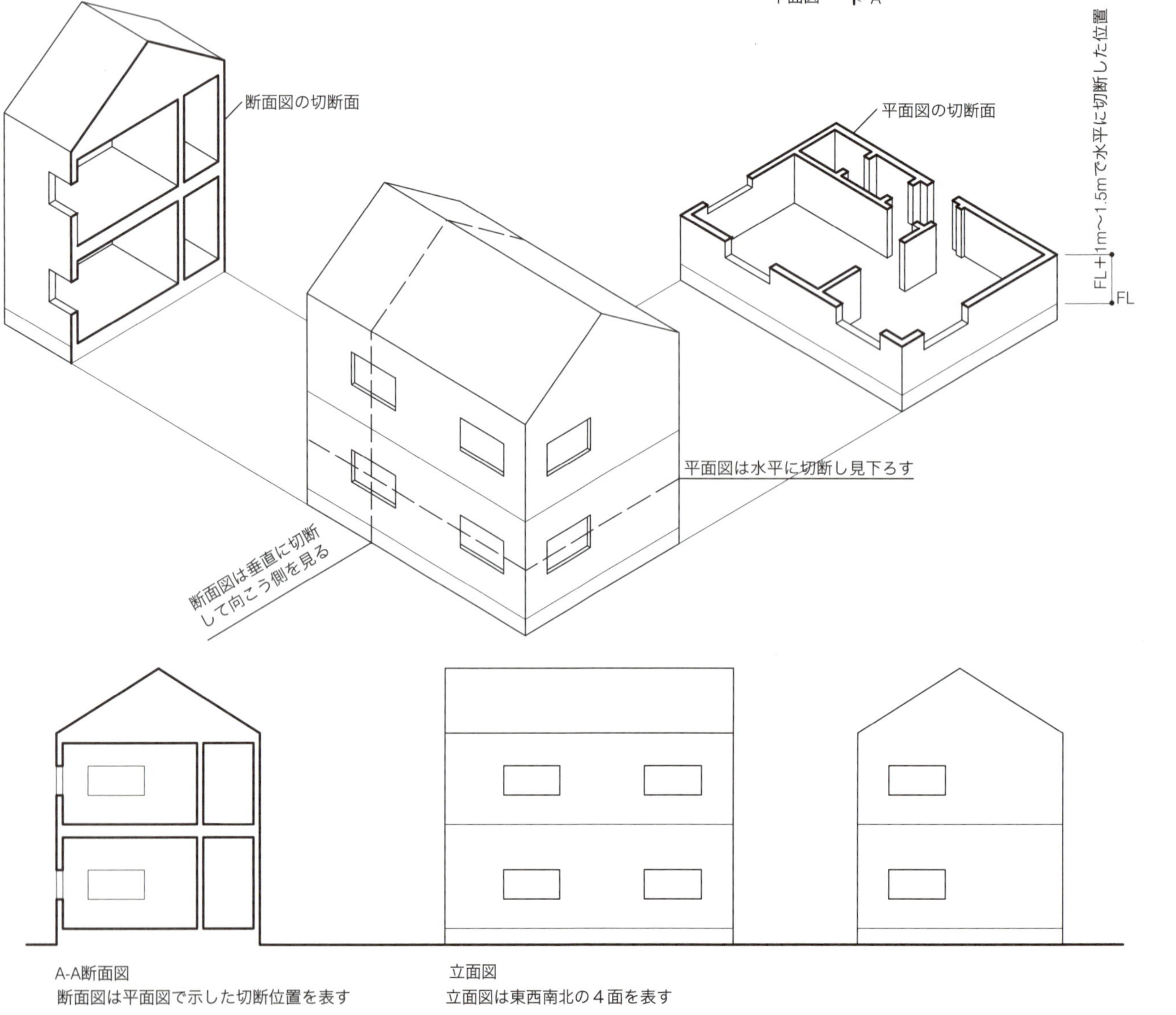

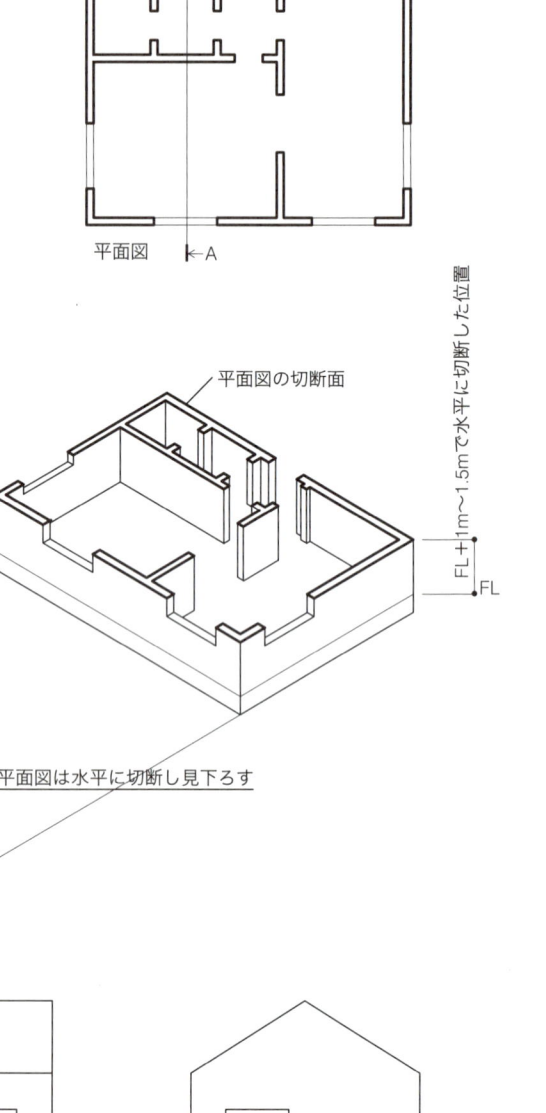

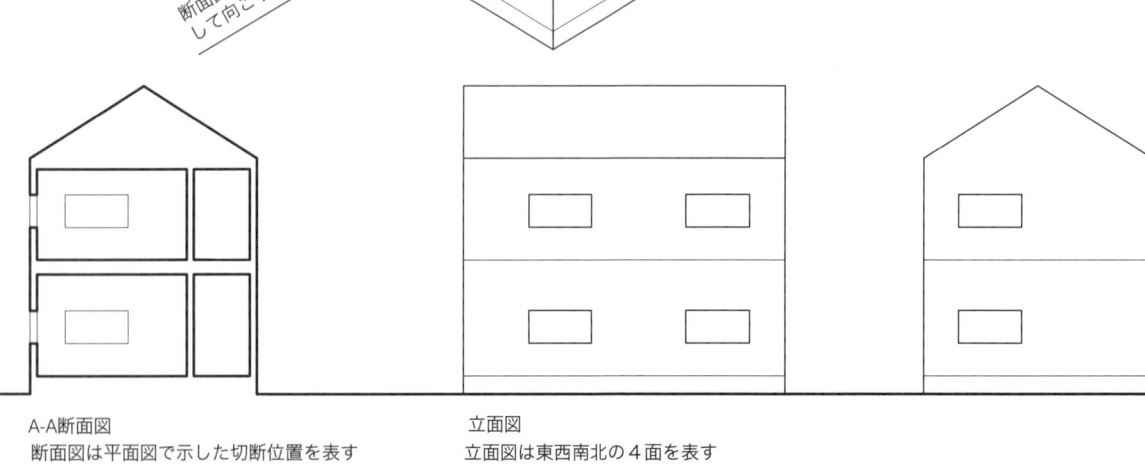

図1-6 図面の概要

第2章　木造図面の描き方

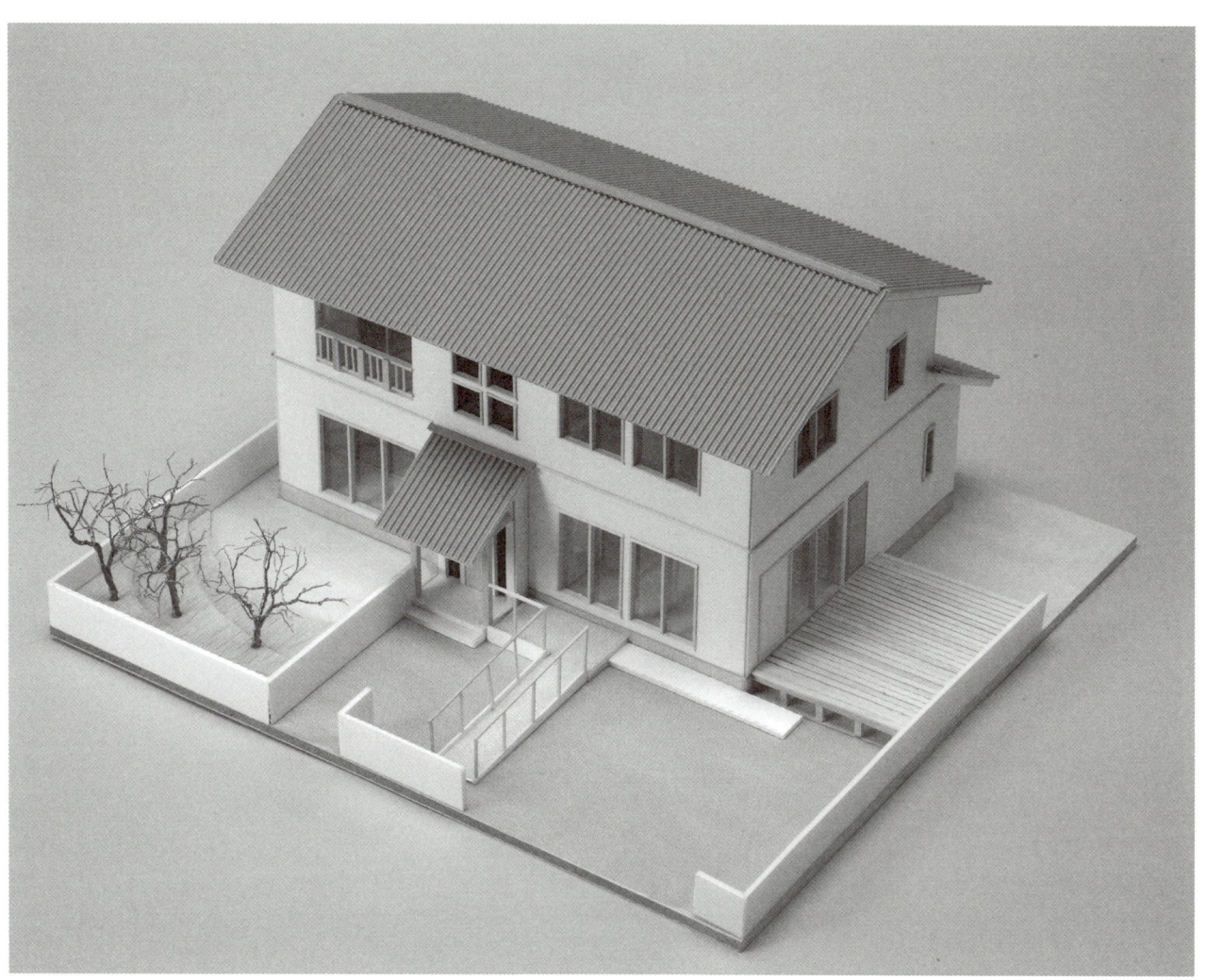

◇建築概要◇
a. 用　　途　専用住宅
b. 地域地区　第1種低層住居専用地域
c. 敷地面積　272.00㎡
d. 建築面積　89.02㎡
e. 延べ面積　157.76㎡
　　　　　　1階　89.02㎡
　　　　　　2階　68.74㎡
f. 構造・階数　木造2階建
◇外部仕上げ◇
a. 屋　　根　桟瓦葺
b. 外　　壁　サイディング張り
c. 開 口 部　アルミサッシ

2・1 配置図

　配置図は，敷地の状況や敷地と建築物の関係，敷地と前面道路や隣地との関係を表す，水平面への投影図である．配置図における建築物の表現には，外壁を描き建築物をハッチで表す方法と，屋根伏図または1階平面図を描く方法がある．ここでは，屋根伏図で表現する．

〈完成図〉

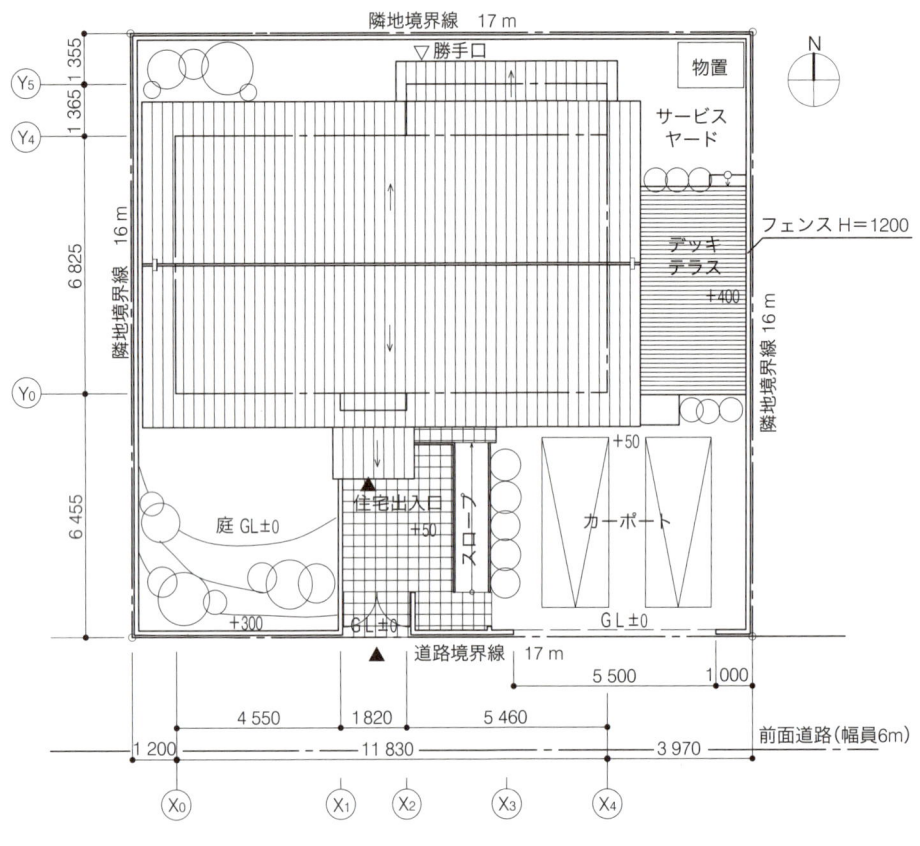

配置図 S 1:200

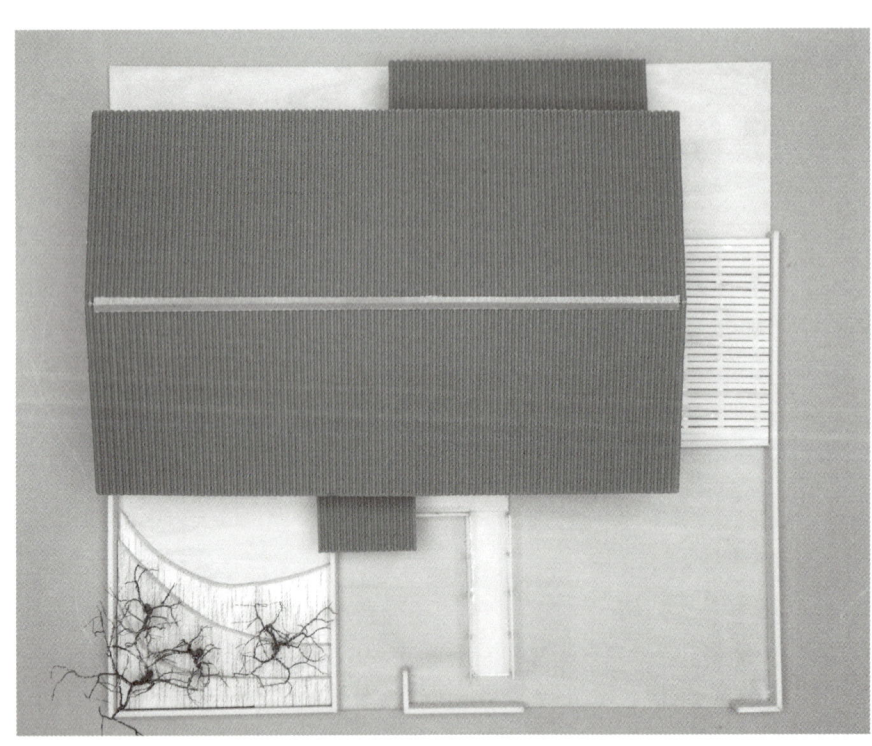

配置図を 1/200 の縮尺で描く．

1）敷地の仕上げ

1. 隣地境界線・道路境界線①～④を仕上げる（太い一点鎖線）．
2. 道路境界線から反対側の道路境界線を仕上げる（太い実線）．
3. 道路中心線を仕上げる（細い一点鎖線）．

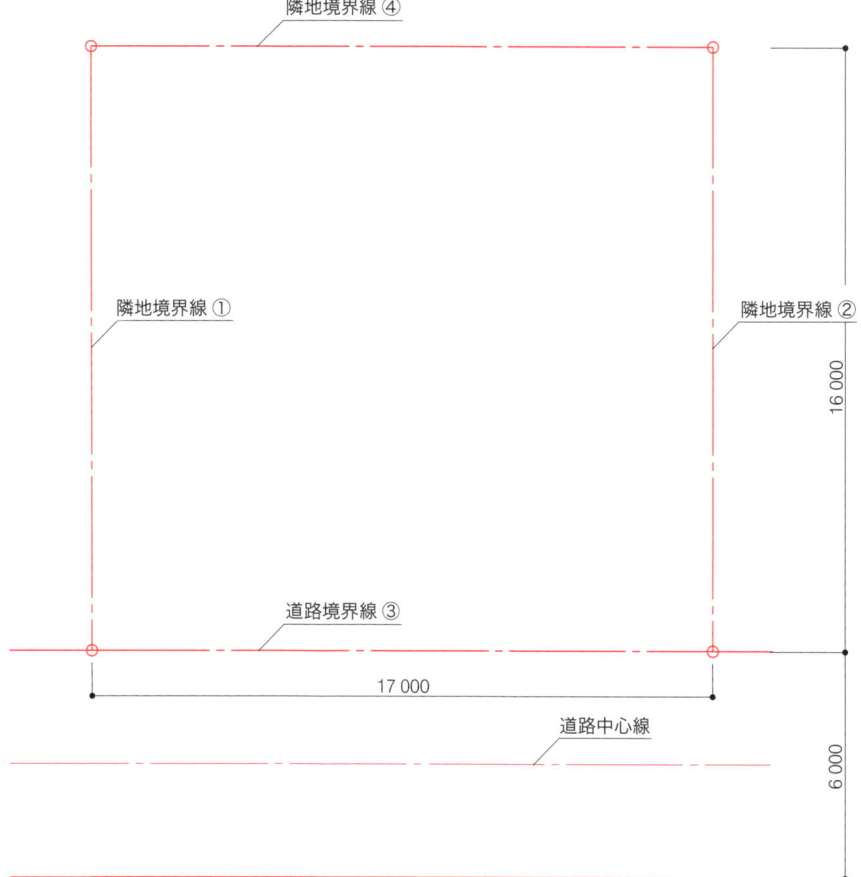

2）建築物の下書き

1. 建築物の外壁の中心線①～⑦を下書きする．このとき，下書き線は実線または一点鎖線で薄く引く．
2. 軒の出（900mm），けらばの出（900mm），玄関庇の出（1820mm）を下書きする．
3. 棟の位置（Y_0 と Y_4 の中心）を下書きする．

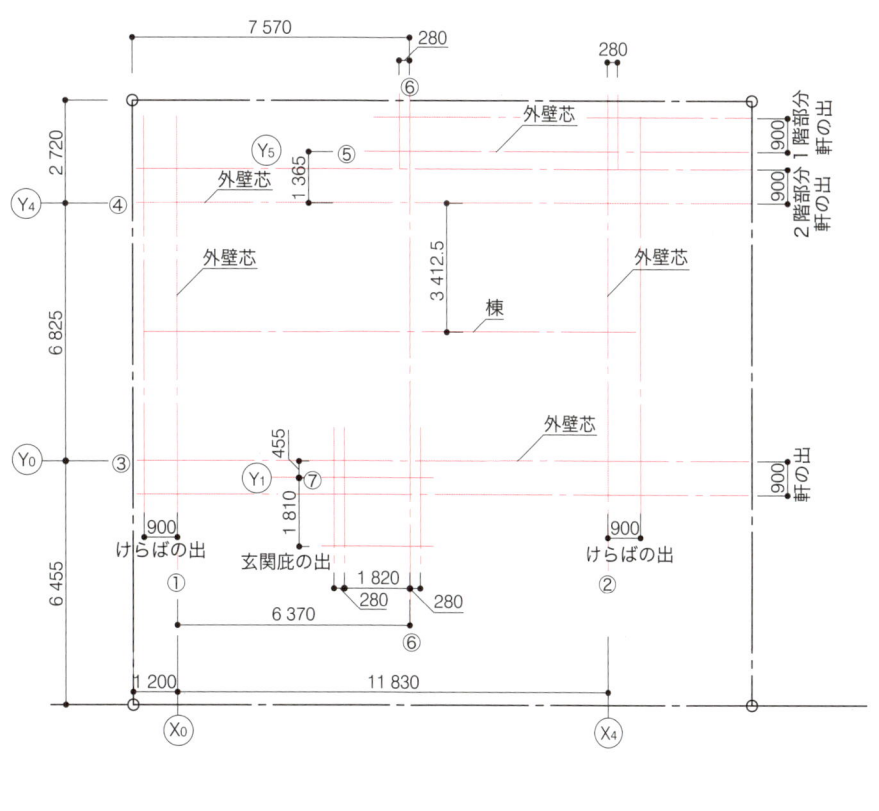

3) 建築物の仕上げ

1. 軒先およびけらばの線を仕上げる（太い実線）.
2. 棟瓦・鬼瓦を仕上げる（太い実線）.
3. 瓦の目地線を仕上げる（細い実線，本例では目地幅を実寸より大きい 400mm としている）.

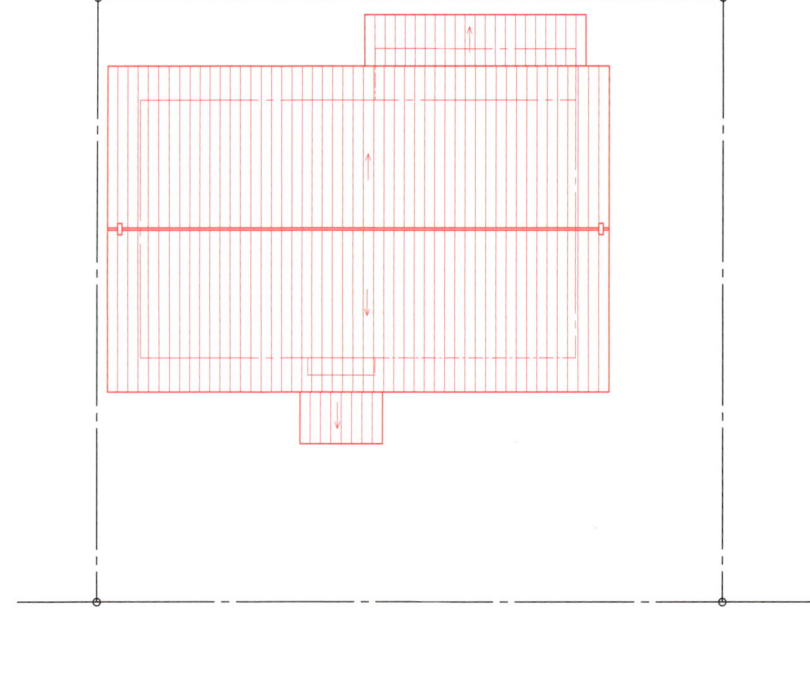

4) 外構の仕上げ, 寸法・名称の記入

1. 敷地内にある植栽，カーポートフェンス，門扉を描く（太い実線）.
2. 隣地境界線の名称や距離，その他各部の名称，出入口の表示（▲△）を記入する.
3. 寸法補助線，寸法線を記入する.
4. 図名・縮尺，方位を記入し，完成させる.

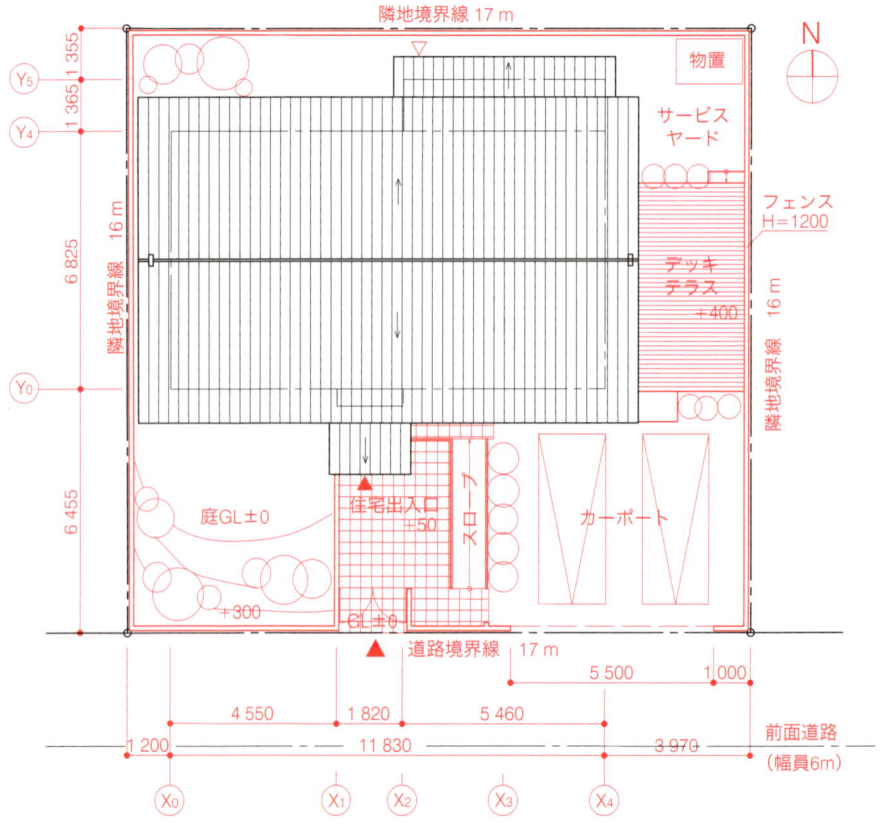

配置図 S 1:200

2・2 1階平面図

平面図は，建築物を床から1m～1.5m位の高さで水平に切断したときの水平面への投影図である．図面は，それぞれの階ごとに描き，縮尺は，1/50，1/100，1/200で建築物の規模に応じて使い分けられる．住宅では，一般的に1/100または，1/50の縮尺で描かれる．平面図は，建築物を示す図面の中で最も重要な図面で，間取りや建具の種類，家具・設備機器の配置などが示される．

〈完成図〉

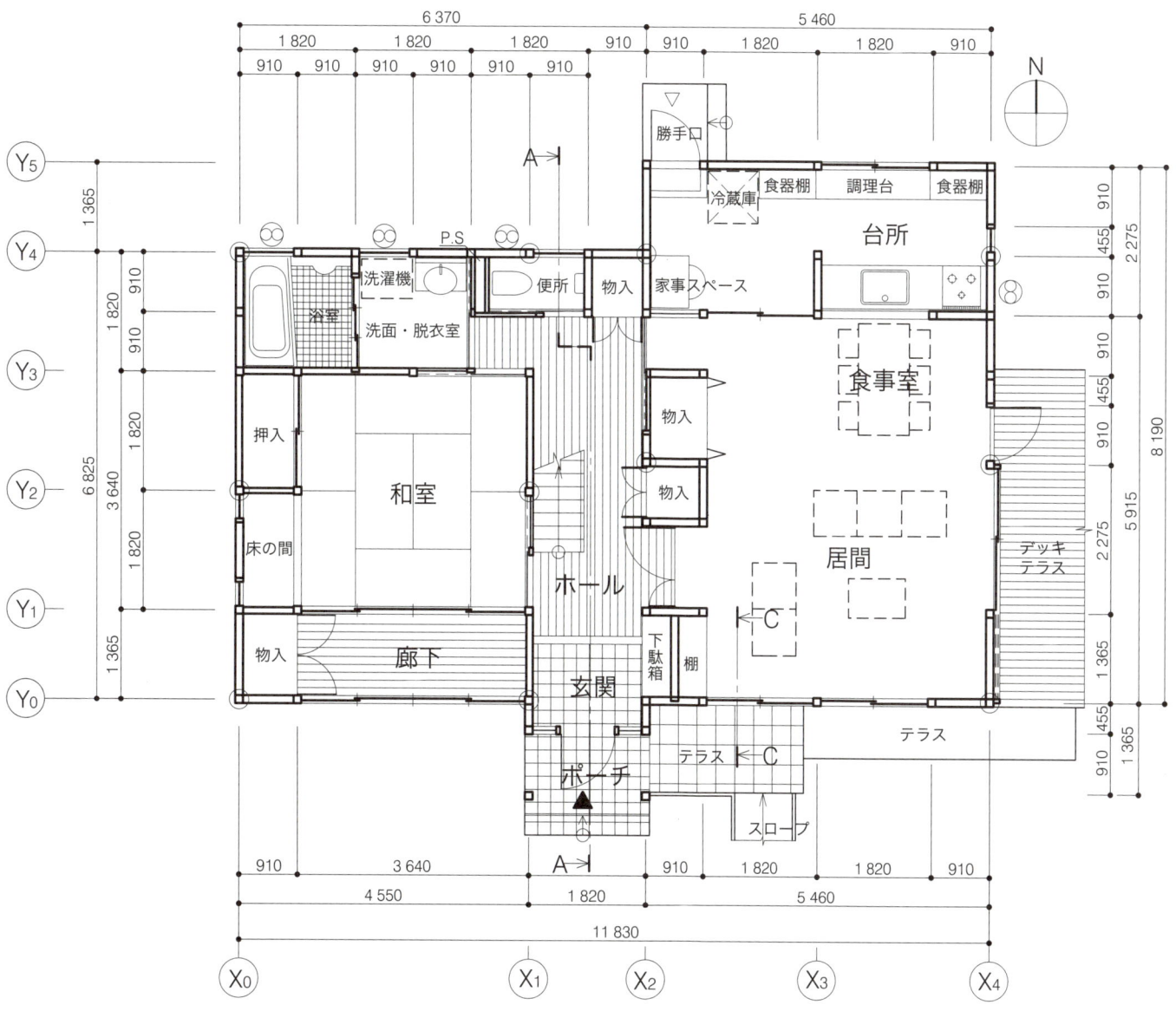

1階平面図 S 1:100

1階平面図を 1/100 の縮尺で描く．

1）中心線の下書き

1. 外壁の中心線①〜⑤を下書きする．
2. 柱や間仕切壁の中心線を下書きする．

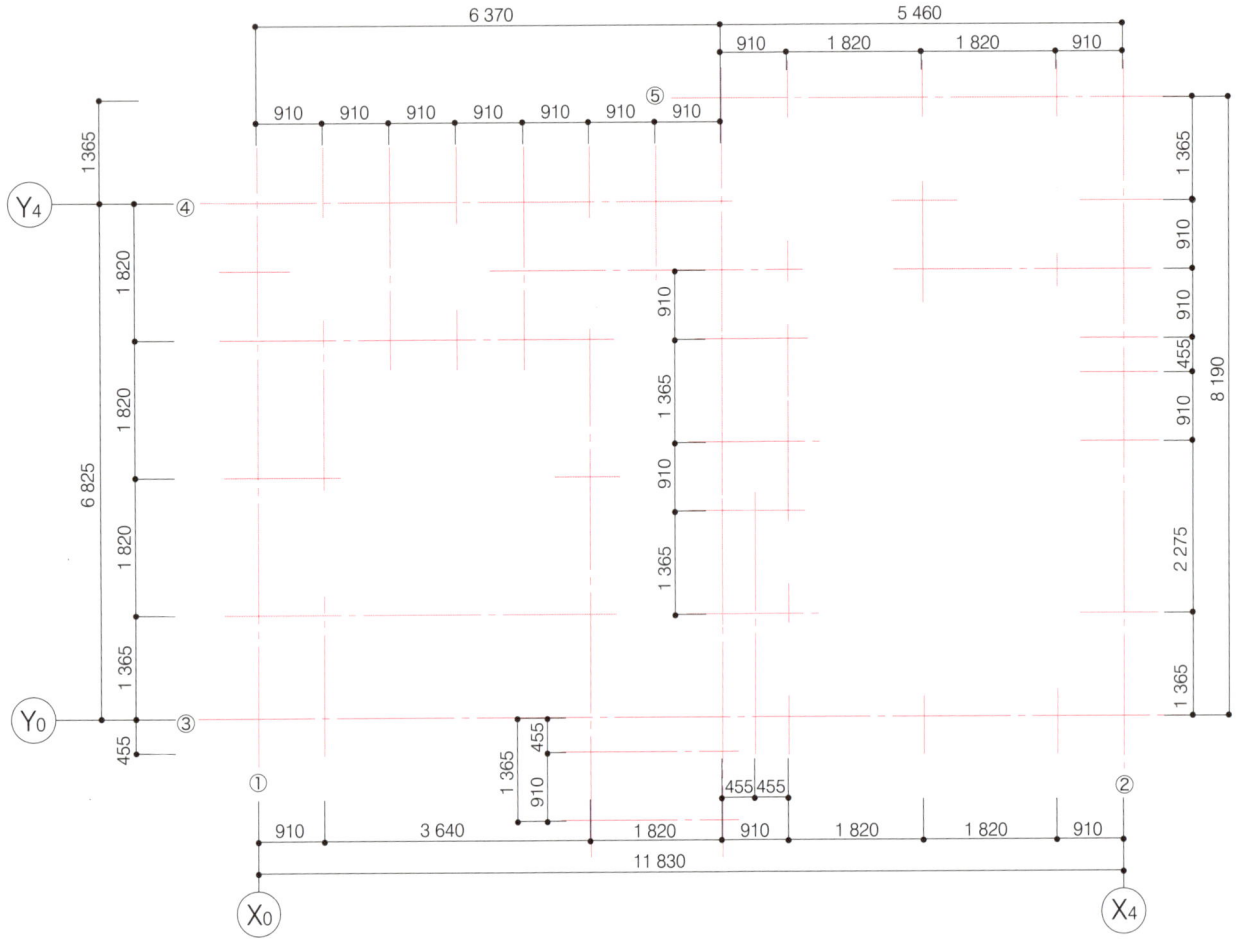

2）柱・壁の下書き

1. 柱幅・壁厚を柱・壁の中心線から振り分けて下書きする（図2-1・2を参照）．
2. 出入り口・開口部に必要な柱幅を下書きする．
3. 半柱を入れる部分に半柱の幅を下書きする．

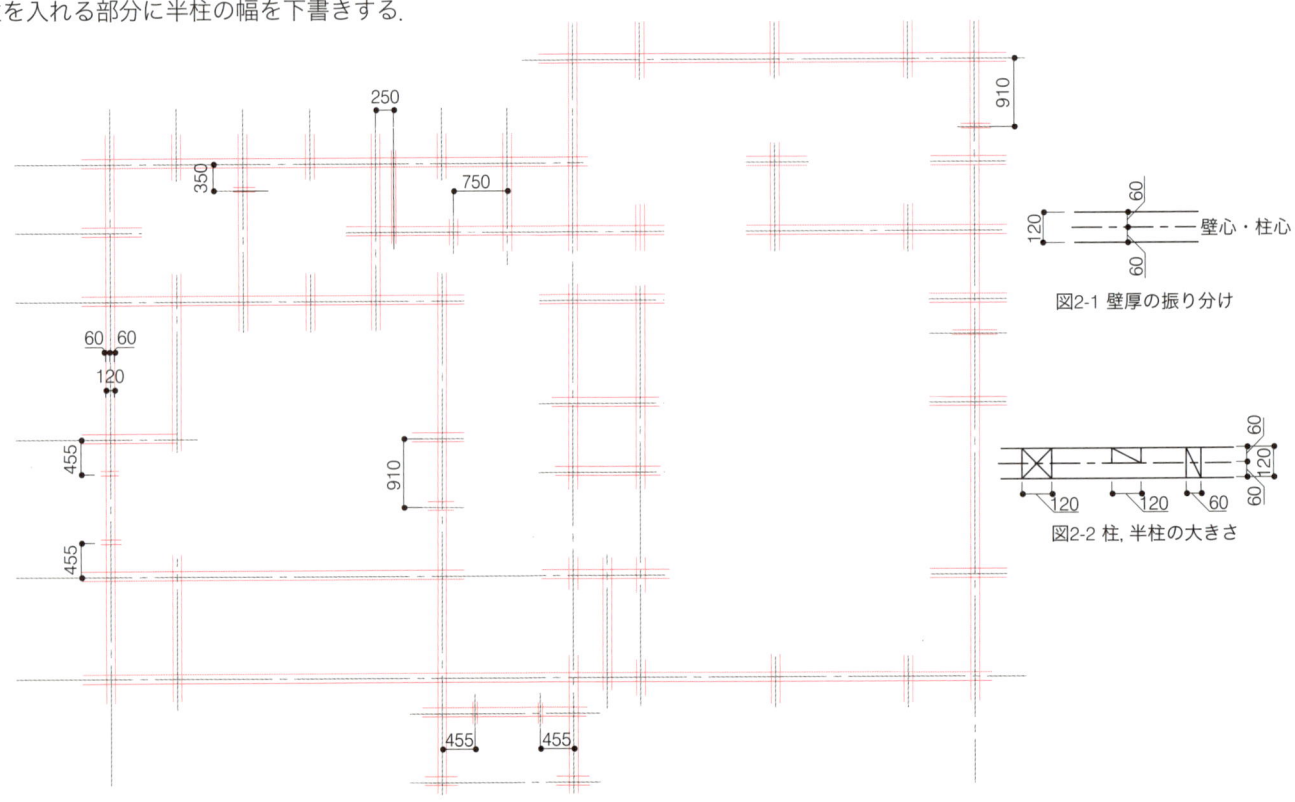

図2-1 壁厚の振り分け

図2-2 柱，半柱の大きさ

3）柱の仕上げ

1. 柱の位置をチェックし，柱を仕上げる（極太の実線）.

注）柱は一本ずつ仕上げずに，図 2-3 のように水平方向の線，垂直方向の線を連続して引き，大きさのそろった柱を描くようにする.

図2-3 柱の仕上げ方

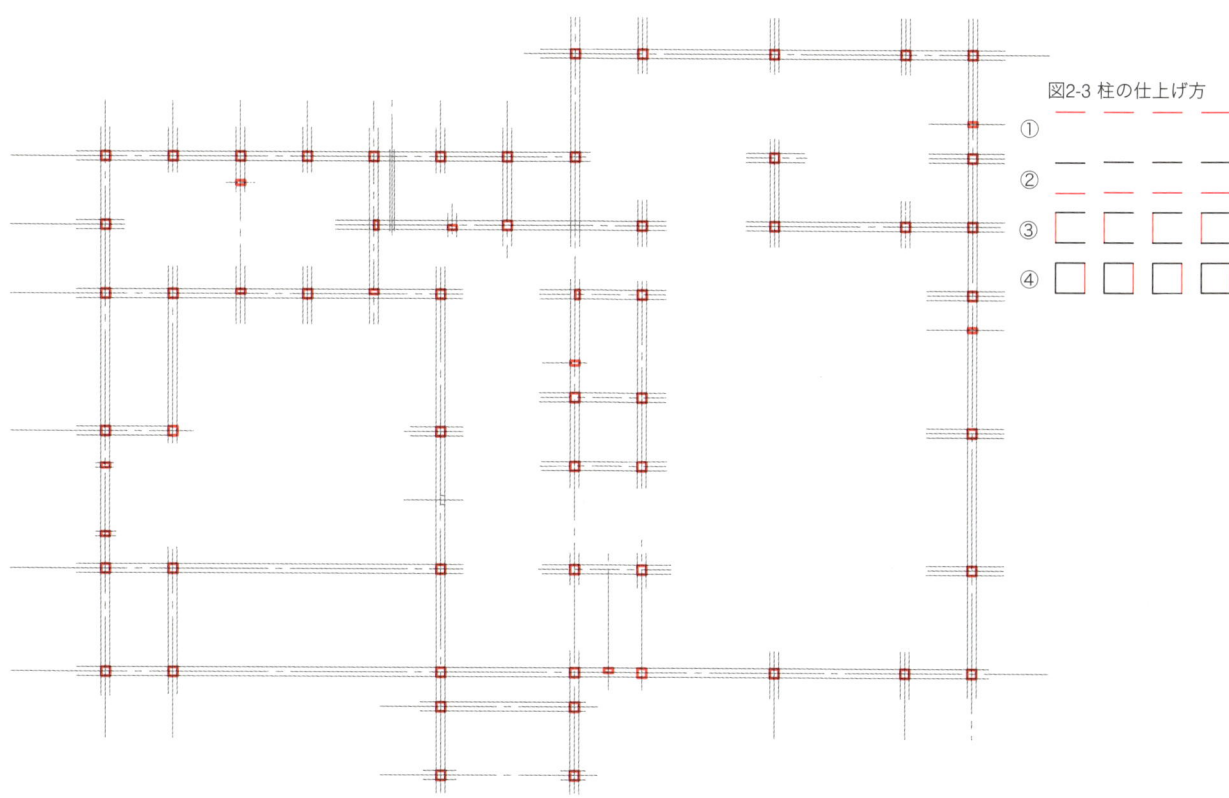

4）壁の仕上げ

1. 壁の位置をチェックしながら壁線を仕上げる（極太の実線，図 2-4･5 を参照する）.

図2-4 大壁の表示

図2-5 併用壁・真壁の表示

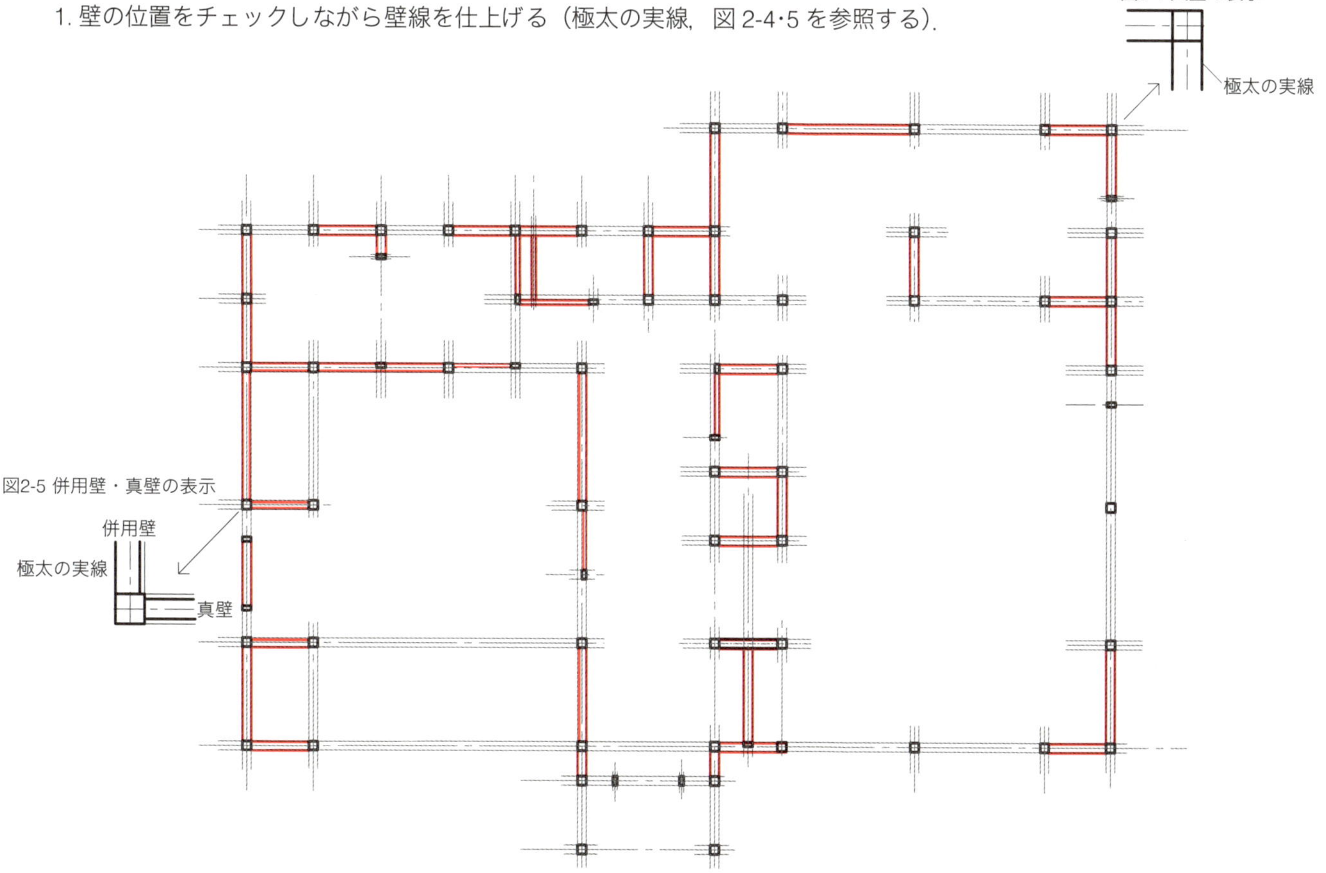

5）建具の仕上げ

1. 外部アルミサッシや内部の建具を，平面表示記号にしたがって仕上げる．開き戸の軌跡はテンプレート（円定規）を使用する（図2-6を参照する）．

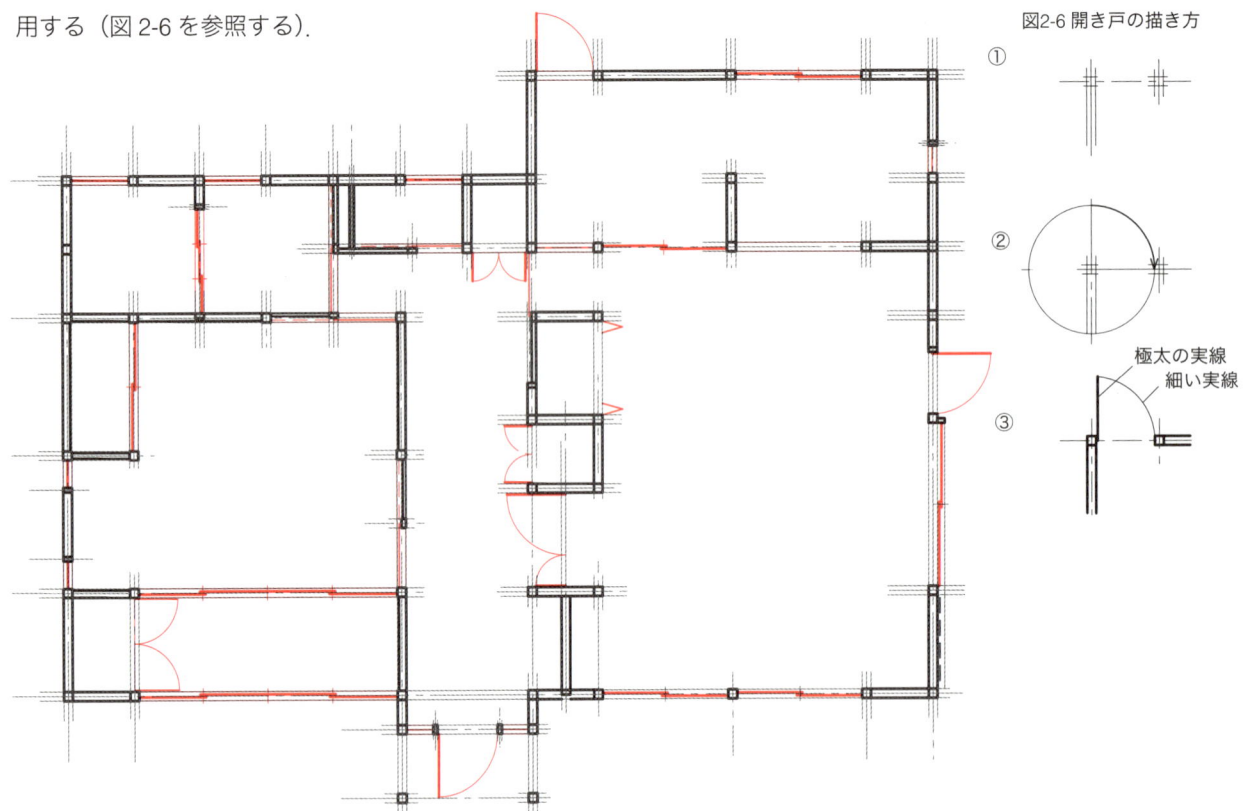

図2-6 開き戸の描き方

6）階段・設備機器・家具の仕上げ

1. 階段は踏面を割付け，1階平面図では7～8段目で斜めに破断線を入れ，それ以上は表現しない．矢線は上り方向を示すように仕上げる．
2. 便器，洗面台，流し台，浴槽，造り付け家具，換気扇の記号を描く（太い実線）．
3. 家具，洗濯機，冷蔵庫などの移動家具を描く（太い破線）．
4. テラス，デッキテラス，ポーチ，スロープの外形線を描く（太い実線）．

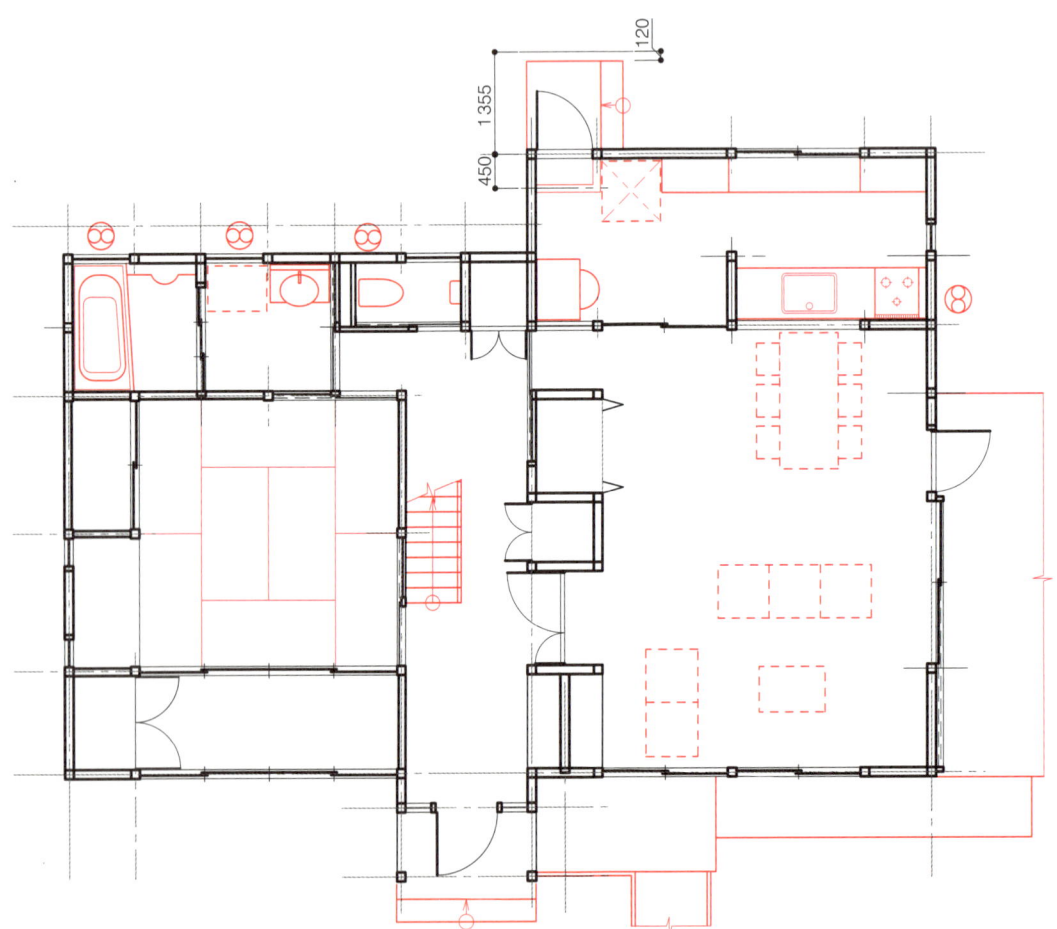

7) 廊下・タイル，通し柱の仕上げ

1. 各室の床仕上げの目地を仕上げる（細い実線）．
2. 通し柱に○印を記入する（細い実線）．

8) 寸法・名称の記入

1. 寸法線，寸法補助線を引き，寸法を記入する．
2. 断面図・かなばかり図の切断位置を示す切断線を引き（細い一点鎖線，隅部・端部は太く表現），記号を記入する．
3. 室名，図名，縮尺，方位を記入し図面を完成させる．

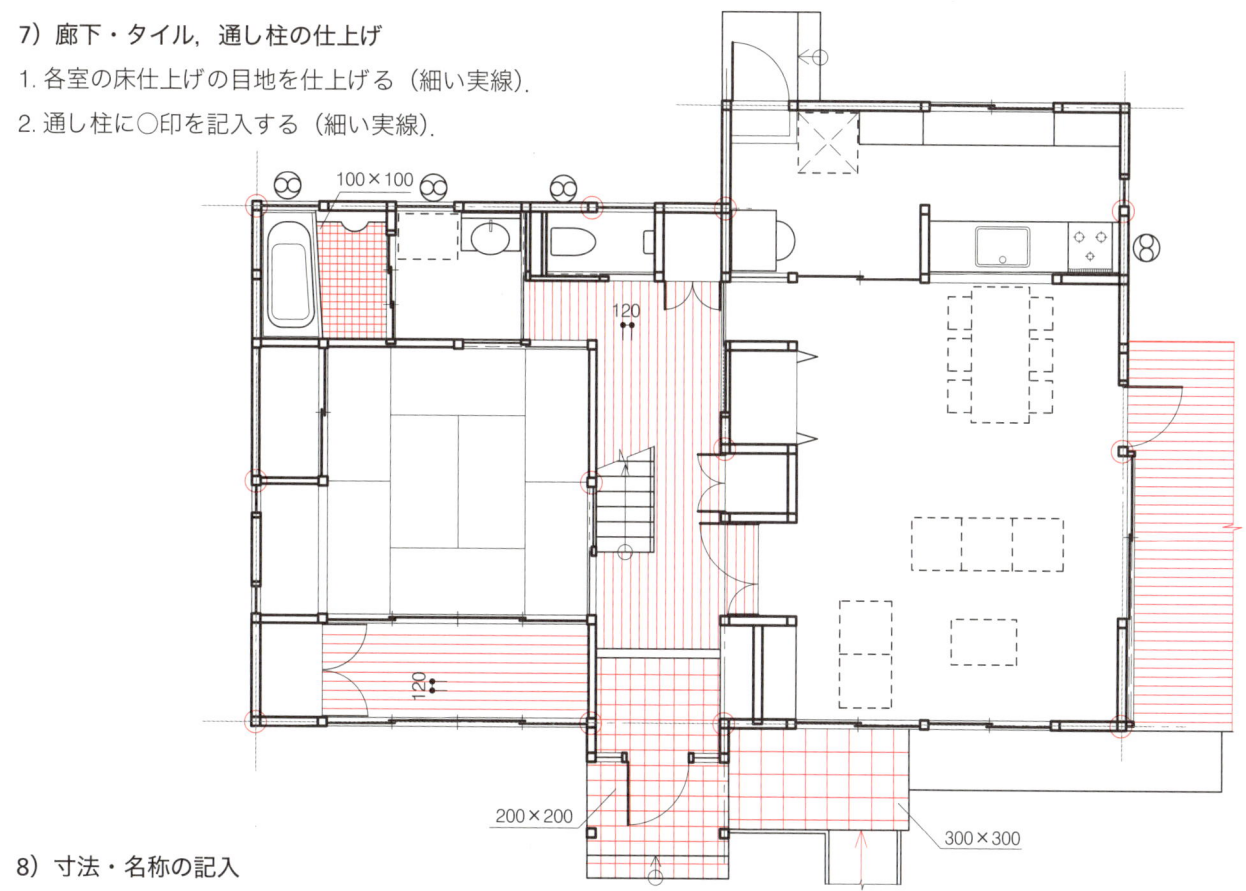

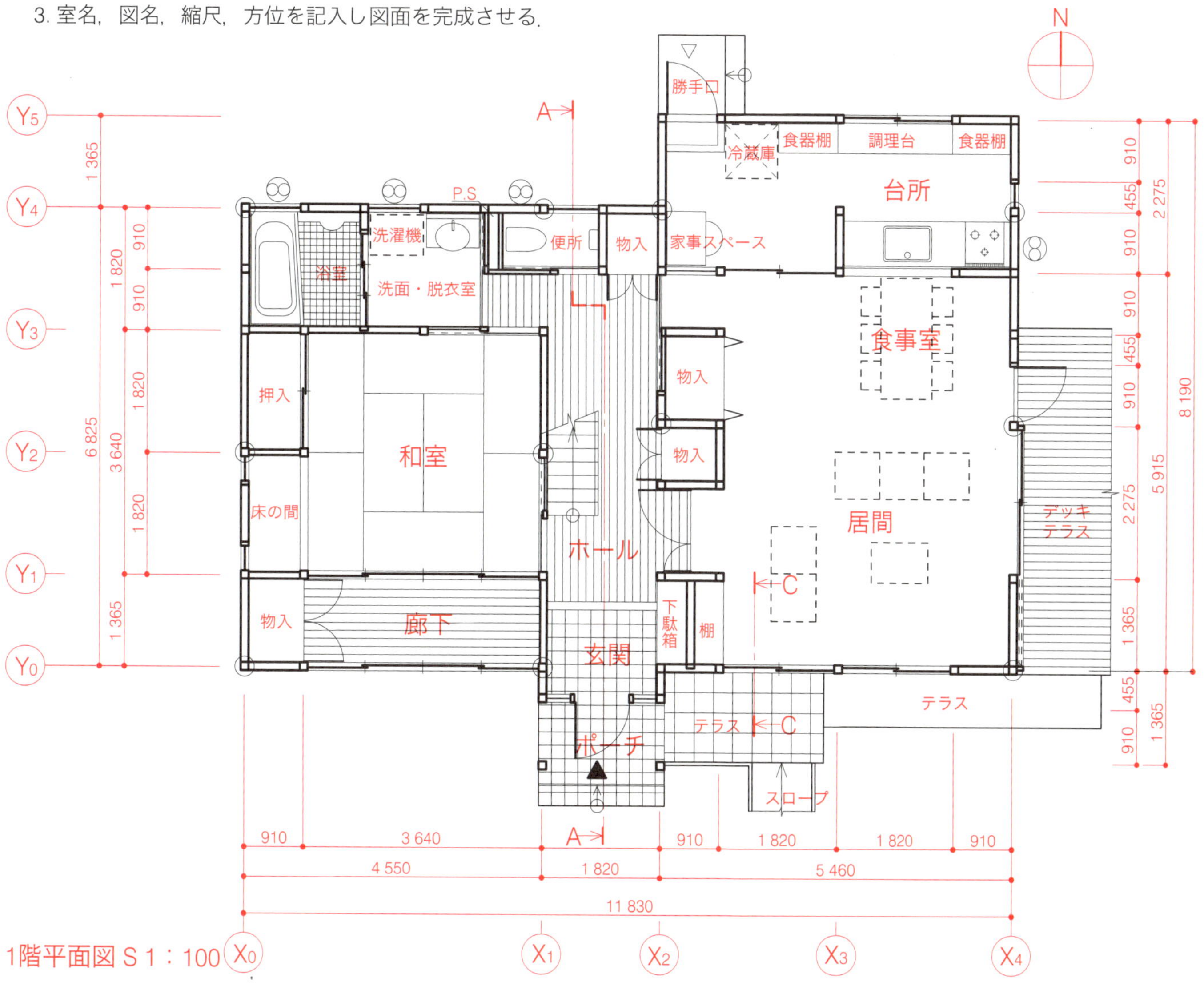

1階平面図 S1：100

2・3 2階平面図

〈完成図〉

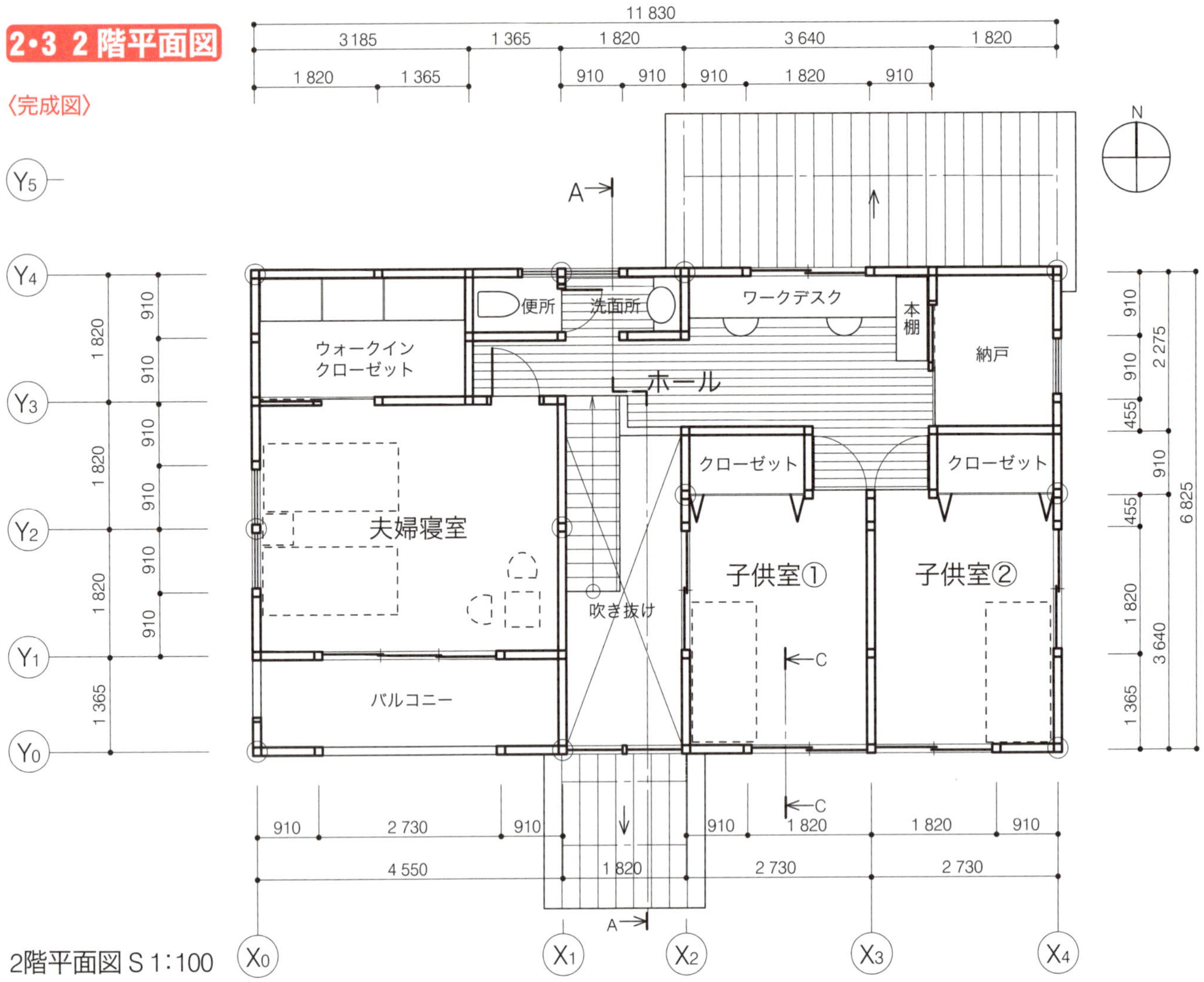

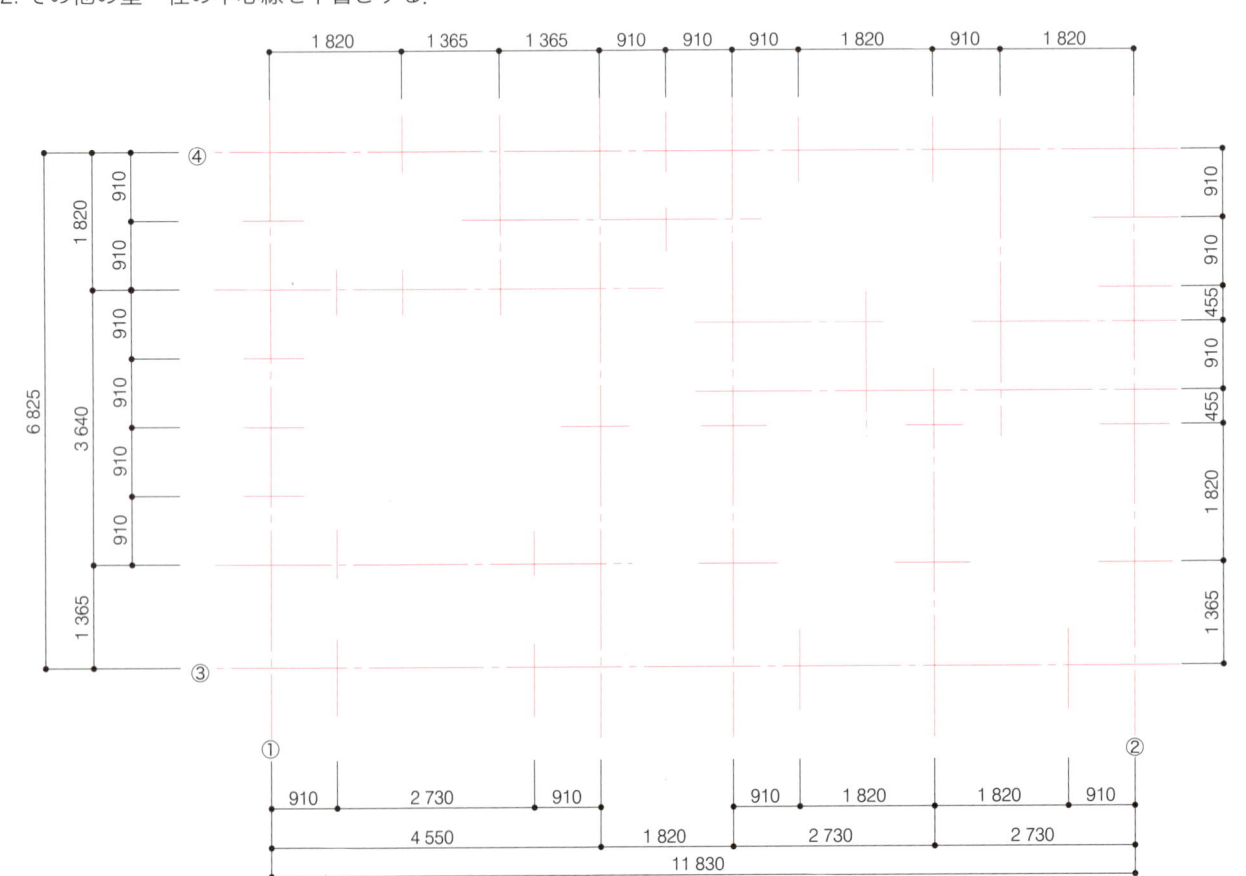

2階平面図 S 1:100

2階平面図を1/100の縮尺で描く．

1）中心線の下書き

1. 外壁の中心線①〜④を下書きする．
2. その他の壁・柱の中心線を下書きする．

注）2階平面図を描くときは，1階平面図の横に描く場合は，Y方向の基準線を合わせて描き，1階平面図の上下に描く場合は，X方向の基準線を合わせて描く．

2) 柱・壁の下書き

1. 柱幅・壁厚を柱・壁の中心線から振り分けて下書きする．
2. 出入り口・開口部に必要な柱幅を下書きする．
3. 半柱を入れる①〜⑧に半柱の幅を下書きする．

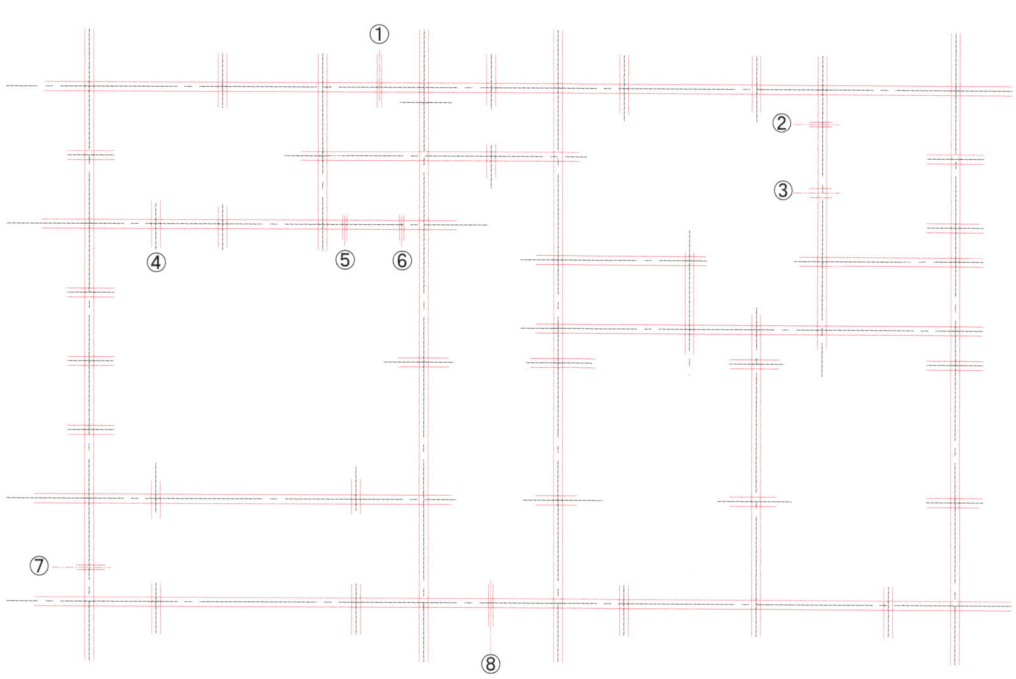

3) 柱の仕上げ

1. 柱の位置をチェックし，柱を仕上げる（極太の実線）．

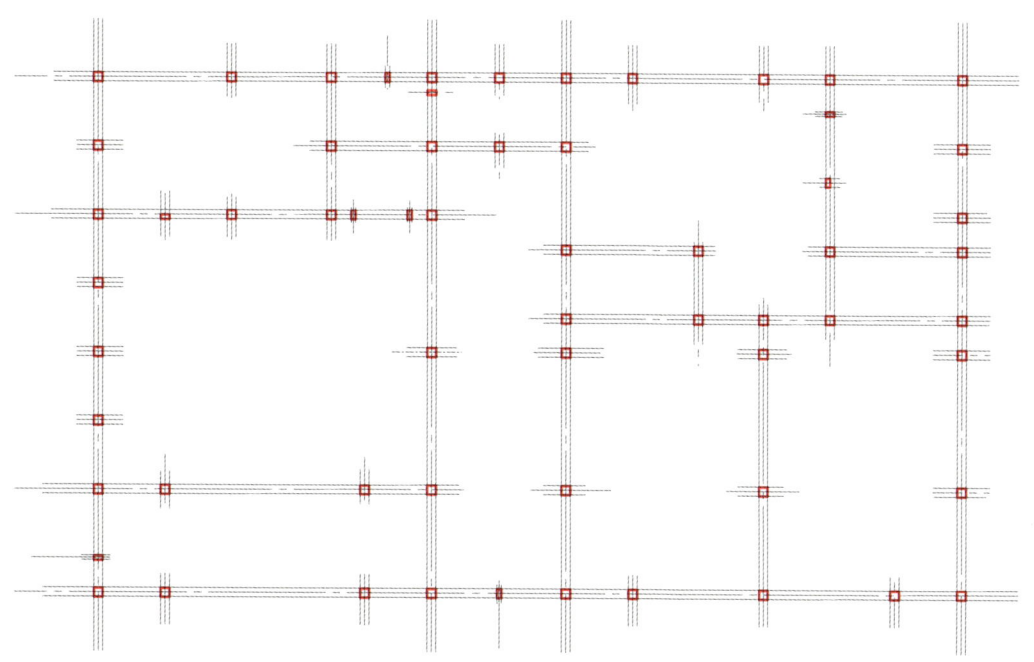

4) 壁の仕上げ・建具の記入

1. 壁の位置をチェックし，壁線を仕上げる（極太の実線）．
2. 建具を仕上げる（引違い戸の扉，折戸の扉は極太の実線，開き戸の軌跡は，細い実線）．

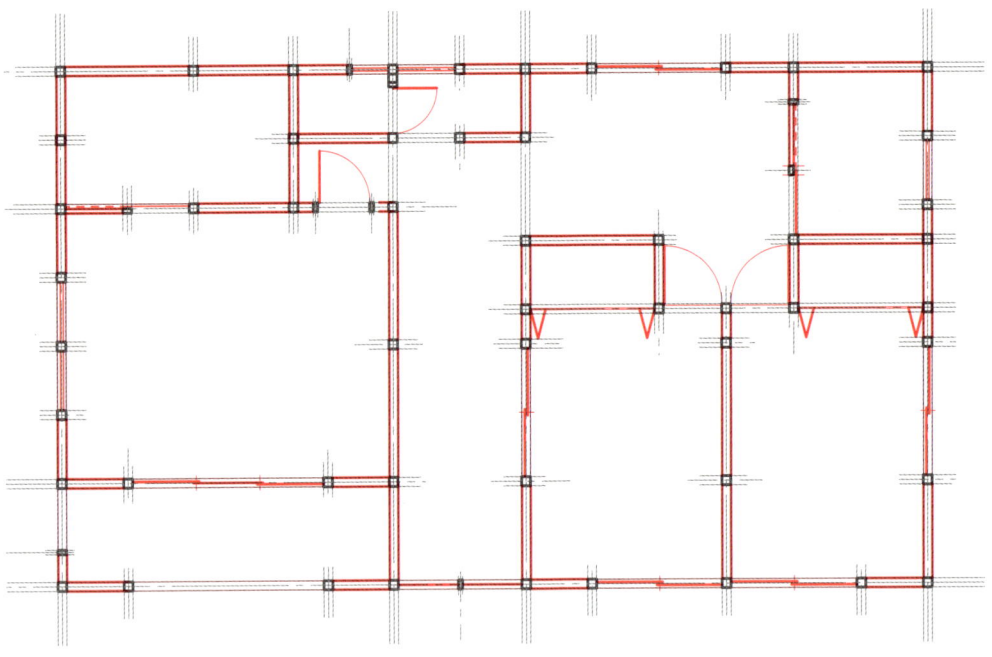

5) 屋根の下書き，階段・家具を描く

1. 壁・柱の中心線より1階屋根の軒の出・けらばの出の位置を下書きする．
2. 階段の踏面を割り付け，上がる方向を示す矢線を仕上げる．
3. 床の仕上げ線を仕上げる（細い実線）．
4. ベッド・テーブル・イスなどの家具を描く（太い破線）．

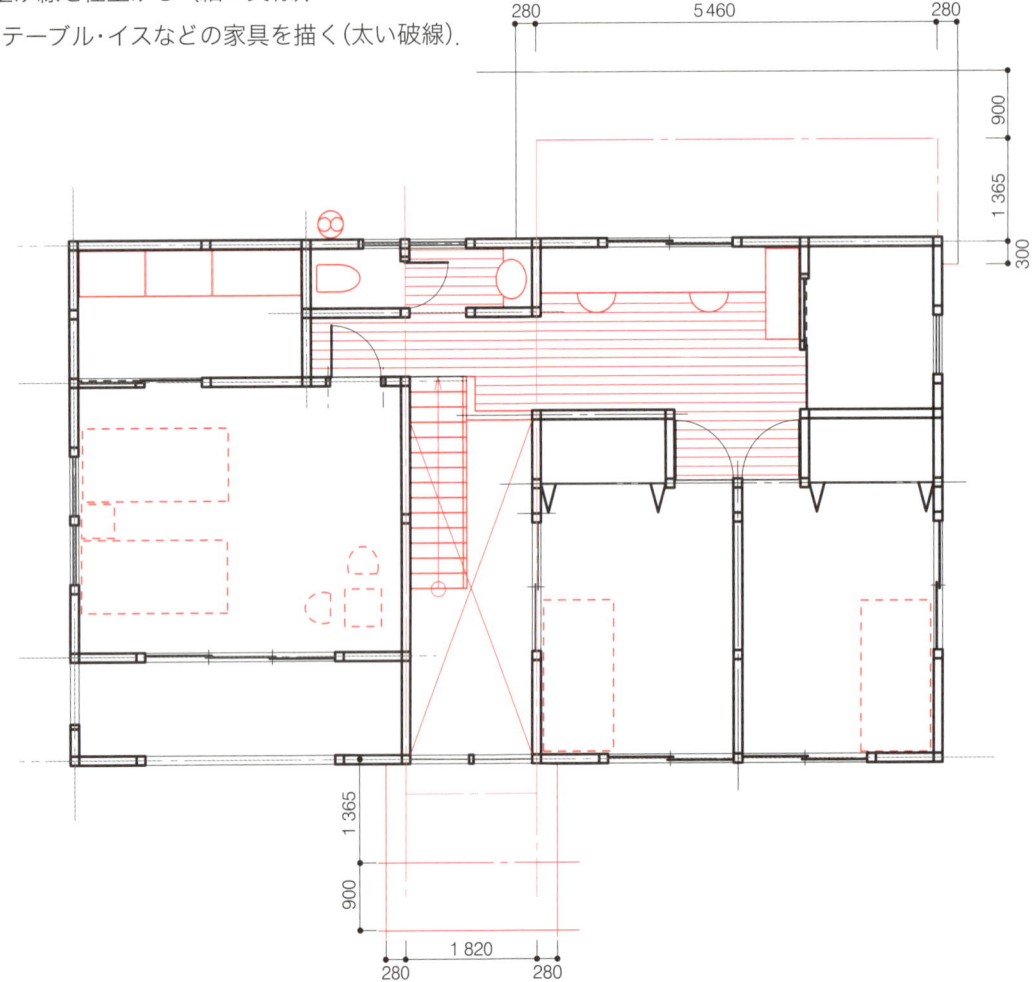

6）屋根の仕上げ，通し柱の記入

1. 1階の屋根の軒の出・けらばの出を仕上げる（太い実線）．
2. 瓦の目地線を仕上げる（細い実線）．
3. 通し柱に○印を記入する．

7）名称・寸法の記入

1. 寸法線，寸法補助線を引き，寸法を記入する．
2. 断面図・かなばかり図の切断位置を示す切断線を引き（細い一点鎖線，隅部・端部は太く表現），記号を記入する．
3. 室名，図名，縮尺，方位を記入し図面を完成させる．

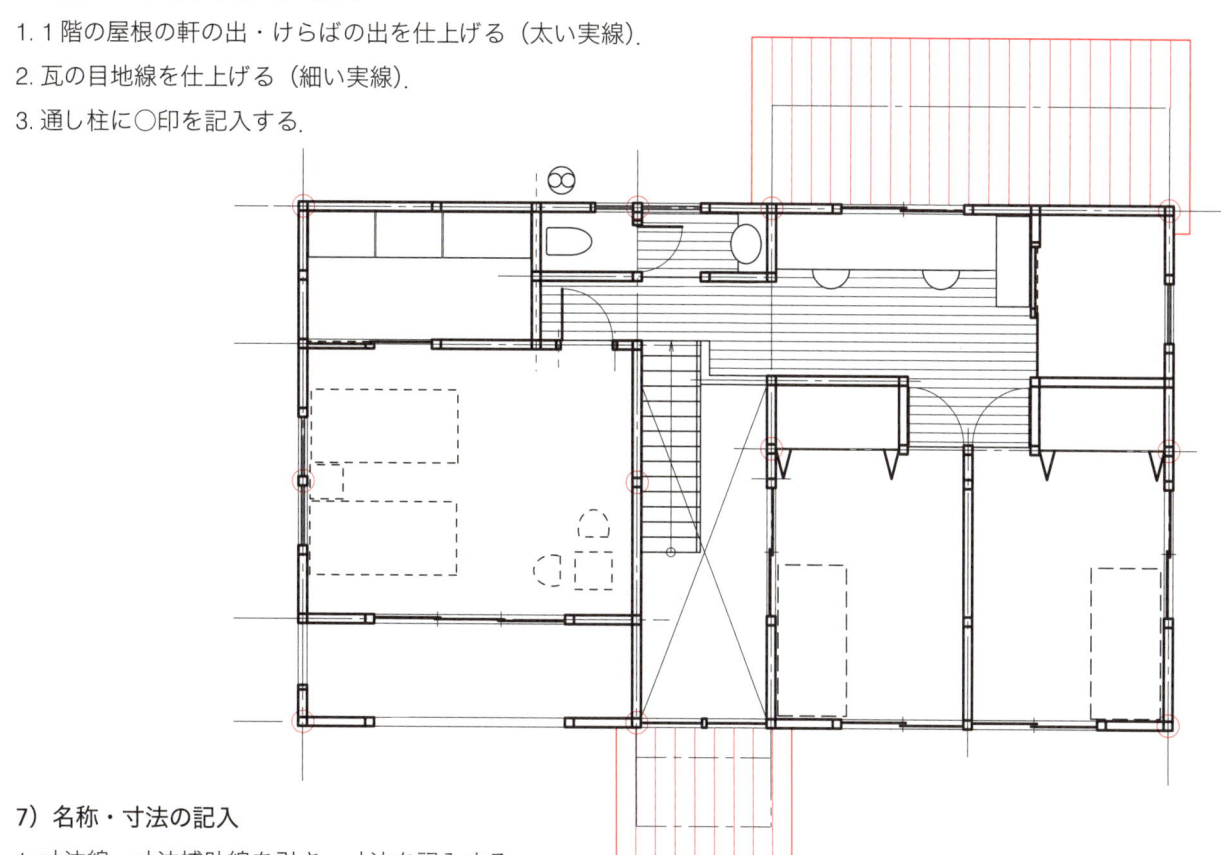

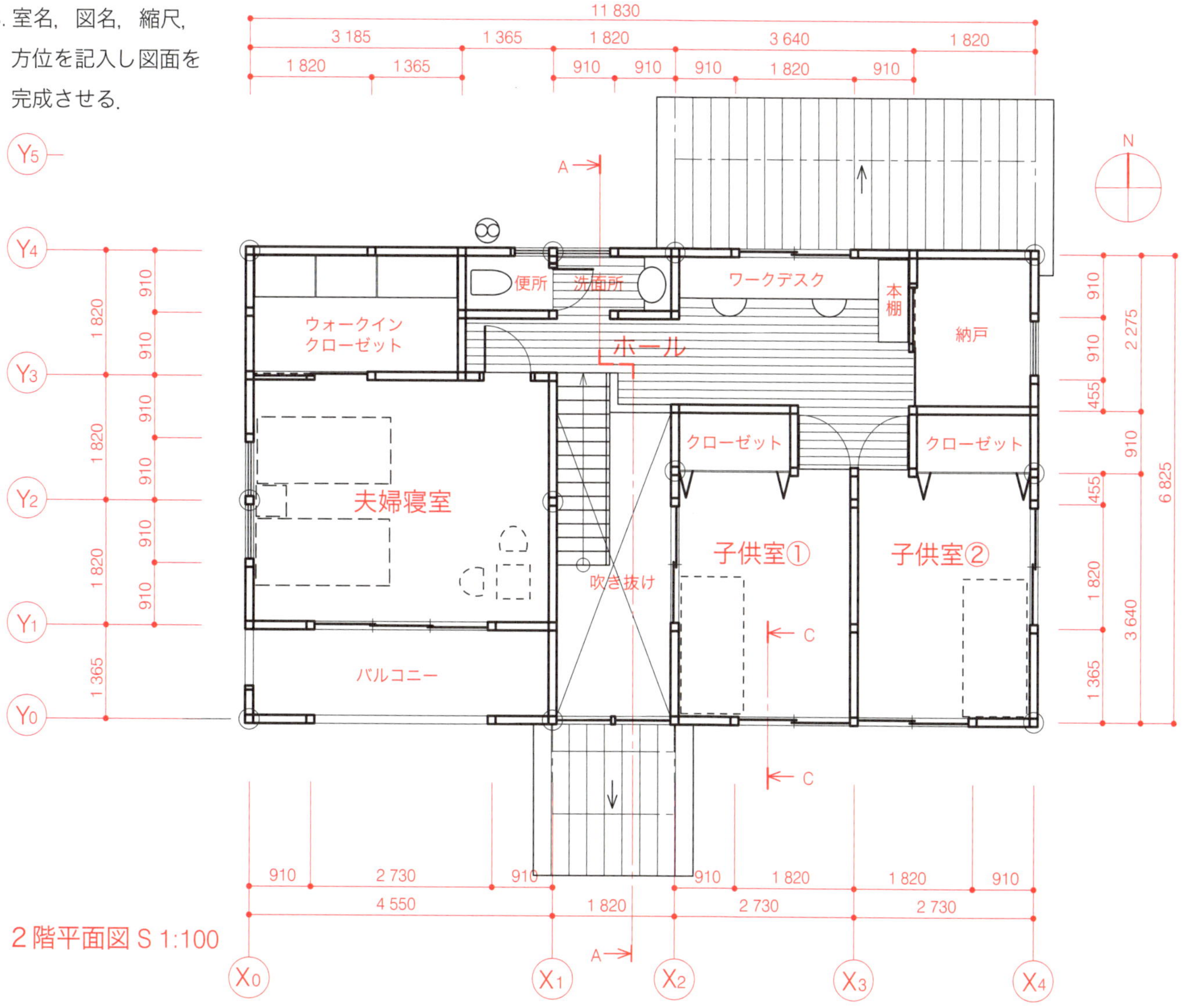

2階平面図 S 1:100

2・4 断面図

A-A断面図を1/100の縮尺で描く．

〈完成図〉

断面図は平面図と異なり，鉛直方向に切断された面を描く．
切断位置は上下階の開口部のある場所が望ましい．

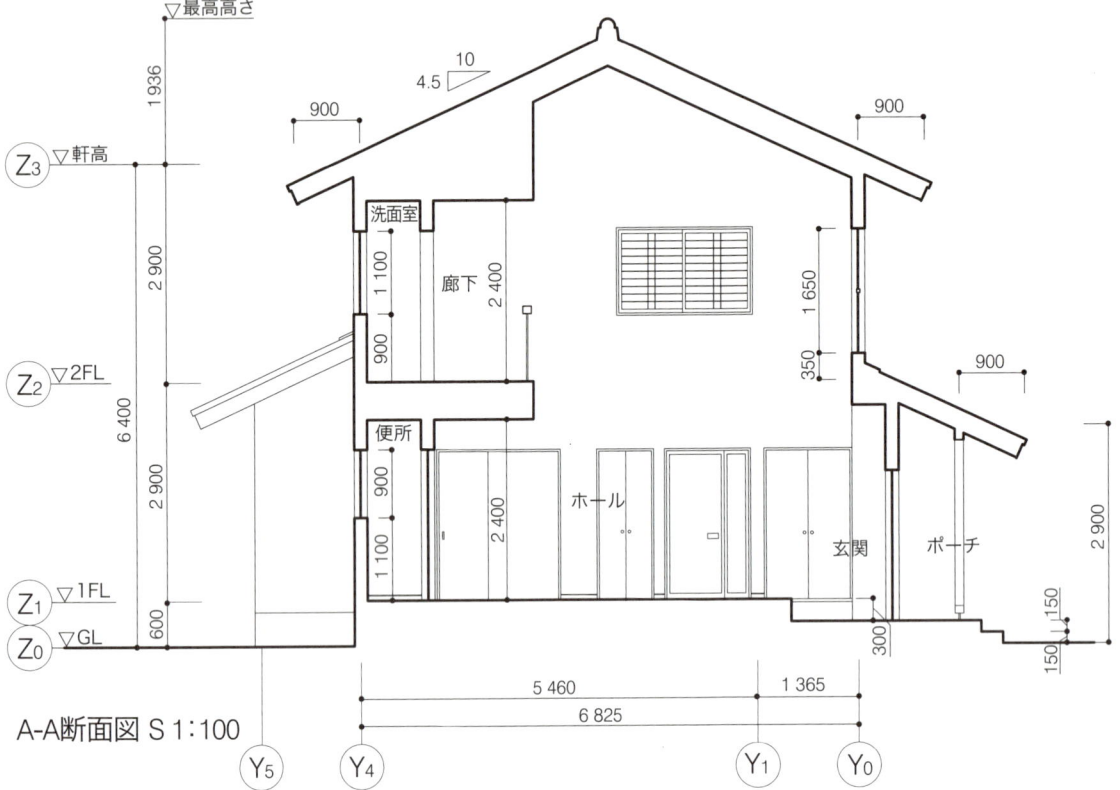

A-A断面図 S 1:100

A-A断面図を1/100の縮尺で描く．

1) 基準線・中心線の下書き

1. 地盤線(GL)①，高さの基準②〜④を下書きする．
2. 柱心・壁心⑤〜⑪を下書きする．
3. 屋根勾配⑫〜⑬，下屋部分・玄関部分⑭〜⑮を下書きする．
4. 軒の出⑯〜⑲を下書きする．
5. 玄関ポーチ⑳を下書きする．

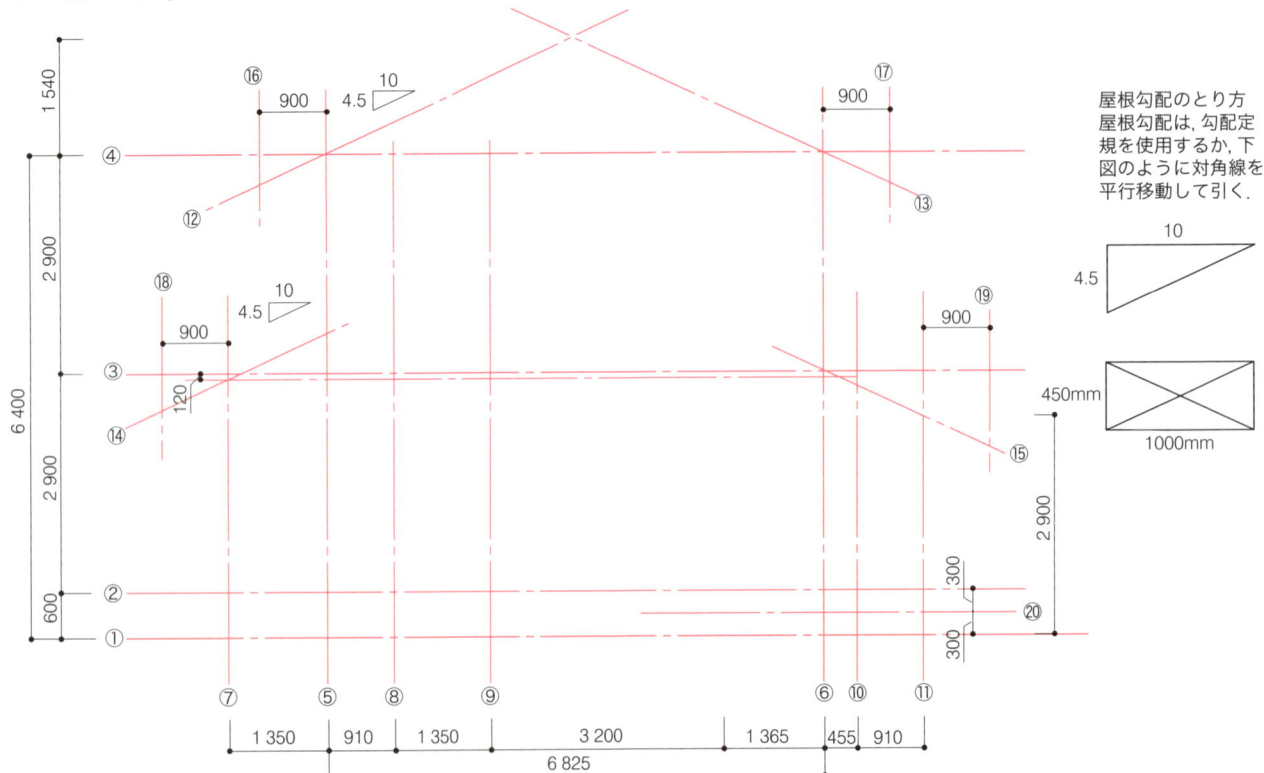

屋根勾配のとり方
屋根勾配は，勾配定規を使用するか，下図のように対角線を平行移動して引く．

2）屋根・壁・天井の下書き

1. 屋根の厚さ 140mm を下書きする．
2. 柱幅・壁厚を柱心から振り分けて下書きする．
3. 1・2 階の床高から天井高までの高さを下書きする（天井高 2400mm）．
4. 玄関の垂れ壁の高さを下書きする．

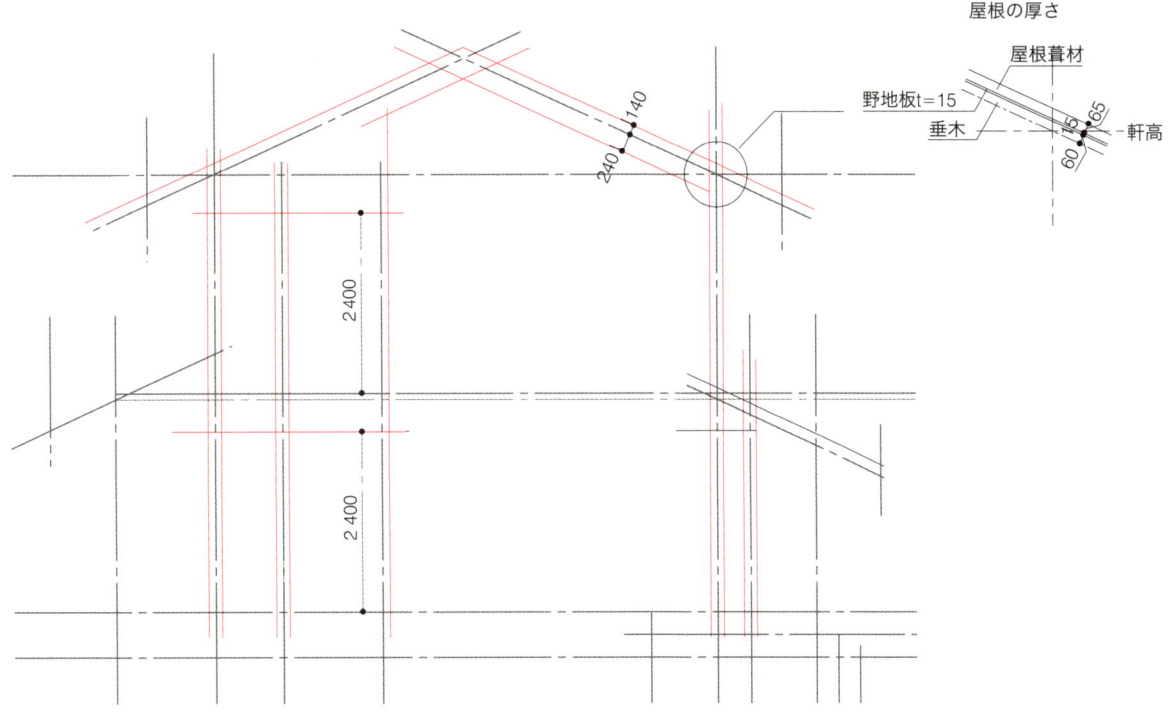

3）開口部の下書き

1. 各室開口部の内法高①・③・⑤（上端 2000mm）を引く．
2. 2 階窓の腰高②（900mm）を引く．
3. 1 階窓の腰高④（1100mm）を引く．
4. 玄関の垂れ壁の高さ⑦を引く．

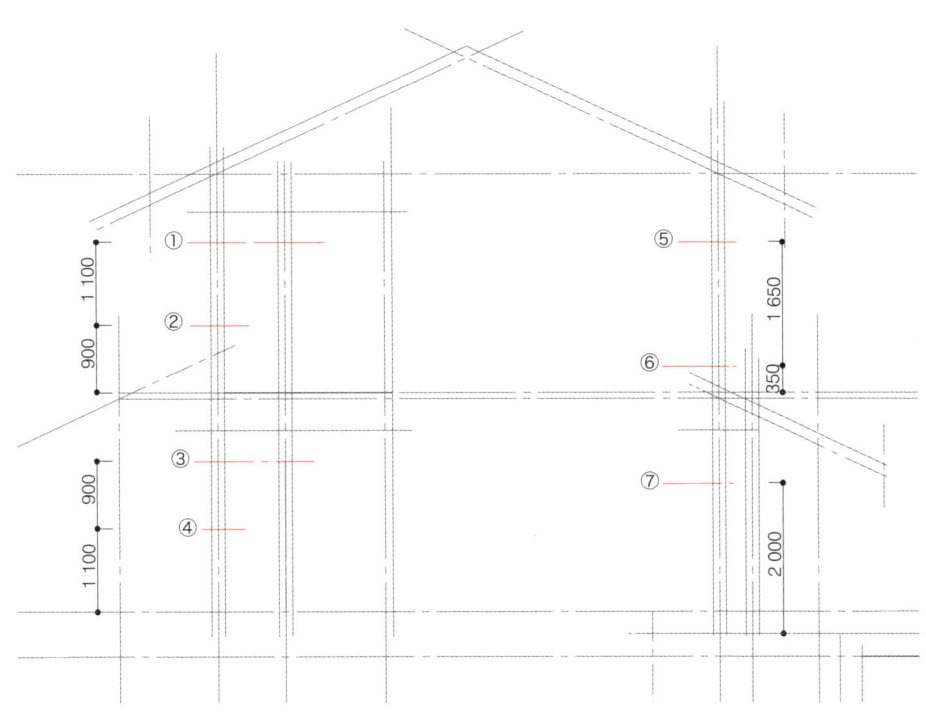

4) 屋根・壁・天井の仕上げ

1. 下書きした屋根・壁・天井・床などを仕上げる（極太の実線）．
2. 地盤線（GL）を仕上げる（極太の実線）．

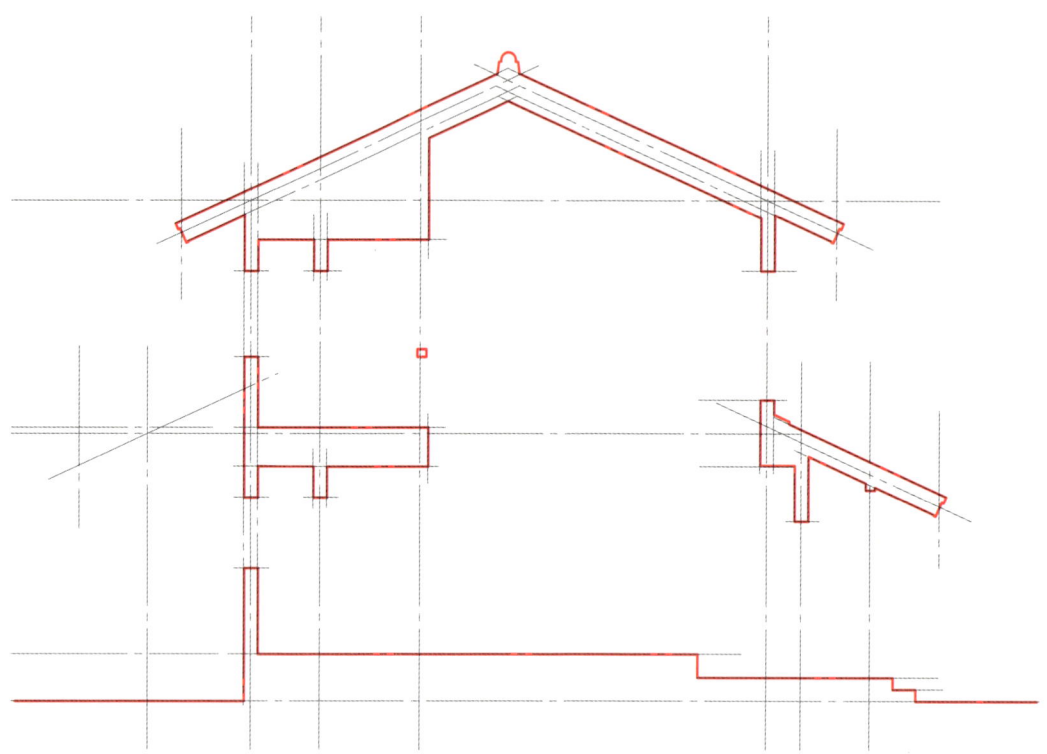

5) 建具・ひさしの仕上げ

1. 建具を仕上げる（極太の実線）．
2. 切断位置より奥に見える下屋を描く（太い実線）．

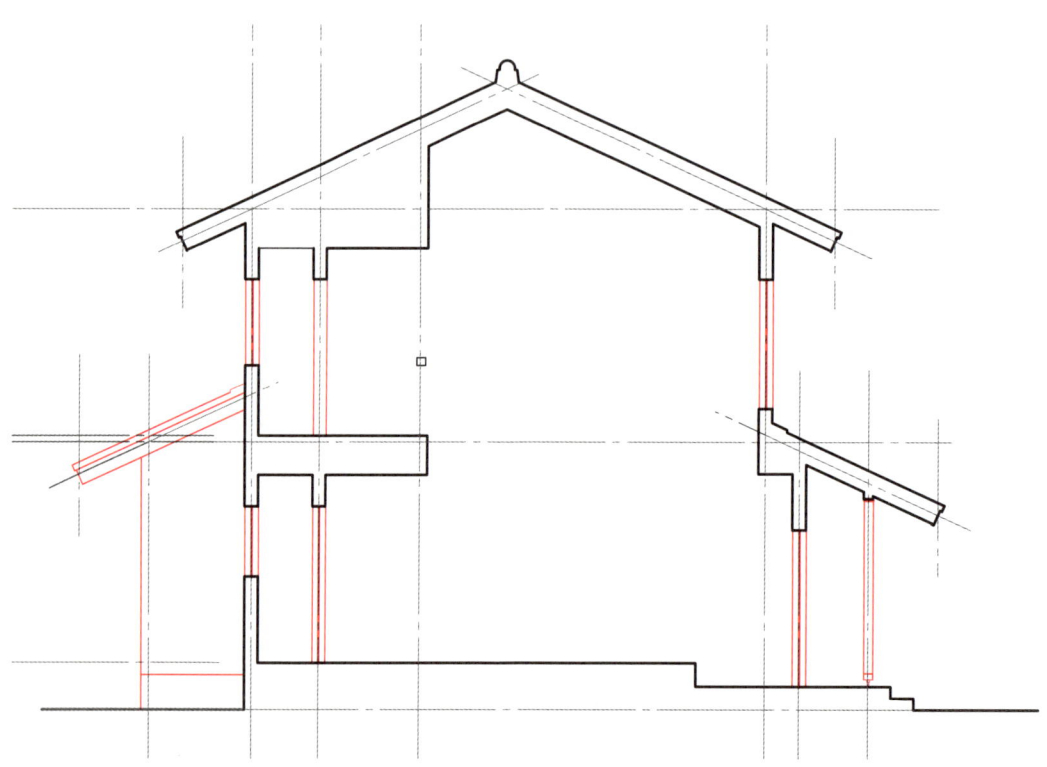

6) 壁面の姿図の仕上げ

1. 1階部分の出入り口・収納を描く（太い実線）.
2. 2階部分の開口部は障子を示す.
3. 玄関部分の下足入れなど, 姿図を描く（太い実線）.

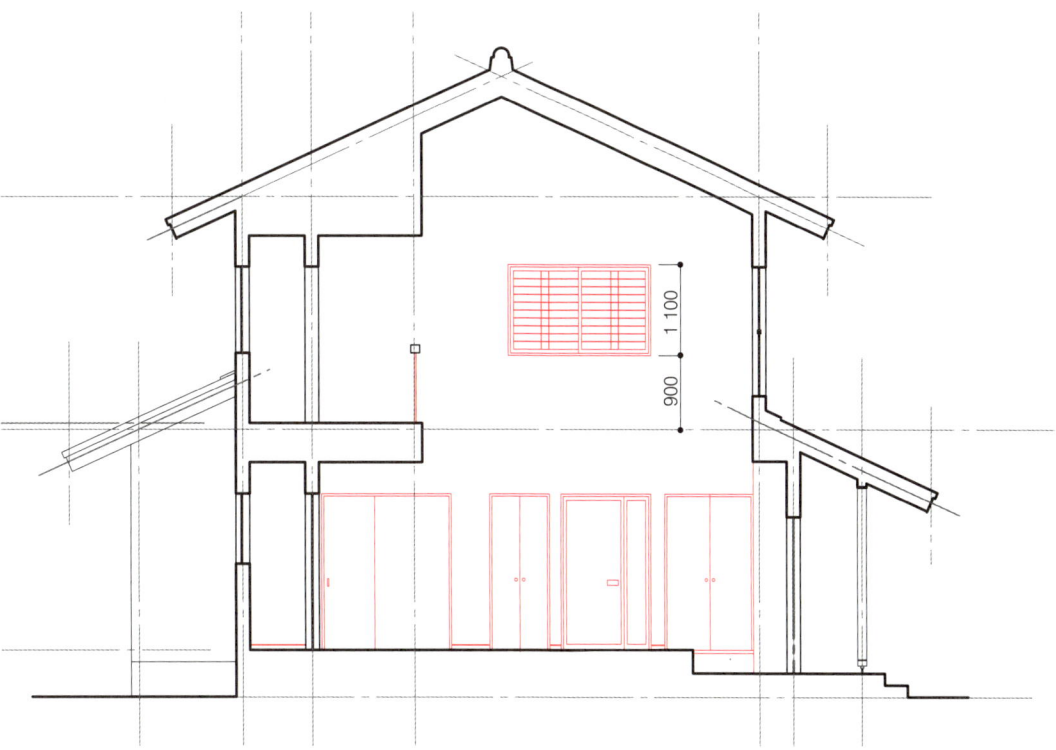

7) 寸法・名称の記入

1. 寸法線・寸法補助線を引く（細い実線）.
2. 室名・図名・縮尺などを記入し, 完成させる.

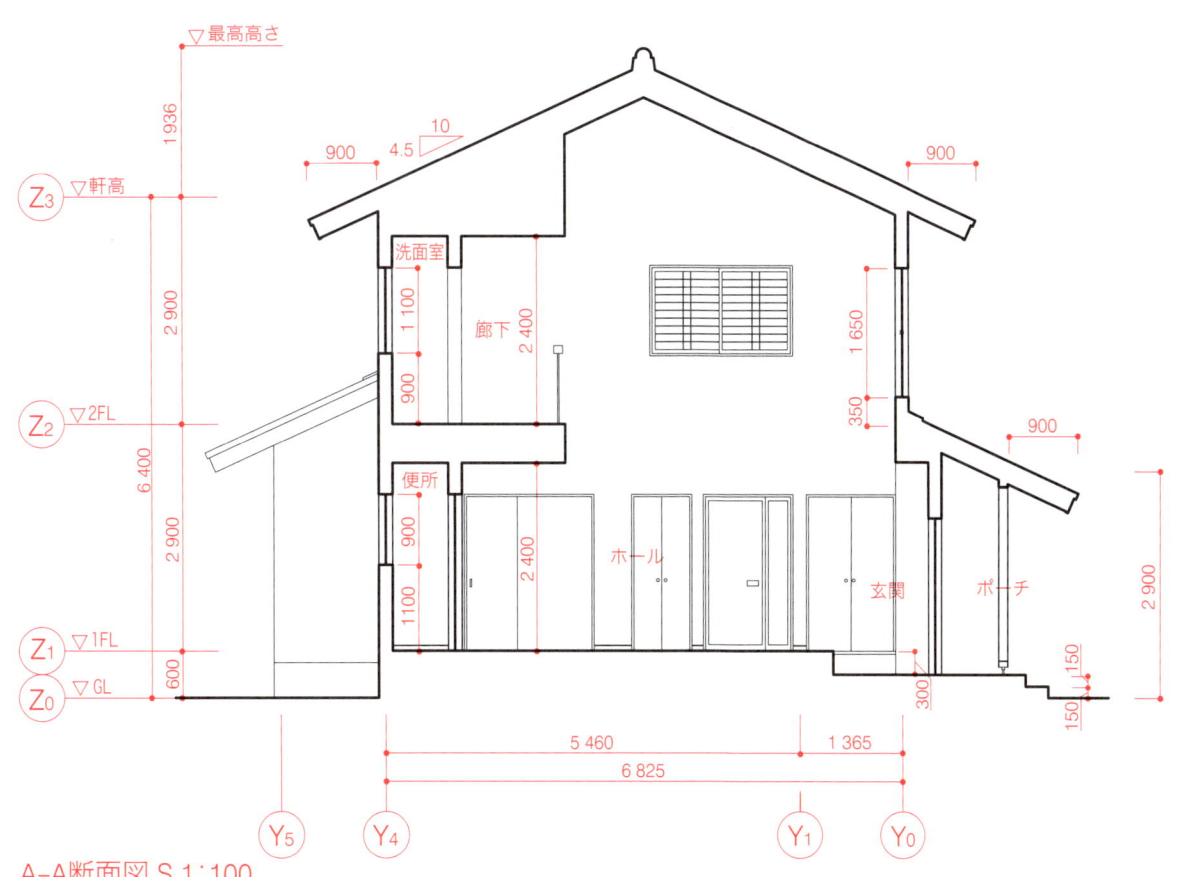

A-A断面図 S 1:100

2・5 立面図

立面図は，東西南北それぞれの方向から鉛直面への投影図であり，各面の外観を表したものである．立面図を描くには，平面図を参考とし，高さは断面図を利用する．

南立面図 S 1：100

南立面図を 1/100 の縮尺で描く．

1）基準線・中心線の下書き

1. 地盤面（GL）①を下書きする．
2. 高さの基準②〜④を下書きする．
3. 柱心・壁心⑤〜⑨を下書きする．

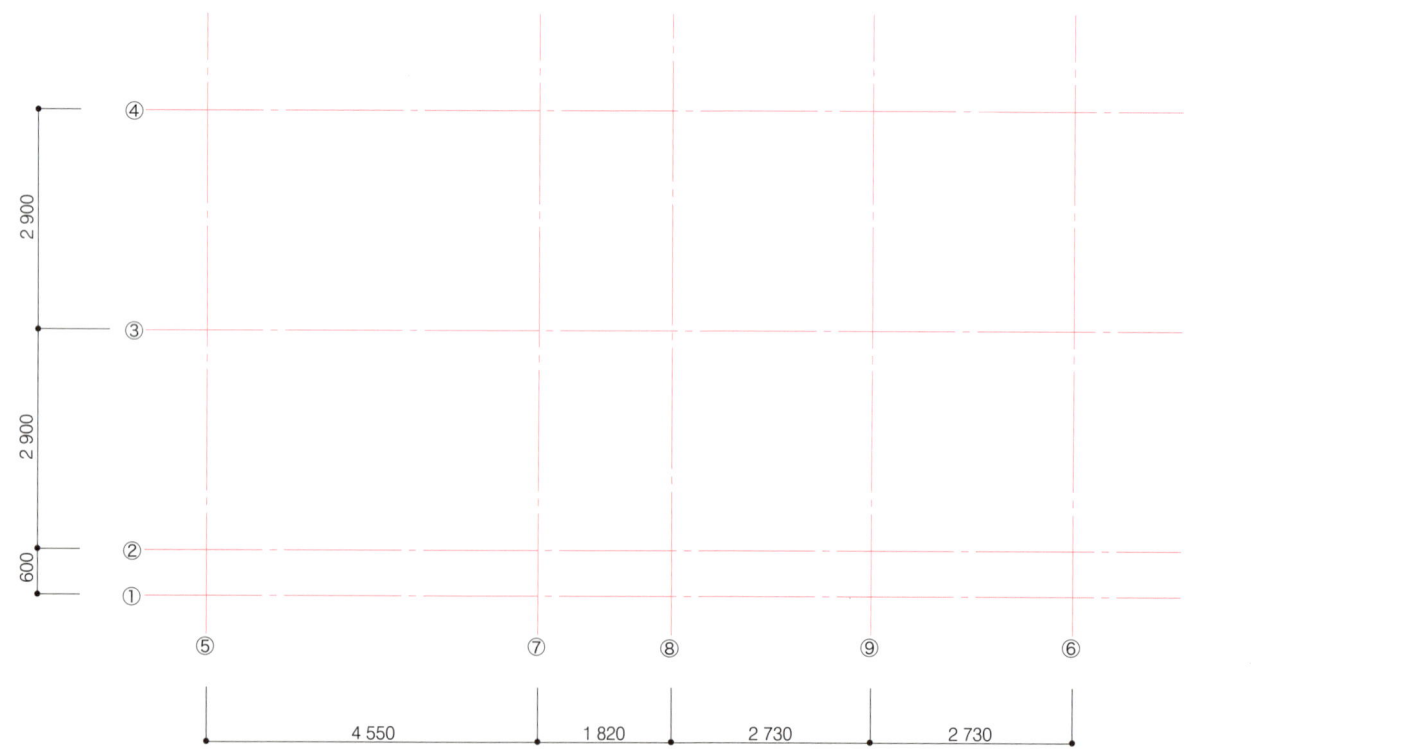

2）壁の下書き

1. 柱幅・壁厚を柱心・壁心から振り分けて，下書きする．
2. 建築物東側のテラスを下書きする．

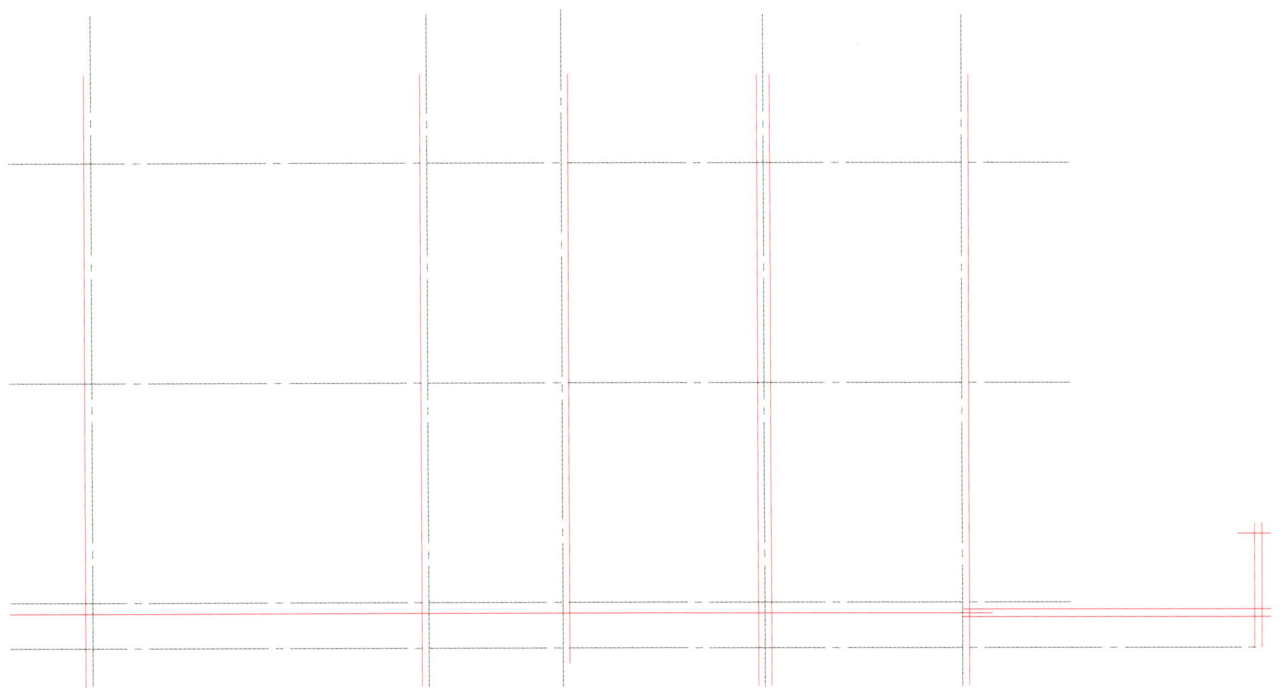

3）屋根の下書き

1. 棟部分①〜②を下書きする．
2. 軒部分③を下書きする．
3. けらばの出④〜⑤を下書きする．
4. 玄関部分⑥〜⑦を下書きする．

※ 1., 2., 3. の高さは，断面図から求める．

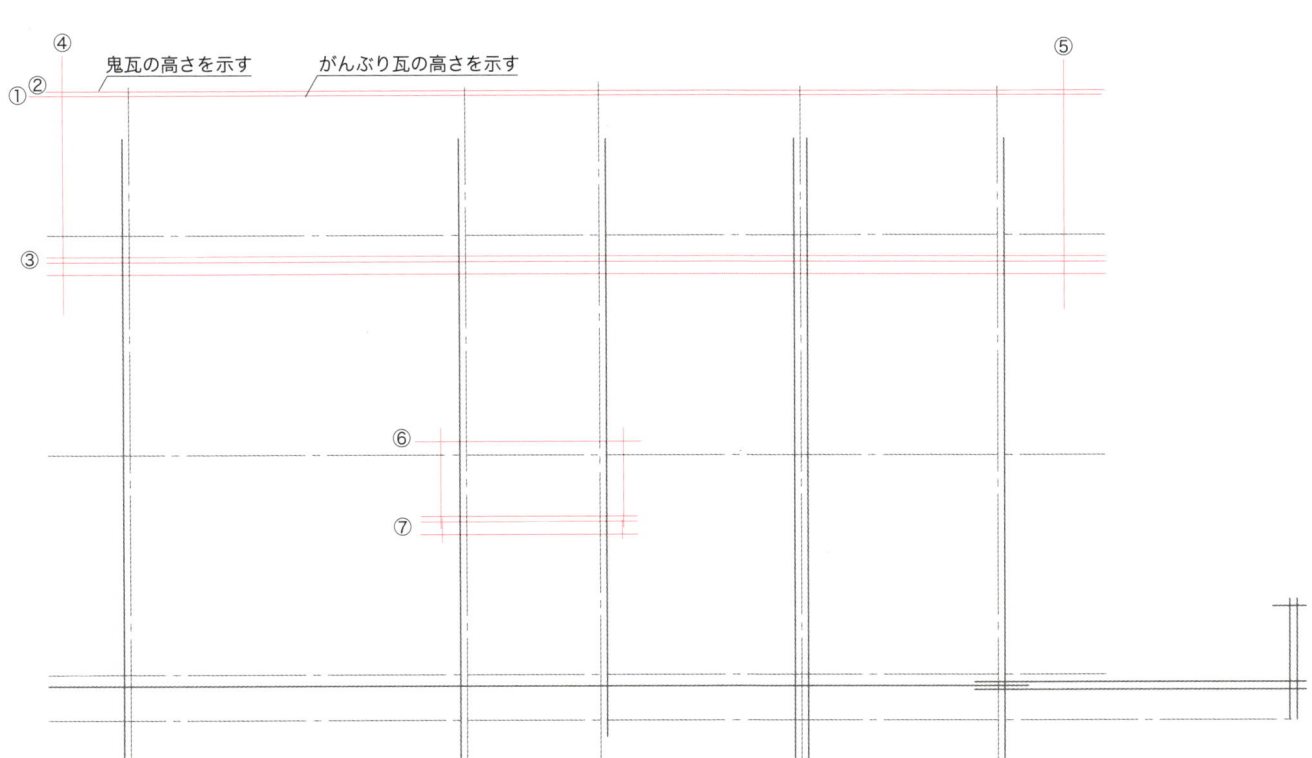

4）屋根・外壁の仕上げ，開口部の下書き

1. 屋根・庇・テラスなどを仕上げる（太い実線）．
2. 瓦の目地を引く（細い実線）．
3. 開口部をFLより指定寸法で下書きする．（開口部の上端は2000mmとする．）

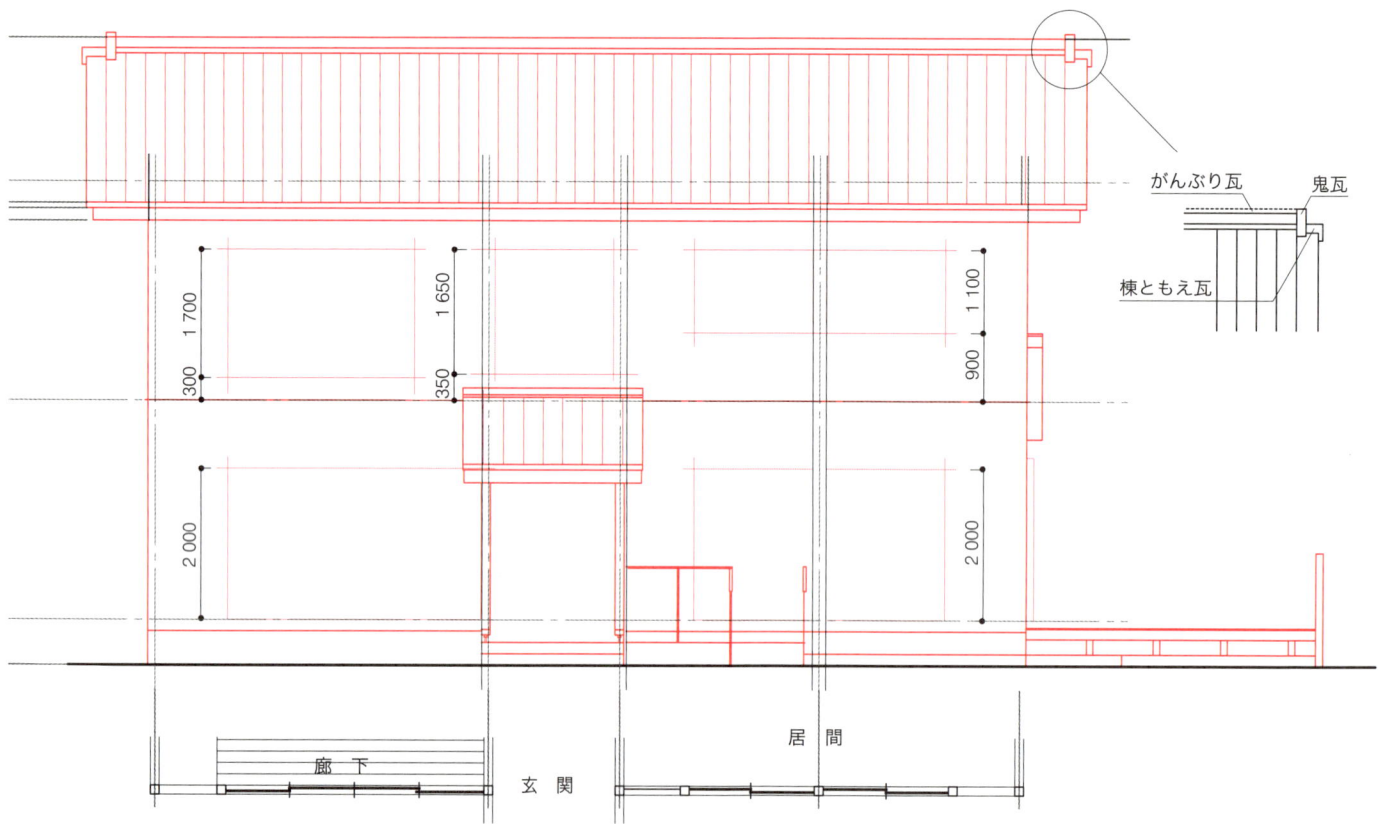

○開口部・建具の描き方

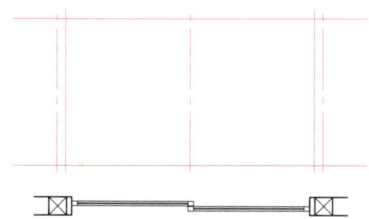

1. 柱心から柱幅を振り分け，内法高さ，窓台の高さ，開口部の中心を下書きする．

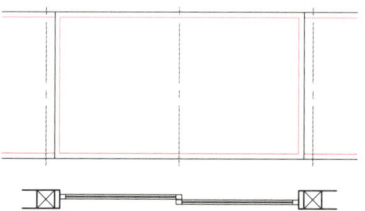

2. 建具枠を下書きする．

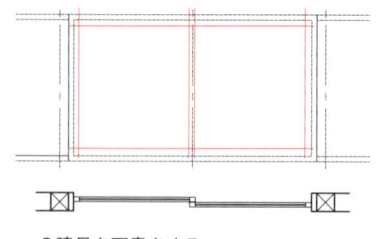

3. 建具を下書きする．

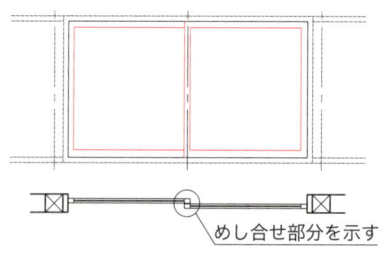

4. 建具を仕上げる．（太い実線）

※右側の建具はすべて見えるが，左側の建具はめし合わせの部分が隠れてしまうので注意して描く．

5) 建具の仕上げ

1. 建具を描く（太い実線）．
2. 各基準線・基準記号を記入する．
3. 図名・縮尺などを記入し，完成させる．

南立面図 S 1:100

〈西立面図／完成図〉

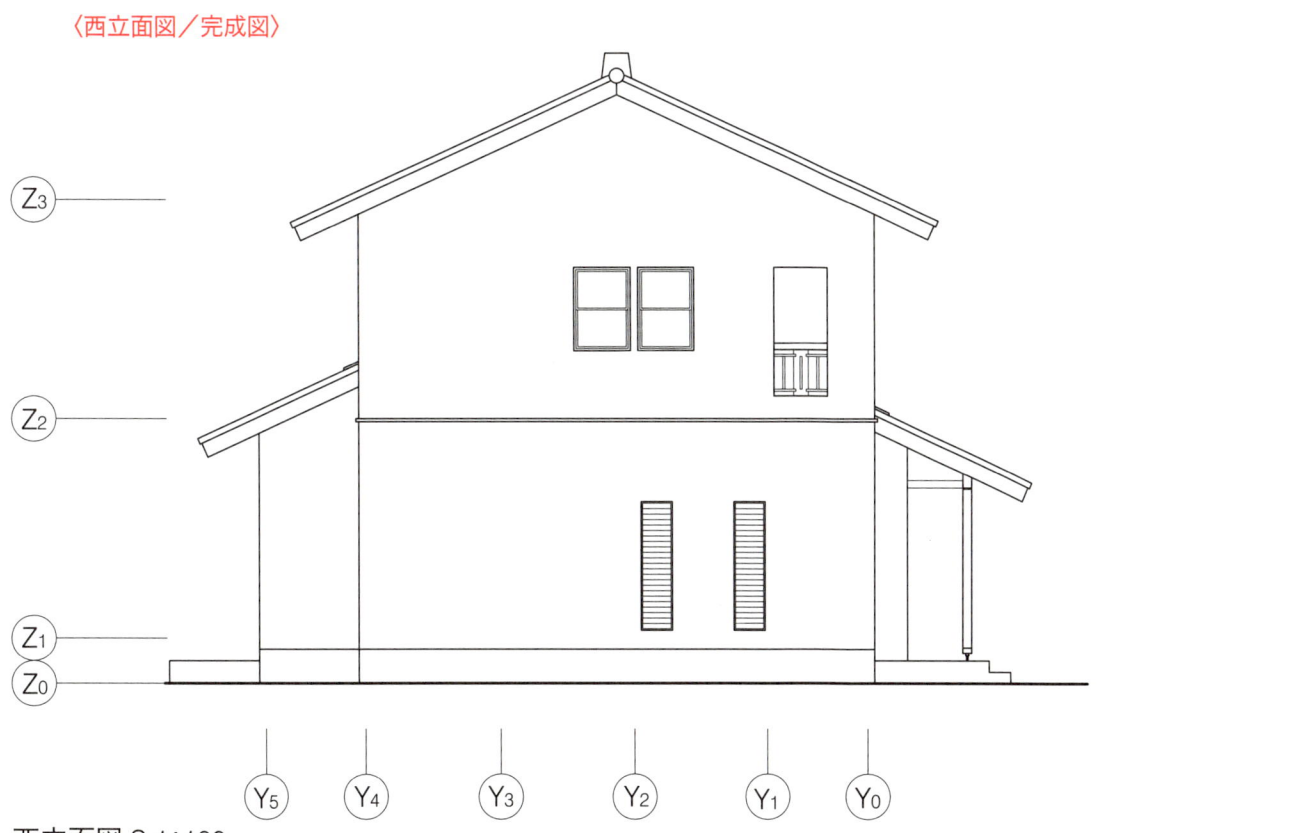

西立面図 S 1:100

2・6 かなばかり図

〈完成図〉

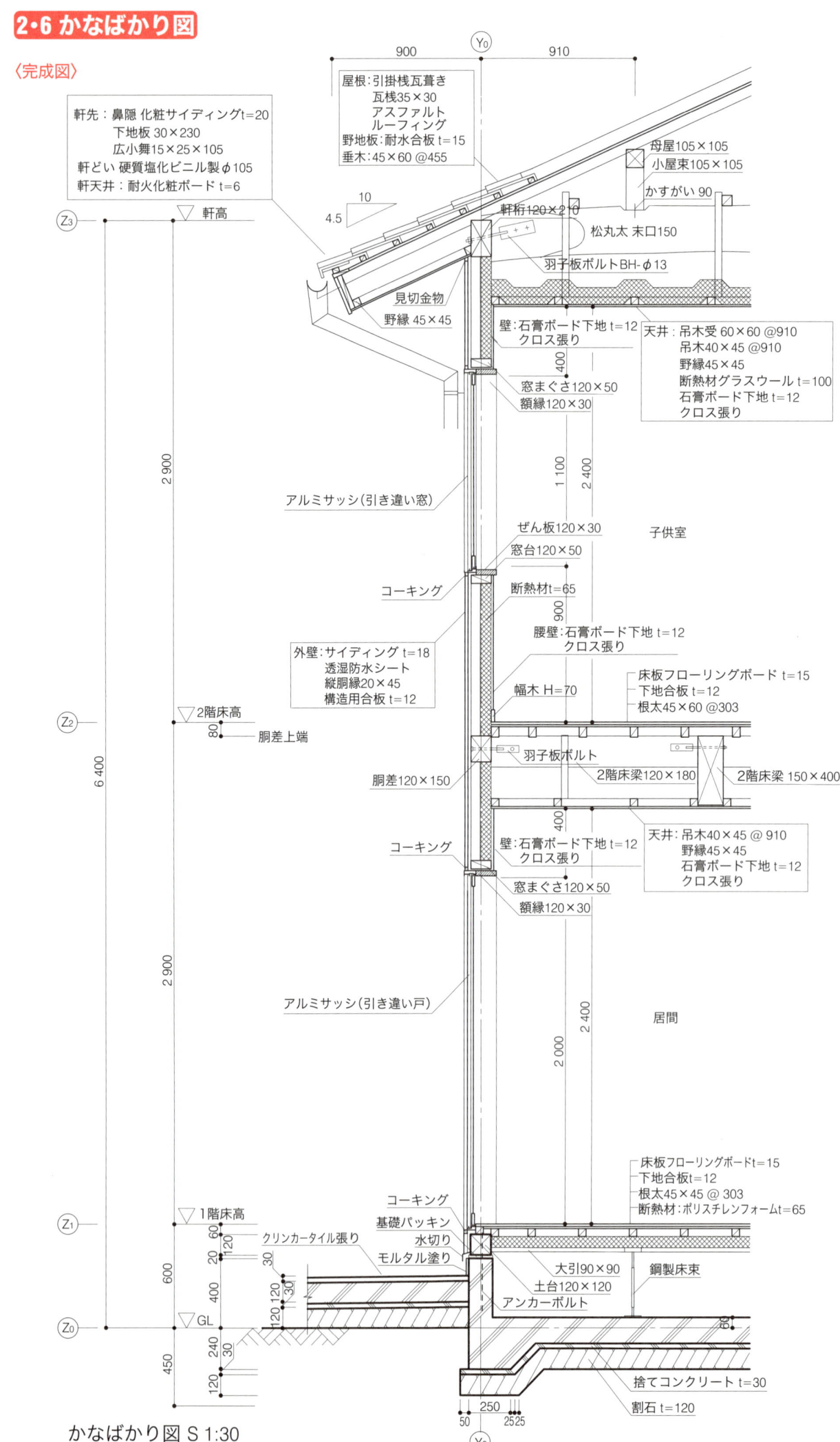

かなばかり図 S 1:30

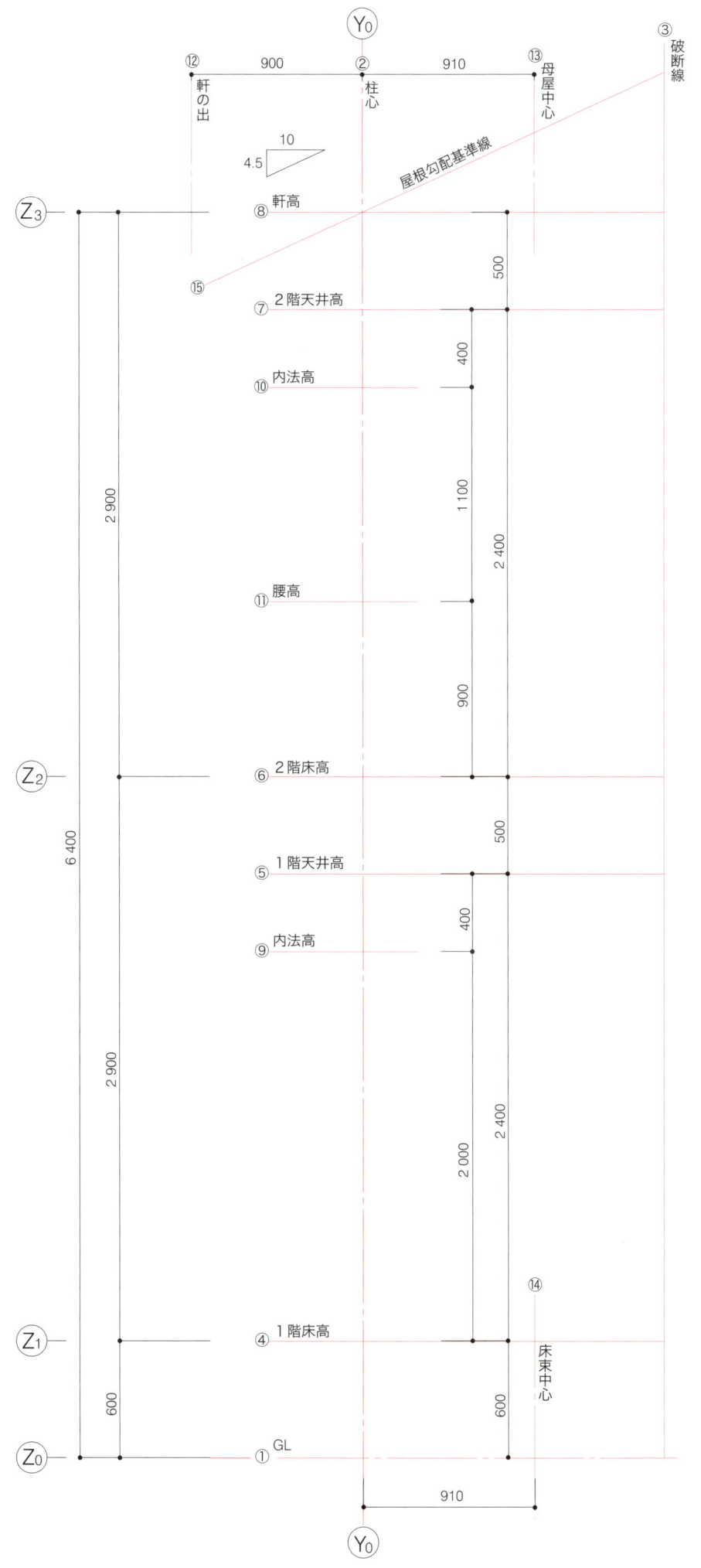

かなばかり図は，建築物の標準となる箇所の垂直断面を詳細に示す図面である．基準となる高さ（GL，床高，天井高，開口部の高さ，軒高など）や納まり，仕上げ材料が表される．縮尺は，1/20，1/30などを用いる．通常は建築物全体の断面を描くのではなく，外壁から1～2m程度の範囲を描く．

かなばかり図を1/30の縮尺で描く．

1）基準線・中心線の下書き

1. Z_0の地盤面（GL）①を下書きする（GLの位置は基礎から屋根まで描けることを確認して決める）．
2. Y_0の柱心②を引く（細い一点鎖線）．
3. Y_0の柱心より約1.5m程度室内側に破断線③を下書きする．
4. Z_0のGLを基準にして高さの基準1階床高④，1階天井高⑤，2階床高⑥，2階天井高⑦，軒高⑧を下書きする．
5. Z_1の1階床高④を基準にして，内法高⑨を下書きする．同様にZ_2の2階床高⑥を基準にして，内法高⑩と窓の腰高⑪を下書きする．
6. Y_0の柱心より室外側900mmに軒の出⑫を，室内側910mmに母屋中心⑬，床束中心⑭を下書きする．
7. Y_0の柱心②とZ_3の軒高⑧の交点を通る4.5/10の屋根勾配の基準線⑮を下書きする．

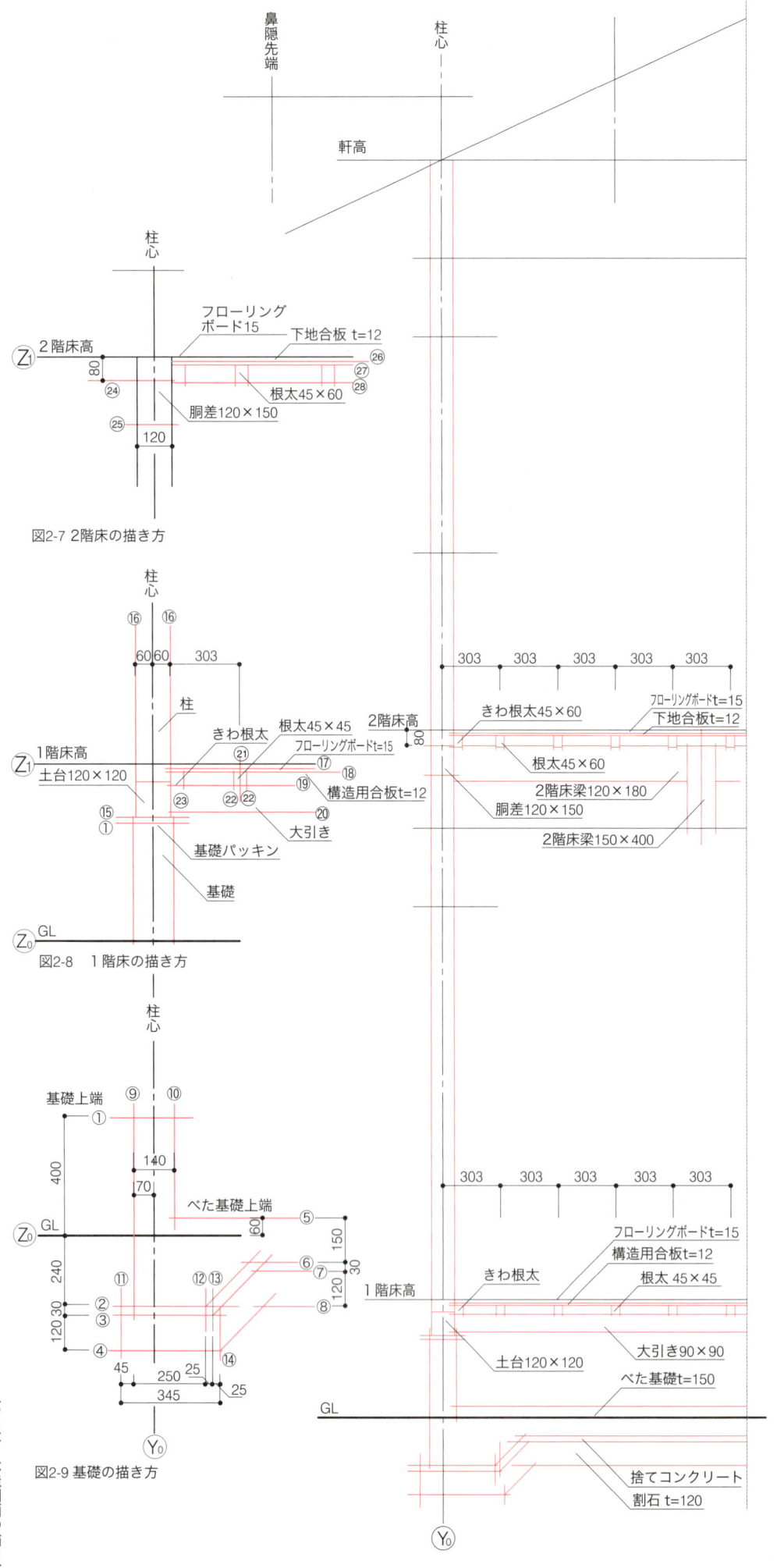

2）基礎，1・2階床組の下書き

図 2-9　基礎の描き方

1. GLより上に基礎上端①を下書きする．次にGLより下に基礎下端②捨てコンクリート厚30mm③，割石厚120mm④をとり下書きする．

2. 建築物の内側にGLよりべた基礎上端⑤を下書きする．次にべた基礎厚150mm⑥，捨てコンクリート厚30mm⑦，割石厚120mm⑧をとり下書きする．

3. 柱心 Y_0 を基準にして基礎幅⑨⑩を均等に振り分けて下書きする．フーチング幅は建築物内側へ⑨から250mm⑫，捨てコンクリート幅・割石幅⑪を外側に，内側に捨てコンクリート幅⑬割石幅⑭を下書きする．べた基礎の勾配は45°とする．

図 2-8　1階床の描き方

4. 基礎上端①より上に基礎パッキン厚⑮を下書きする．基礎パッキンを基準に土台を下書きする．

5. 土台上端より軒桁まで，柱心を基準に柱幅⑯を均等に振り分け下書きする．

6. 1階床高より下に，フローリングボード厚⑰，構造用合板厚⑱，根太せい⑲，大引せい⑳を下書きする．

7. 柱心より303mmの間隔で根太の中心㉑を均等に割付け下書きする．㉑を基準にして根太幅㉒を均等に振り分け下書きする．きわ根太幅㉓をとり下書きする．

図 2-7　2階床の描き方

8. 2階床高より下に胴差上端㉔，下端㉕をとり，胴差を下書きする．

9. 2階床高より下に，フローリングボード厚㉖，下地合板厚㉗，根太せい㉘をとり下書きする．

仕上げ

10. べた基礎・土台・捨てコンクリート・割石・フローリングボード・構造用合板・根太・GLの外形・厚さを仕上げる（極太の実線）．

11. 大引の姿として見える部分を仕上げる（太い実線）．

3）屋根，小屋組の下書き・仕上げ

図 2-10　軒先・軒天井下書き

1. 軒高より下に，軒桁 210mm ①をとり下書きする．
2. 屋根勾配の基準線と平行に，垂木せい②，野地板厚③をとり下書きする．
3. 軒の出は柱心より 900mm とする．この線と②の線の交点より屋根勾配と直角に鼻隠の仕上④，仕上げ厚⑤，鼻隠厚⑥を下書きする．
4. 屋根勾配と平行に軒天井仕上げ⑦，野縁下地⑧，上端⑨を下書きする．

図 2-11　瓦の割付

5. 屋根勾配と平行に⑩，⑪を下書きする．
6. 屋根勾配と直角に⑫をとり，順に葺足⑬，⑭，⑮を下書きする．
7. 葺しろ⑯，⑰，⑱を下書きする．
8. ⑪，⑫と⑩，⑰の交点を結び下書きする．同様に⑪，⑬と⑩と⑱の交点を結び下書きする．
9. 広小舞 15 × 25 × 105 ⑲，下地板 30 × 240 ⑳を下書きする．
10. 瓦の外形および姿として見える部分を下書きする．

図 2-12　瓦の仕上げ

11. 敷平瓦㉑，瓦座㉒，瓦桟㉓を仕上げる．

図 2-13　軒天井の仕上げ

12. 軒天井の下地となる野縁㉔を下書きし仕上げる．
13. 見切金物㉕を下書きし，仕上げる．

その他の下書きと仕上げ

14. 小屋梁㉖を下書きする．
15. 母屋㉗，小屋束㉘を下書きする．
16. 軒桁・母屋を仕上げる（極太の実線）．
17. 垂木・小屋梁・小屋束の姿として見える部分を仕上げる（太い実線）．

図2-10 軒先・軒天井下書き

図2-11 瓦の割付

図2-12 瓦の下書き

図2-13 軒天井下地の仕上げ

4) 1・2階の開口部の下書き，仕上げ

図 2-14 開口部の描き方

1. 上枠①〜⑥を下書きする．
2. 下枠⑦〜⑬を下書きする．
3. アルミサッシ⑭〜⑱を下書きする．
4. 窓台（2階）・窓まぐさを下書きする．
5. 額縁・ぜん板（2階）を下書きする．

仕上げ

6. アルミサッシ上枠・下枠・窓台・窓まぐさ・アルミサッシの外形を仕上げる（極太の実線）．
7. 柱の見える部分を仕上げる（太い実線）．

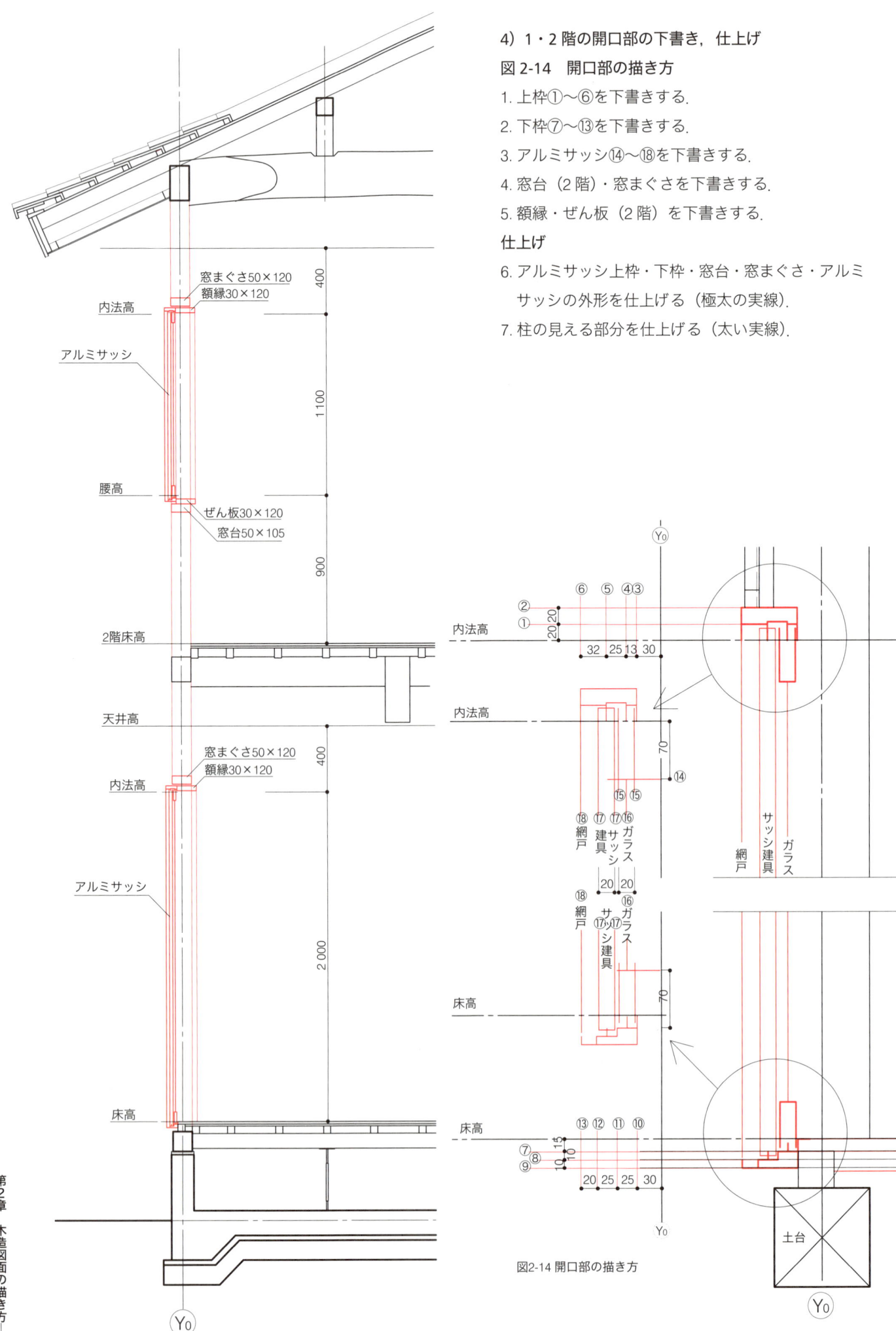

図 2-14 開口部の描き方

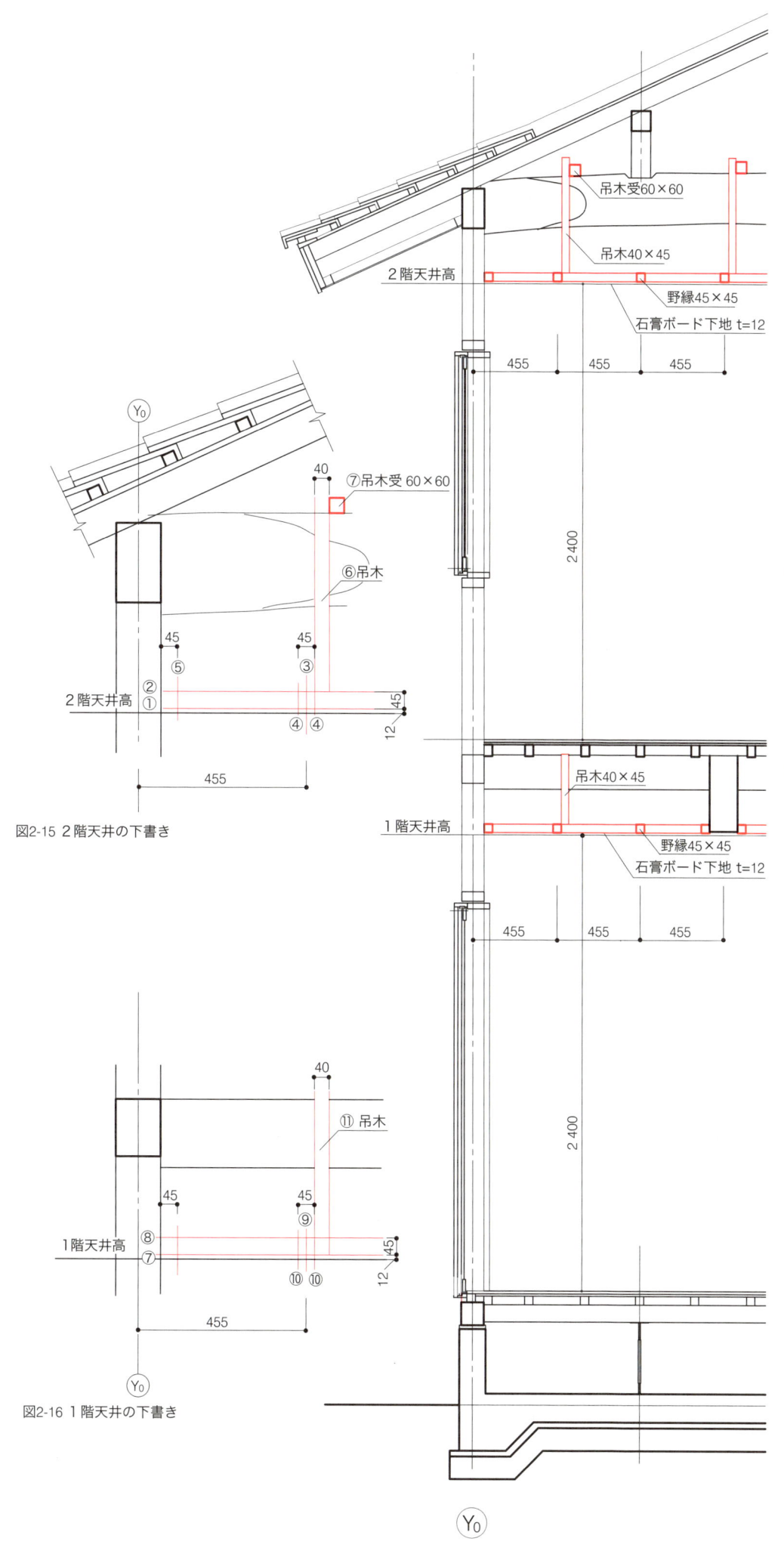

5）1・2階の天井を描く

図2-15　2階天井の下書き

1. 2階天井高より上部へ石膏ボード下地①を下書きする．
2. ①より上に野縁せい②を下書きする．
3. 柱心 Y_0 より455mmの間隔で野縁の中心③を均等に割付け下書きする．
4. 野縁の中心③を基準に野縁幅④を均等に振り分け下書きする．
5. 柱の右端より野縁幅⑤を下書きする．
6. 吊木⑥，吊木受⑦を下書きする．

図2-16　1階天井の下書き

7. 1階天井高より上部へ石膏ボード下地⑦を下書きする．
8. ⑦より上に野縁せい⑧を下書きする．
9. 柱心 Y_0 より455mmの間隔で野縁の中心⑨を均等に割付け下書きする．
10. 野縁の中心⑨を基準に野縁幅⑩を均等に振り分け下書きする．
11. 吊木⑪を下書きする．

仕上げ

12. 1・2階天井化粧石膏ボードの厚さ，野縁，吊木受けを仕上げる（極太の実線）．
13. 野縁，吊木の見えがかり部分を仕上げる（太い実線）．

図2-15　2階天井の下書き

図2-16　1階天井の下書き

6）内外の壁を描く

1. 柱の左端より胴縁厚①を下書きする．
2. ①より外壁のサイディング厚②を下書きする．
3. 基礎のモルタル塗り刷毛引き仕上げ③を下書きする．
4. 2階内装の幅木④，石膏ボード下地⑤を下書きする．
5. 2階の天井断熱材（グラスウール）を下書きする．
6. 外壁線を仕上げる（極太の実線）．
7. 内装の石膏ボード，幅木を仕上げる（極太の実線）．
8. 2階天井，壁，1階床の断熱材を仕上げる（太い実線）．
9. テラスを下書きし，仕上げる（極太の実線）．

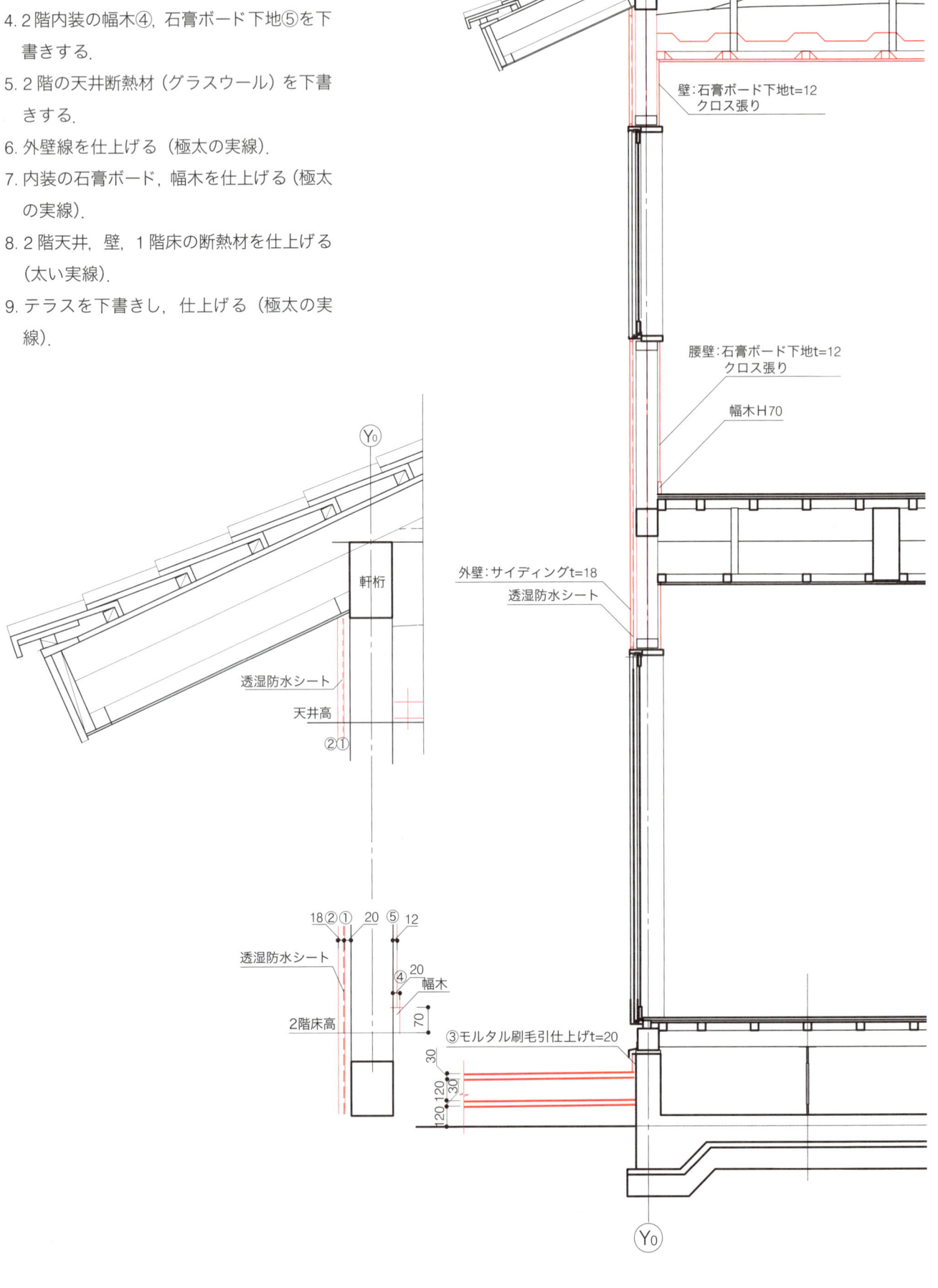

7）材料構造表示記号・寸法・名称の記入

1. 切断線を仕上げる（細い実線）．
2. 軒どいを直径105mmの半円で描き，次に呼びどい，縦どい，つかみ金物を描く．
3. アンカーボルト，羽子板ボルト，鋼製床束などの金物を描く．
4. 材料の断面表示記号を仕上げる（細い実線）．
5. 寸法線・寸法補助線を引き，寸法を記入する．
6. 室名，各部の名称・図名・縮尺を記入し，完成させる．

かなばかり図 S 1:30

2・7 基礎伏図

建築物の基礎の配置を表すために基礎伏図を描く．縮尺は，平面図と同じものが理解しやすいので，1/100〜1/50を用いる．

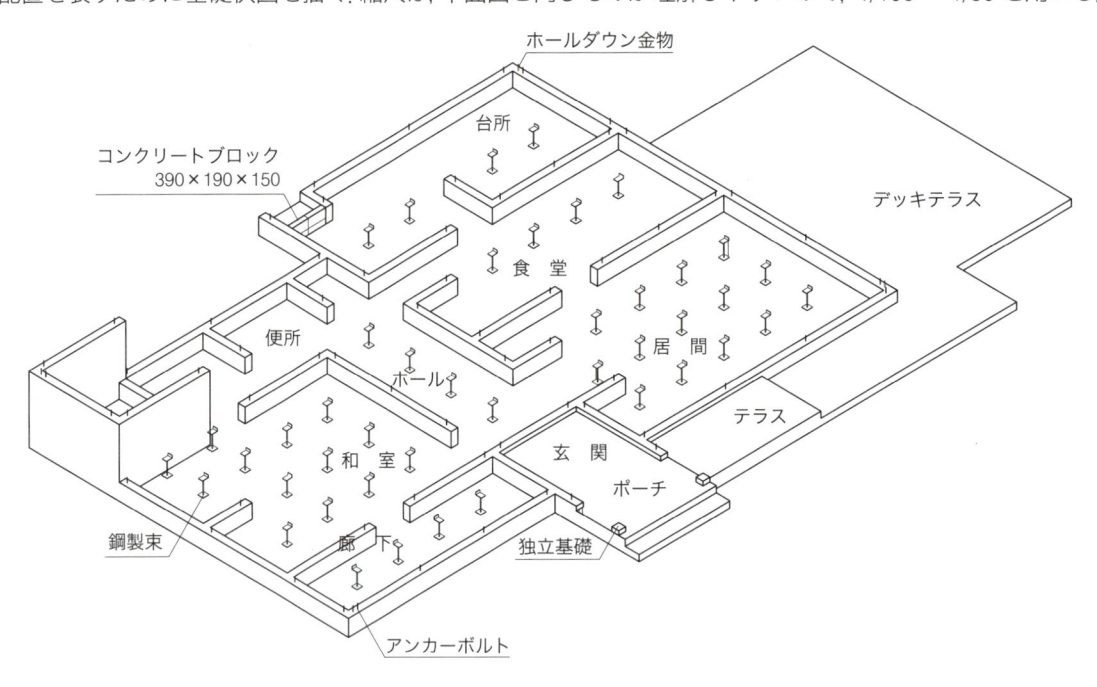

〈完成図〉

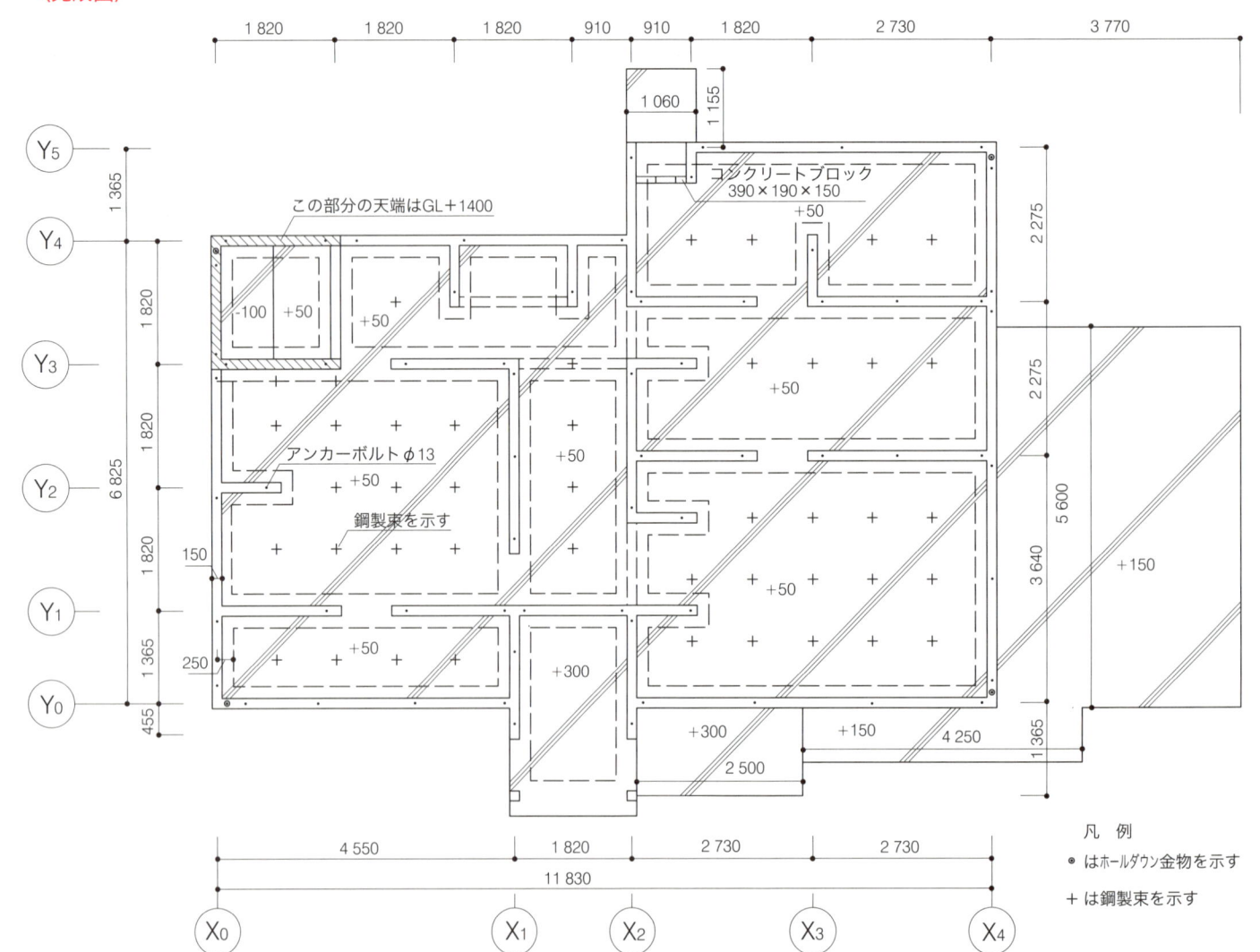

基礎伏図 S 1：100

凡 例
- ● はホールダウン金物を示す
- ＋ は鋼製束を示す

基礎伏図を 1/100 の縮尺で描く．

1）中心線の下書き

1. 外壁心①〜⑤を下書きする．
2. 間仕切壁心を下書きする．
3. 基礎・その他の基準線を下書きする．

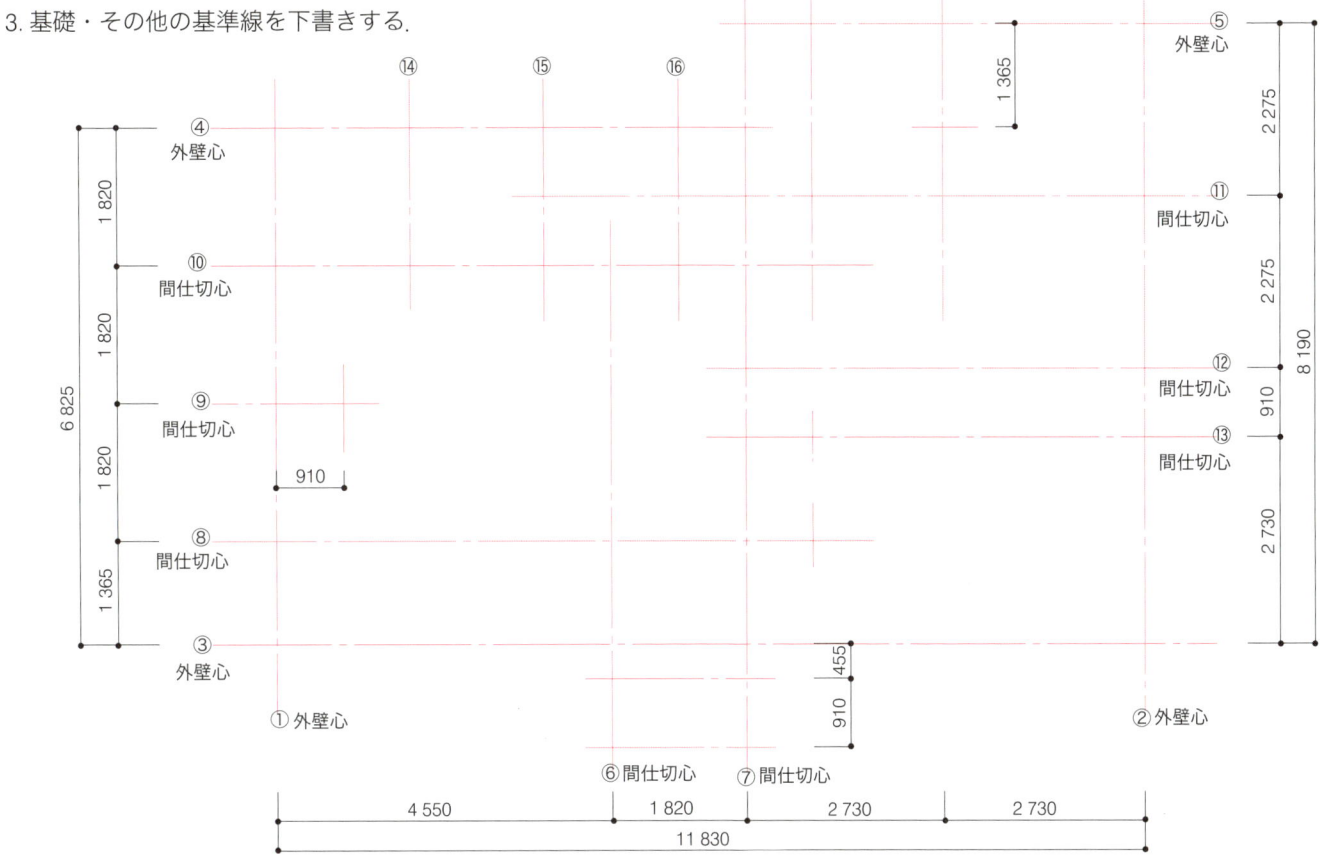

2）基礎の幅の下書き

基礎の幅（150mm）を各中心線から振り分けて，外壁・間仕切壁の位置に下書きする．

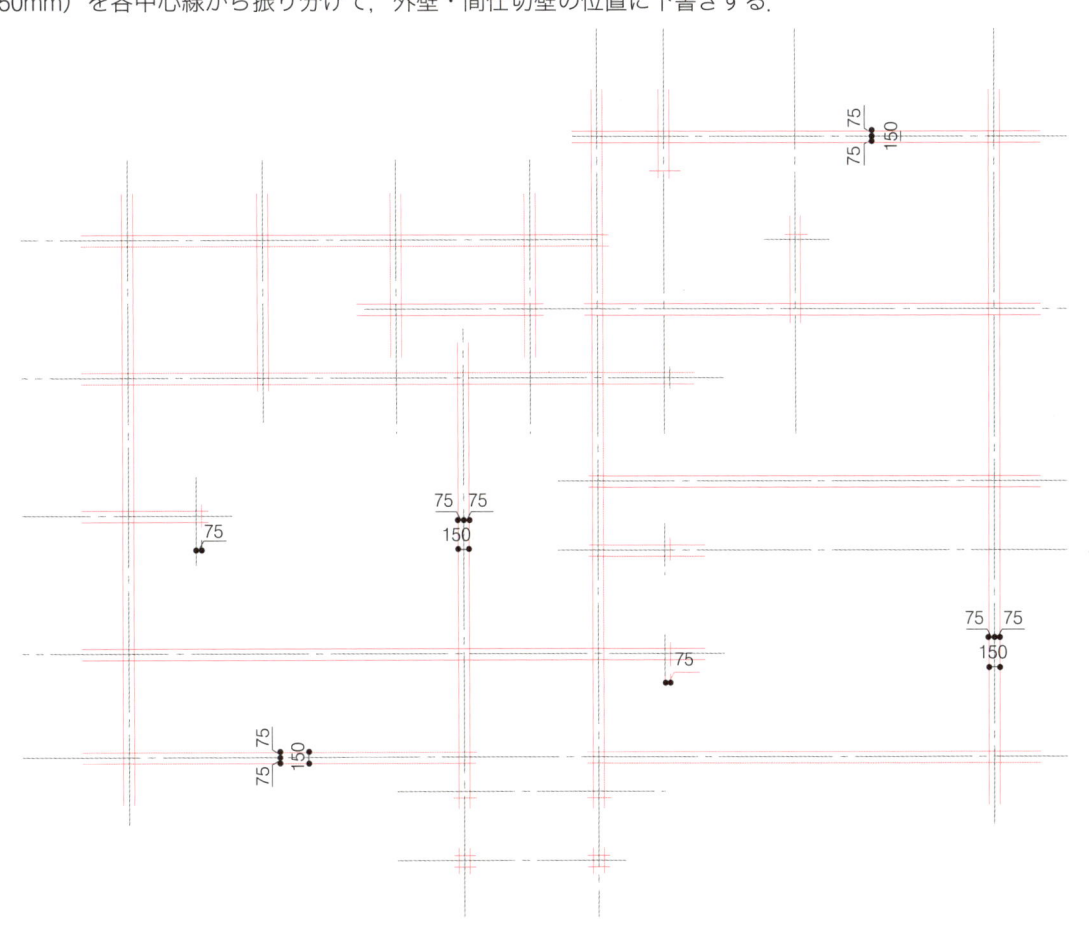

3）フーチング幅の下書き

フーチングを基礎の中心線から175mmの位置に下書きする．

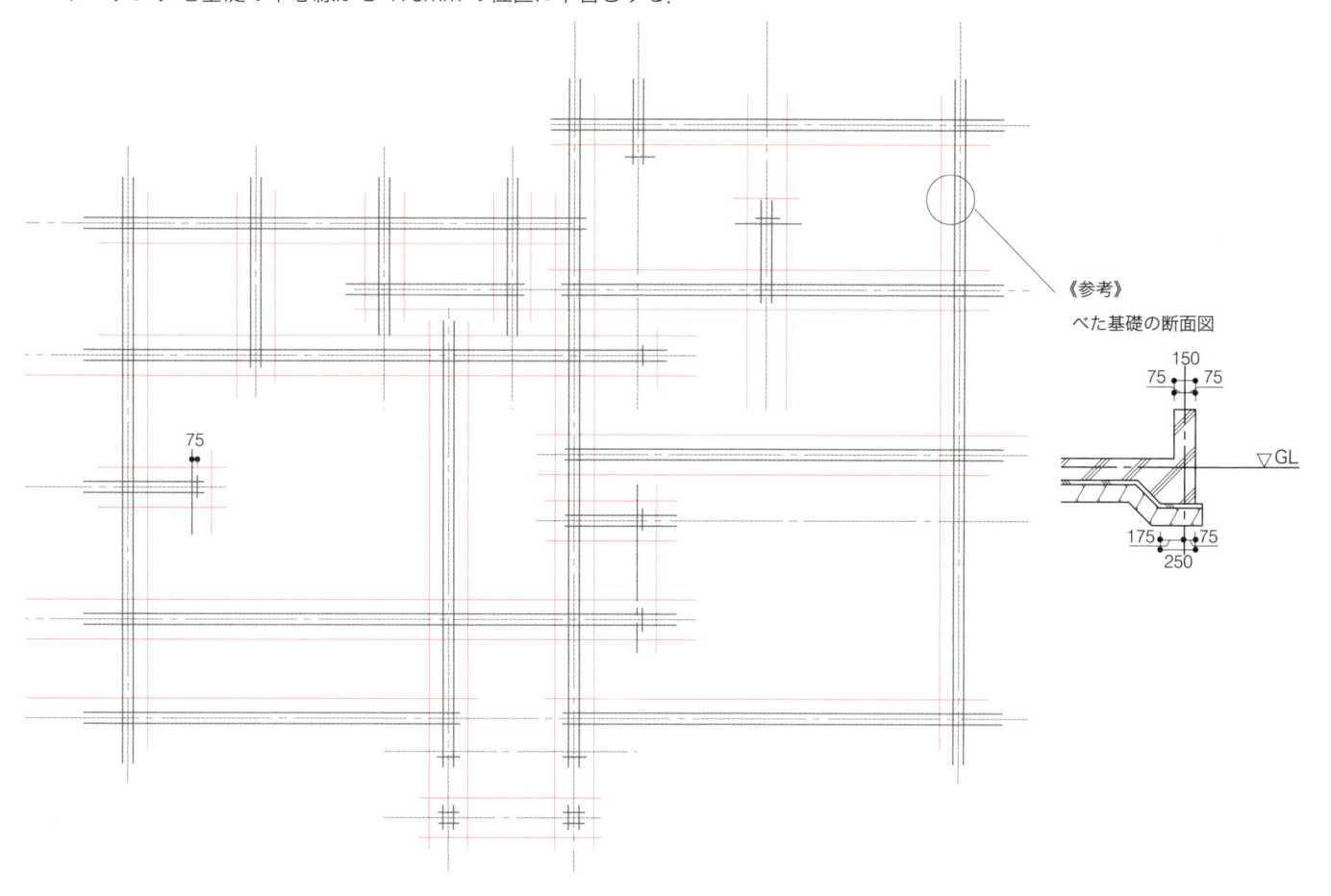

《参考》
べた基礎の断面図

4）点検用通路・土間コンクリートの下書き

1. 床下換気口（点検用通路）を下書きする．（開口幅は600mmとする．）
2. 土間コンクリート部分にハッチングを描く．

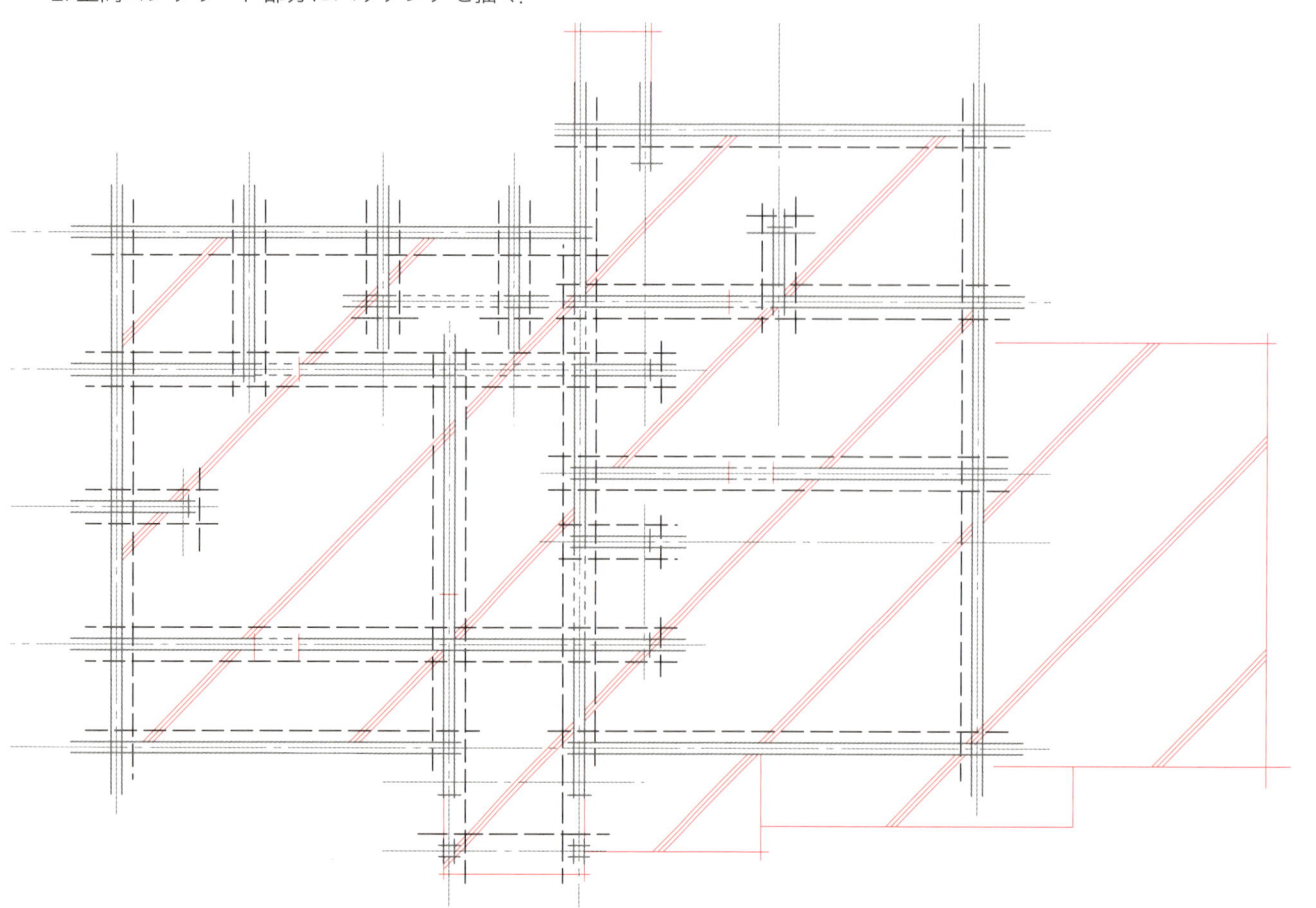

5）基礎の仕上げ

1. 基礎を仕上げる（太い実線）．
2. フーチングを仕上げる（太い破線）．
3. 床下換気口を仕上げる（太い実線）．
4. 鋼製束の表示記号（＠910mm）を仕上げる．
5. アンカーボルト・ホールダウン金物を要所に描く．

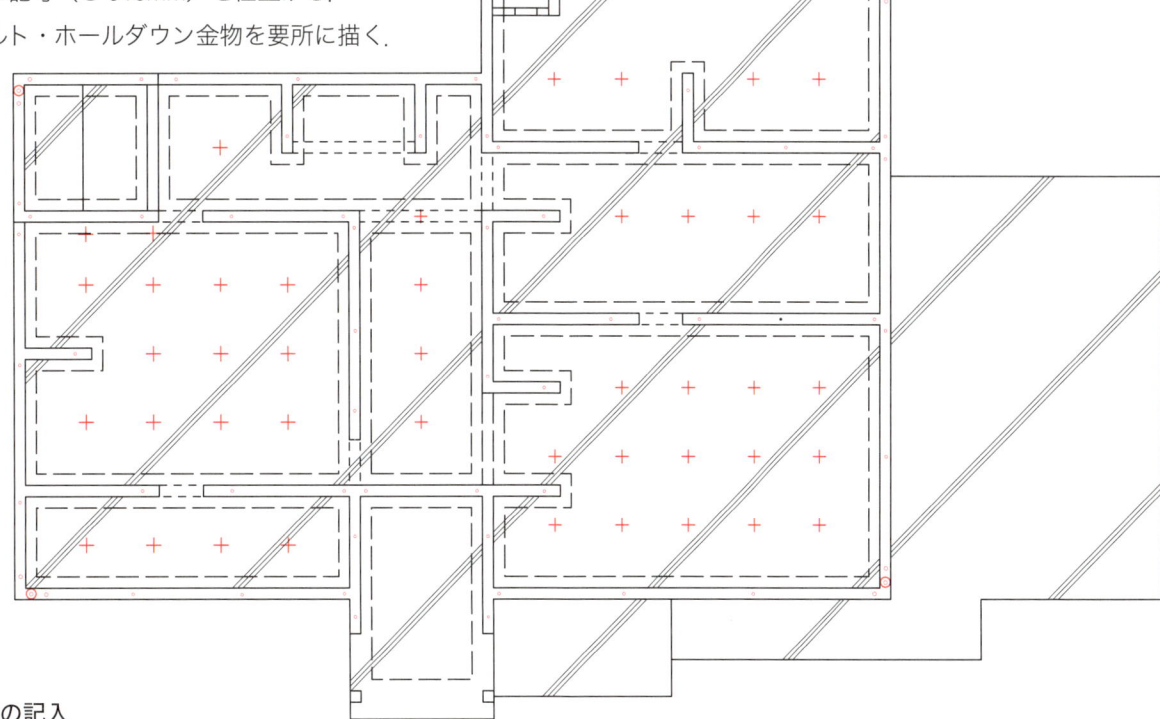

6）寸法・名称の記入

1. 寸法線・寸法補助線（細い実線）を引き，寸法を記入する．
2. 各部の名称・図名・縮尺を記入して完成させる．

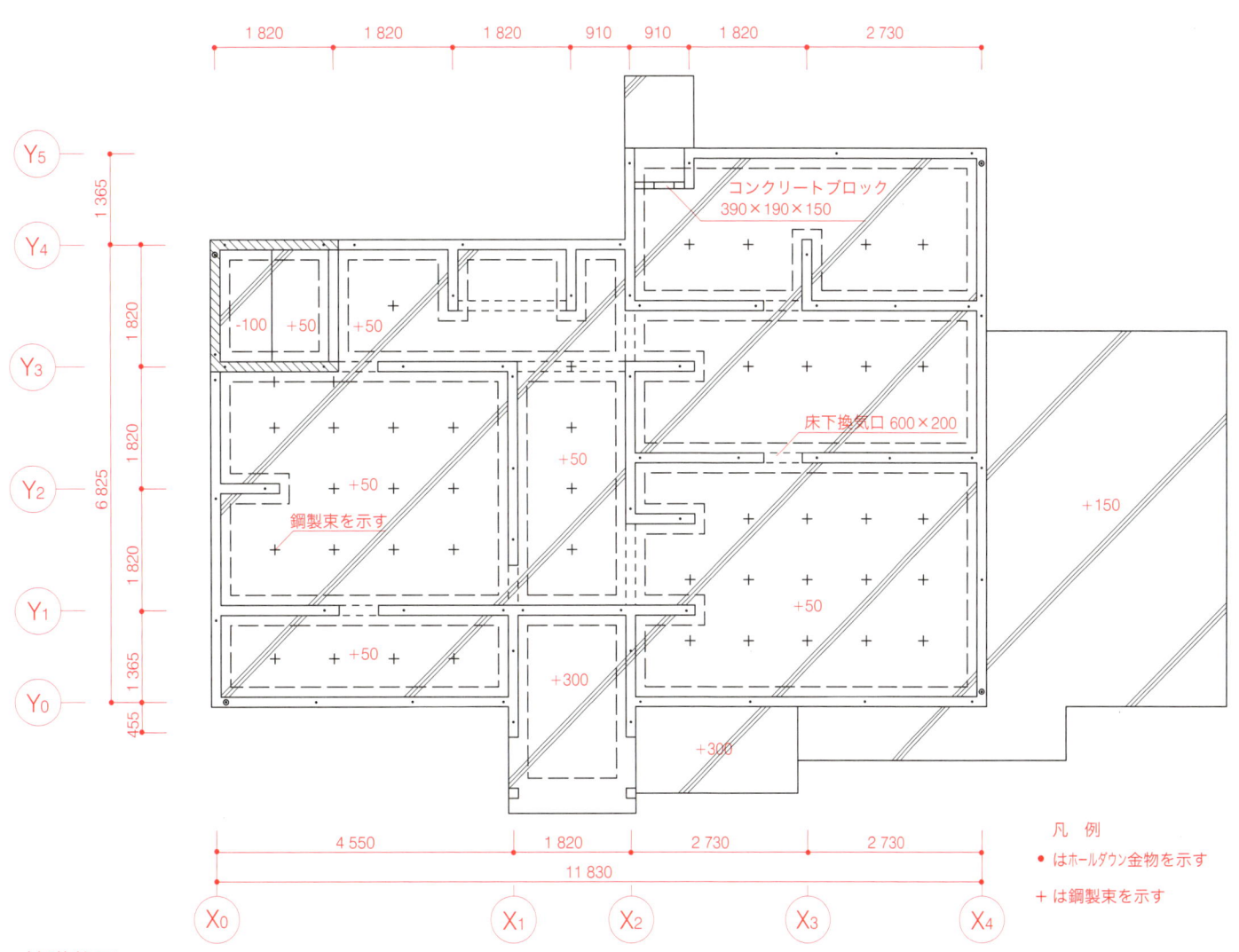

基礎伏図 S 1:100

凡　例
● はホールダウン金物を示す
＋ は鋼製束を示す

2・8 1階床伏図

建築物の床の骨組を表すために，床伏図を描く．描く階に応じて，1階床伏図・2階床伏図といい，縮尺は基礎伏図と同様に 1/100～1/50 を用いる．

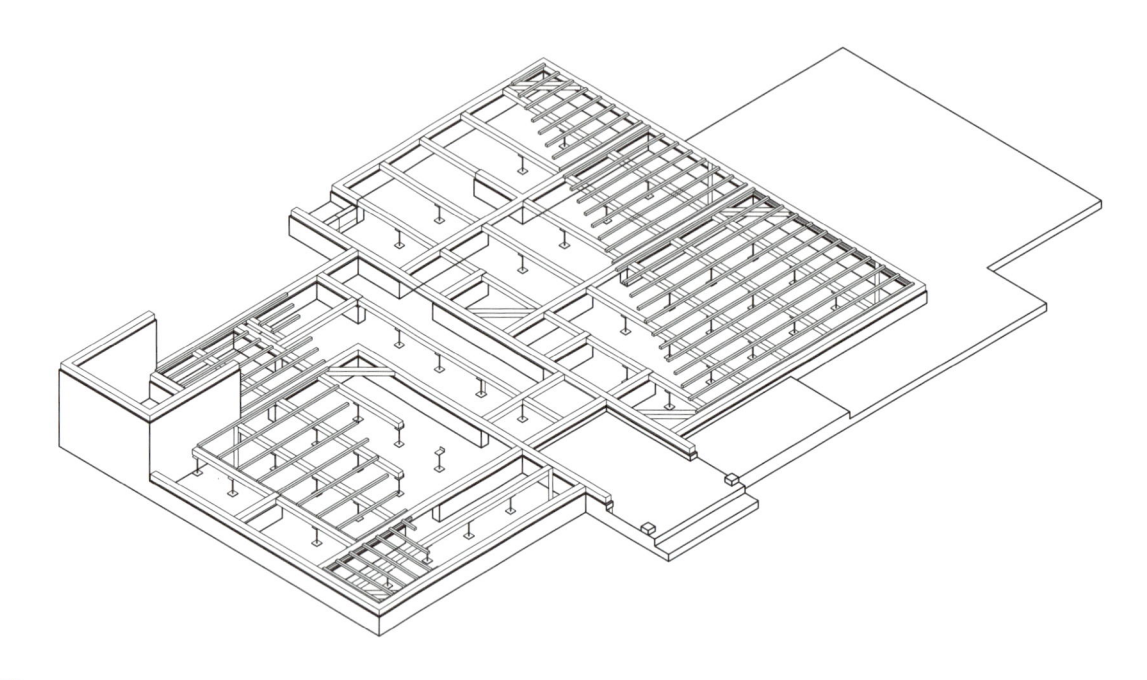

〈完成図〉

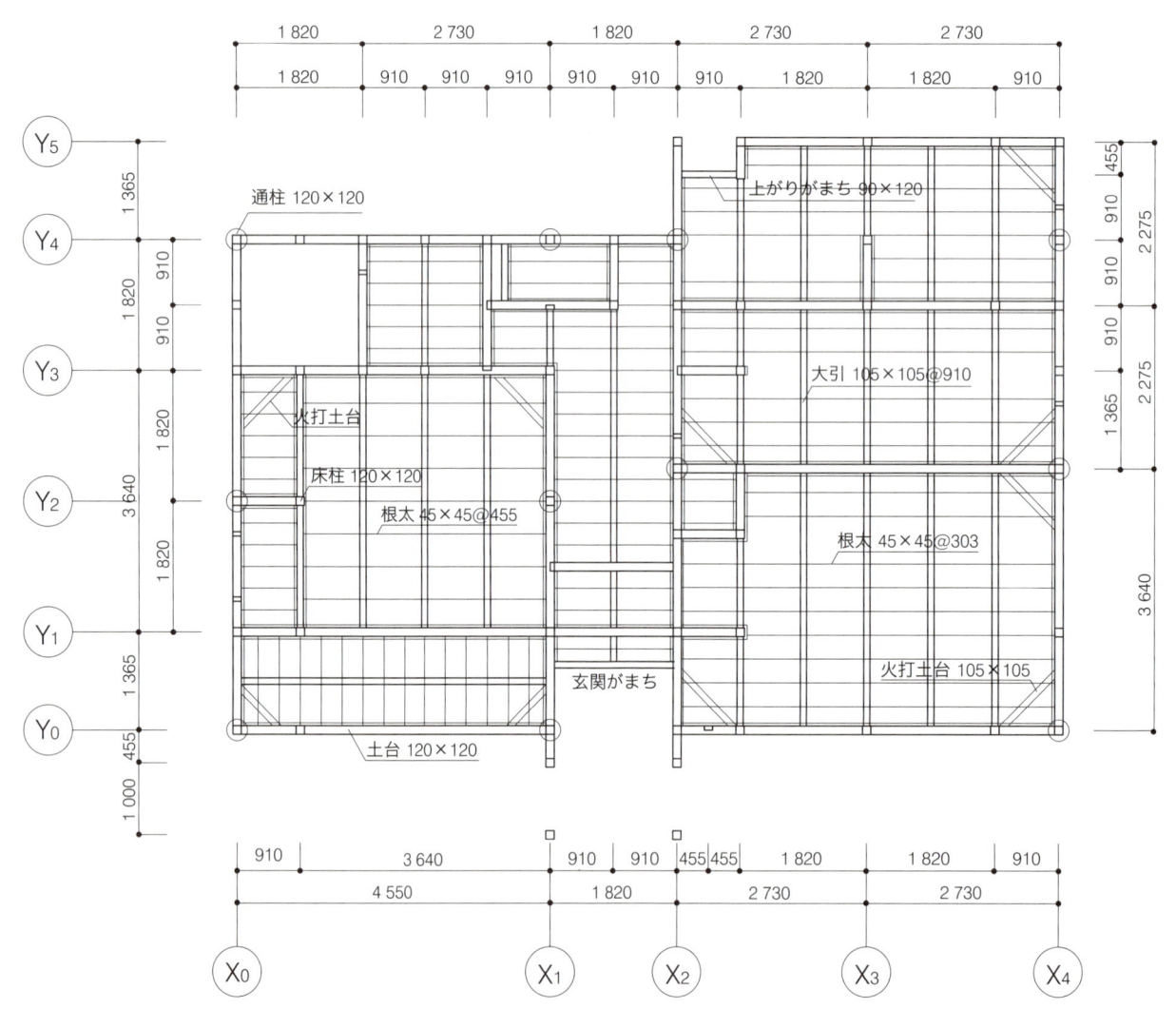

1階床伏図 S 1：100

1階床伏図を 1/100 の縮尺で描く.

1）中心線の下書き

1. 外壁心①〜⑤を下書きする.
2. 間仕切壁心，その他柱心を下書きする.
3. 玄関部分，上がりかまちの下書きをする.

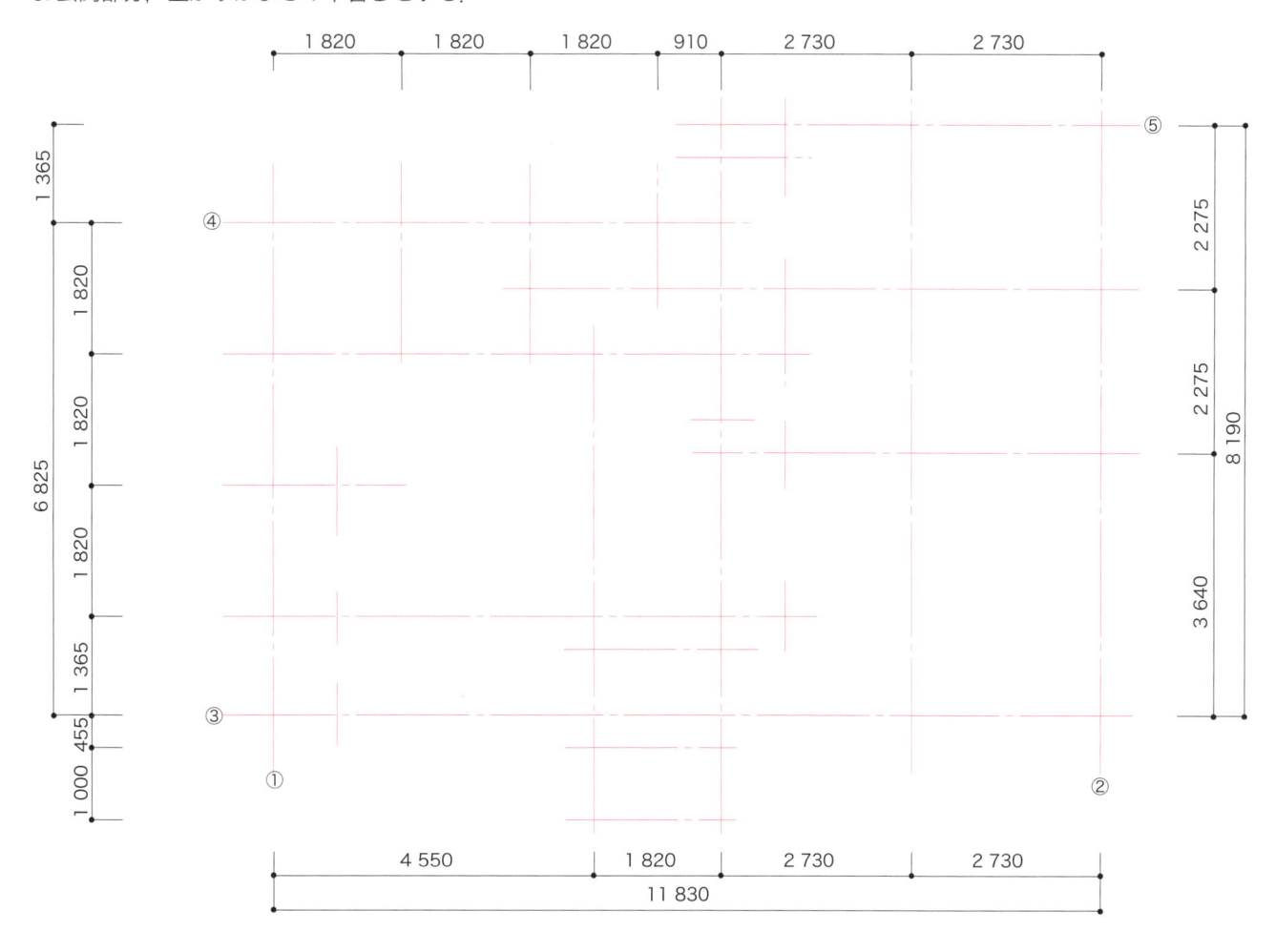

2）土台・柱の仕上げ

1. 土台を外壁・間仕切壁の壁心から振り分けて下書きし，仕上げる（太い実線）.
2. 柱を仕上げる（極太の実線）.
3. 通し柱に〇印を描く（細い実線）.

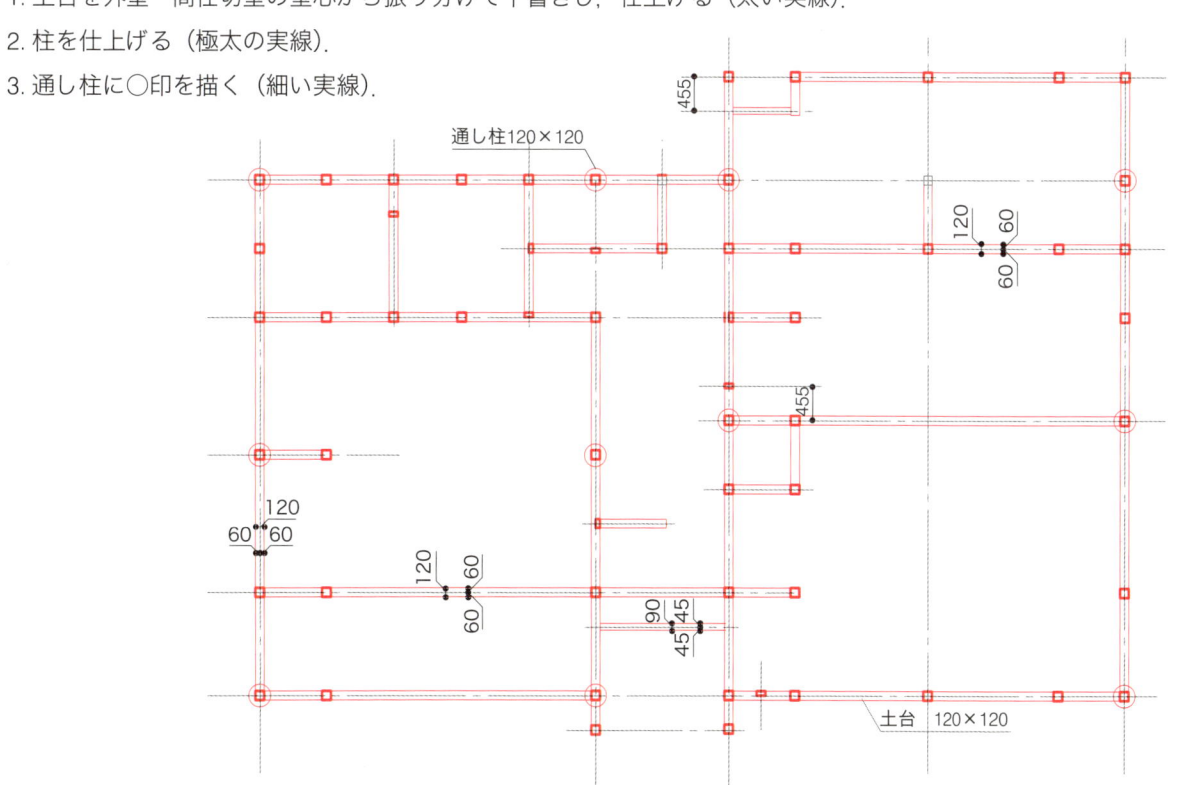

3）大引・火打土台の仕上げ

1. 大引を910mm間隔で仕上げる（太い実線）.
2. 火打土台を105角で描く（太い実線）.
3. 玄関かまち・上がりがまちを描く（太い実線）.

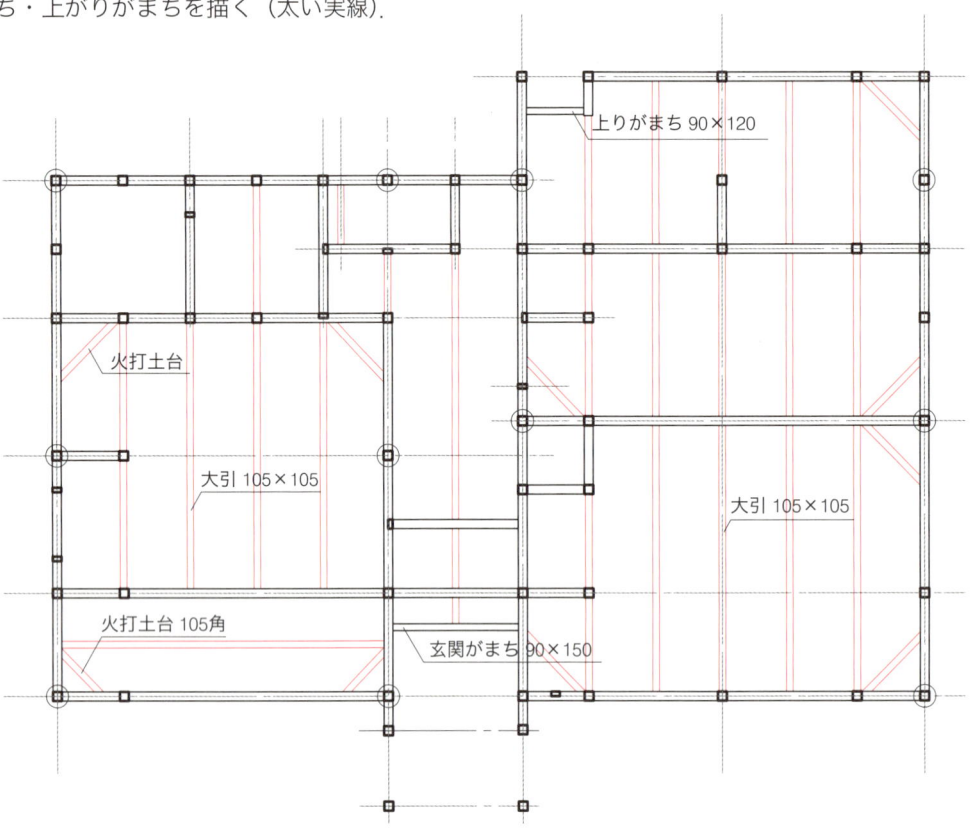

上りがまち 90×120
火打土台
大引 105×105
大引 105×105
火打土台 105角
玄関がまち 90×150

4）根太・きわ根太の仕上げ

1. 柱心から根太を割り付けて仕上げる（太い実線）.
2. 根太掛け，きわ根太を仕上げる（太い実線）.

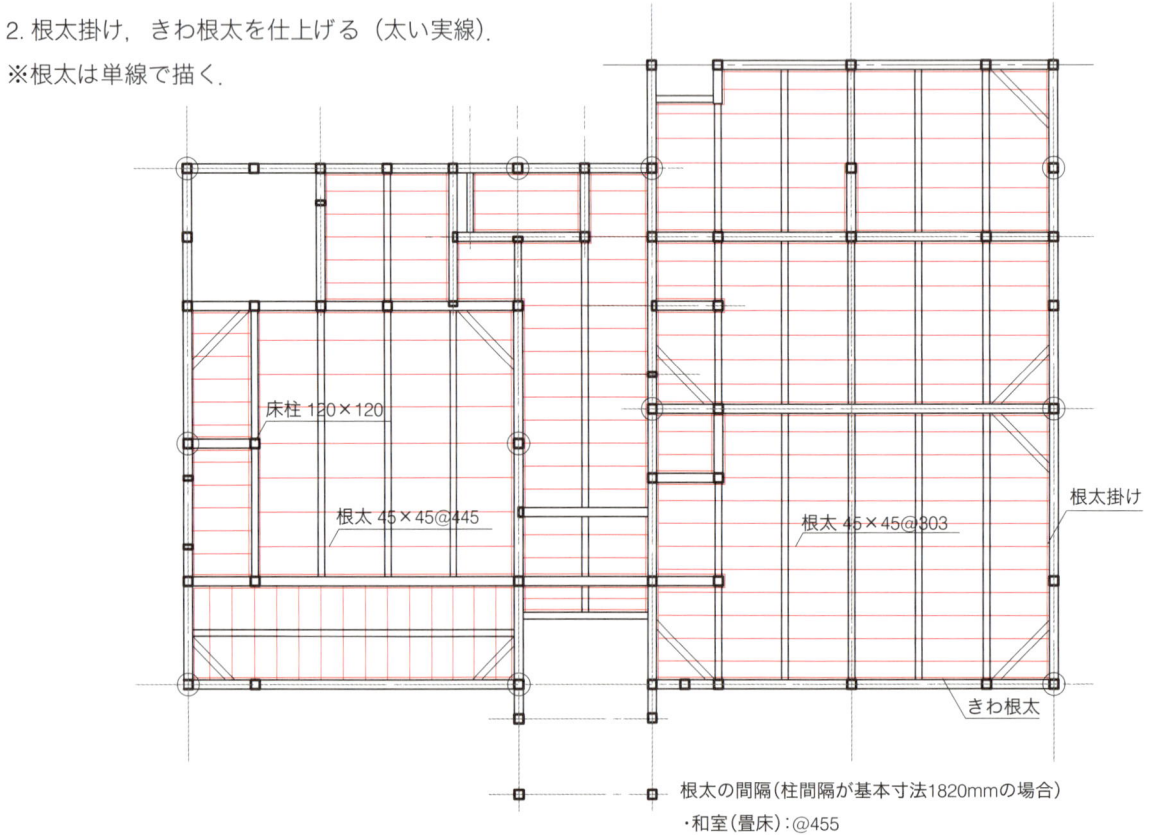

※根太は単線で描く.

床柱 120×120
根太 45×45@445
根太 45×45@303
根太掛け
きわ根太

根太の間隔（柱間隔が基本寸法1820mmの場合）
・和室（畳床）：@455
・洋室，廊下，縁側等：@303

5）寸法・名称の記入

1. 寸法線・寸法補助線（細い実線）を引き，寸法を記入する．
2. 各部の名称・図名・縮尺などを記入して完成させる．

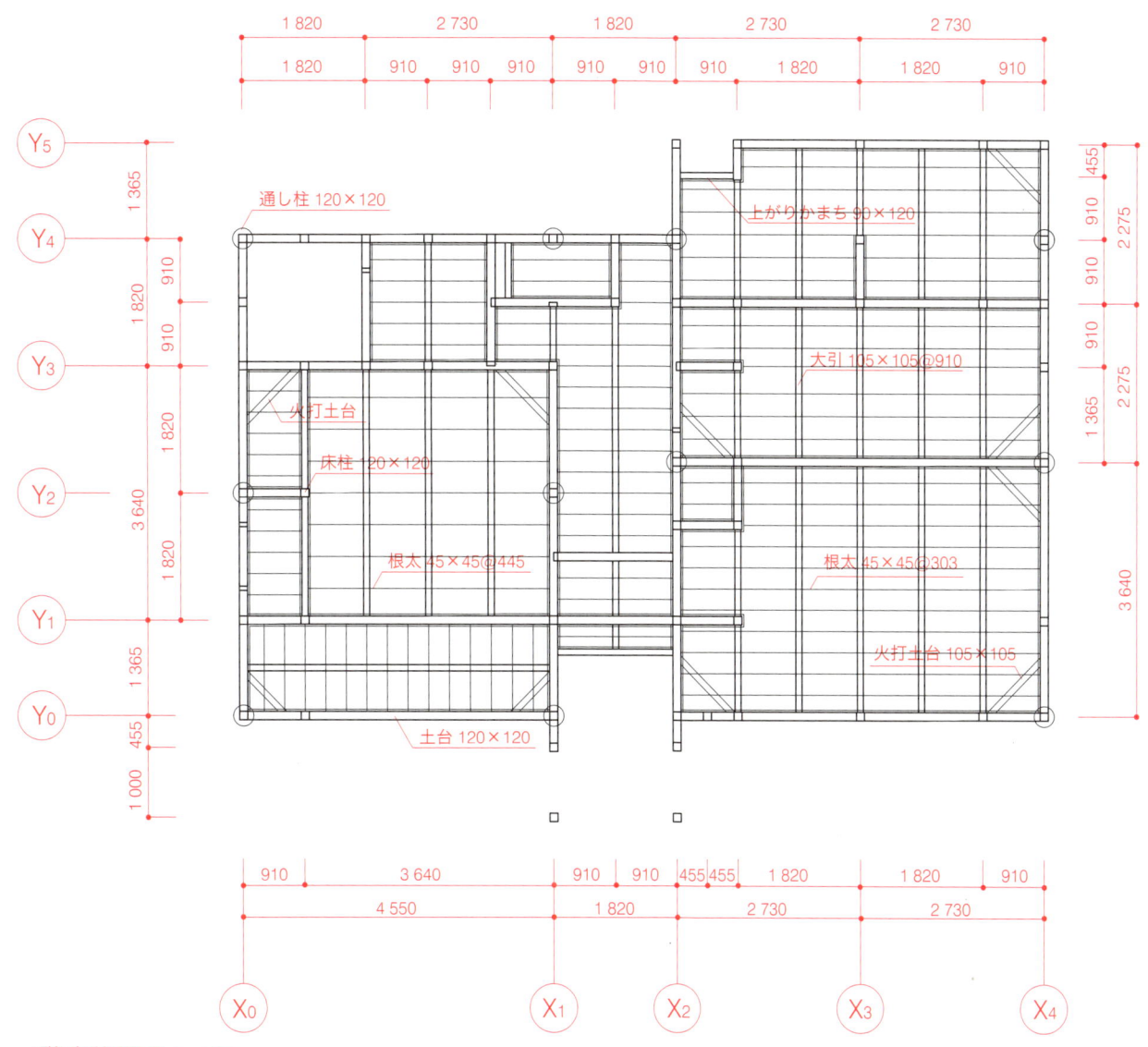

1階床伏図 S 1:100

2・9 2階床伏図・1階小屋伏図

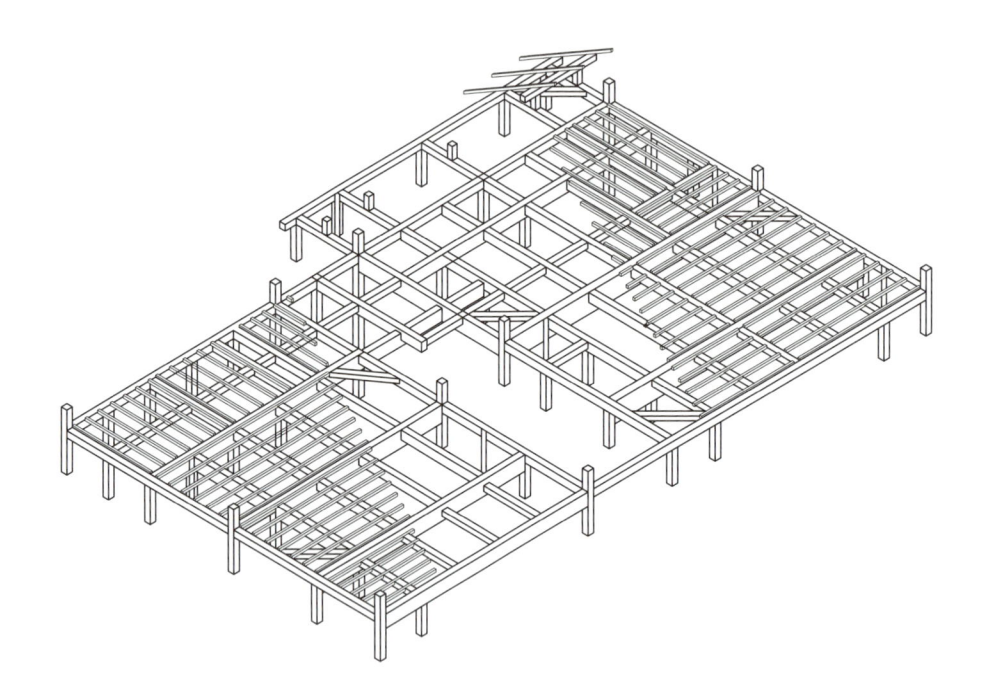

〈完成図〉

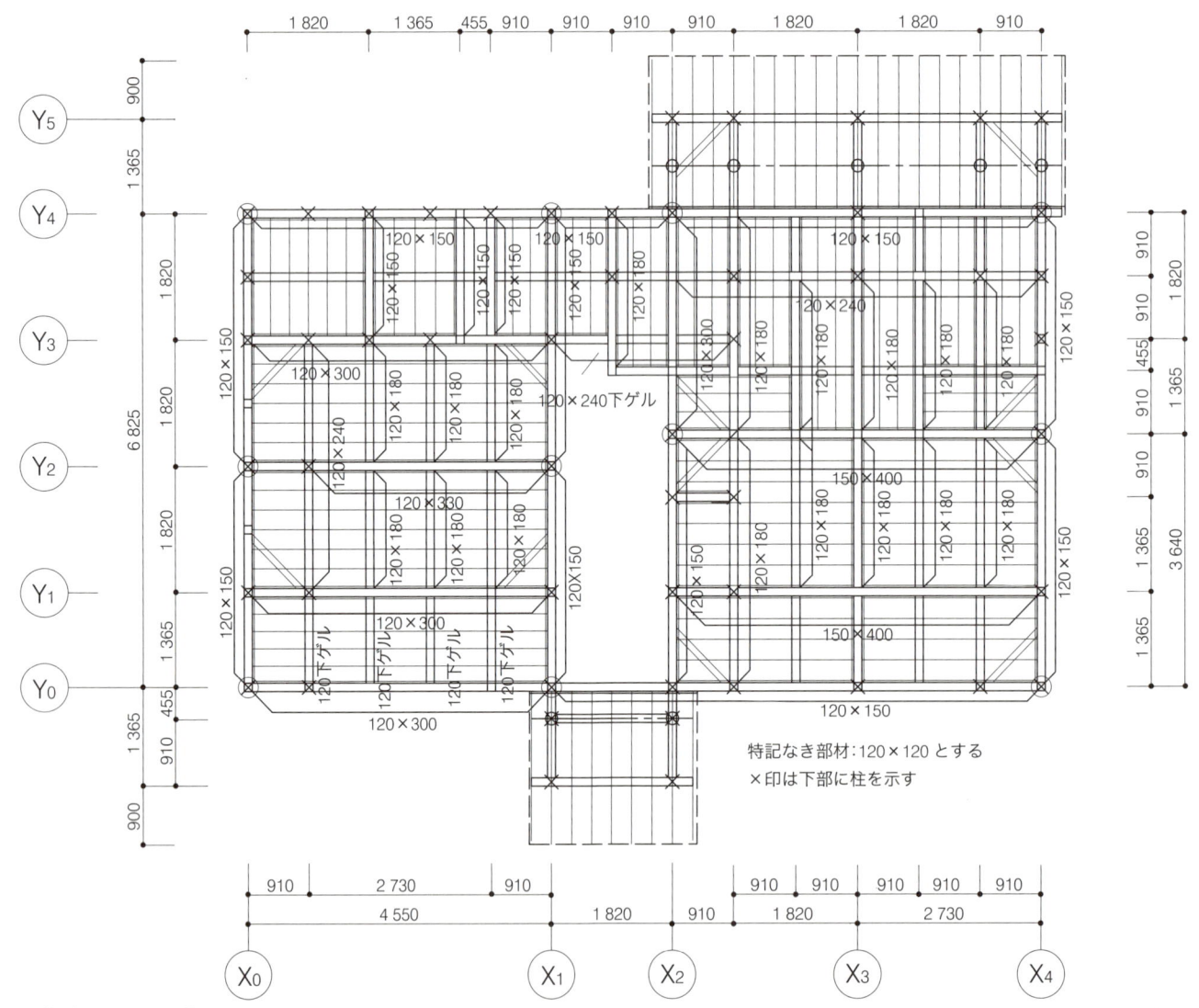

2階床伏図・1階小屋伏図　S 1：100

特記なき部材：120×120とする
×印は下部に柱を示す

2階の床伏図・1階小屋伏図を1/100の縮尺で描く．

1）中心線の下書き

1. 1・2階の外壁心①〜⑤を下書きする．
2. 2階の間仕切壁心，床梁心を下書きする．
3. 1階の柱（下部柱）を×印で描く（太い実線）．

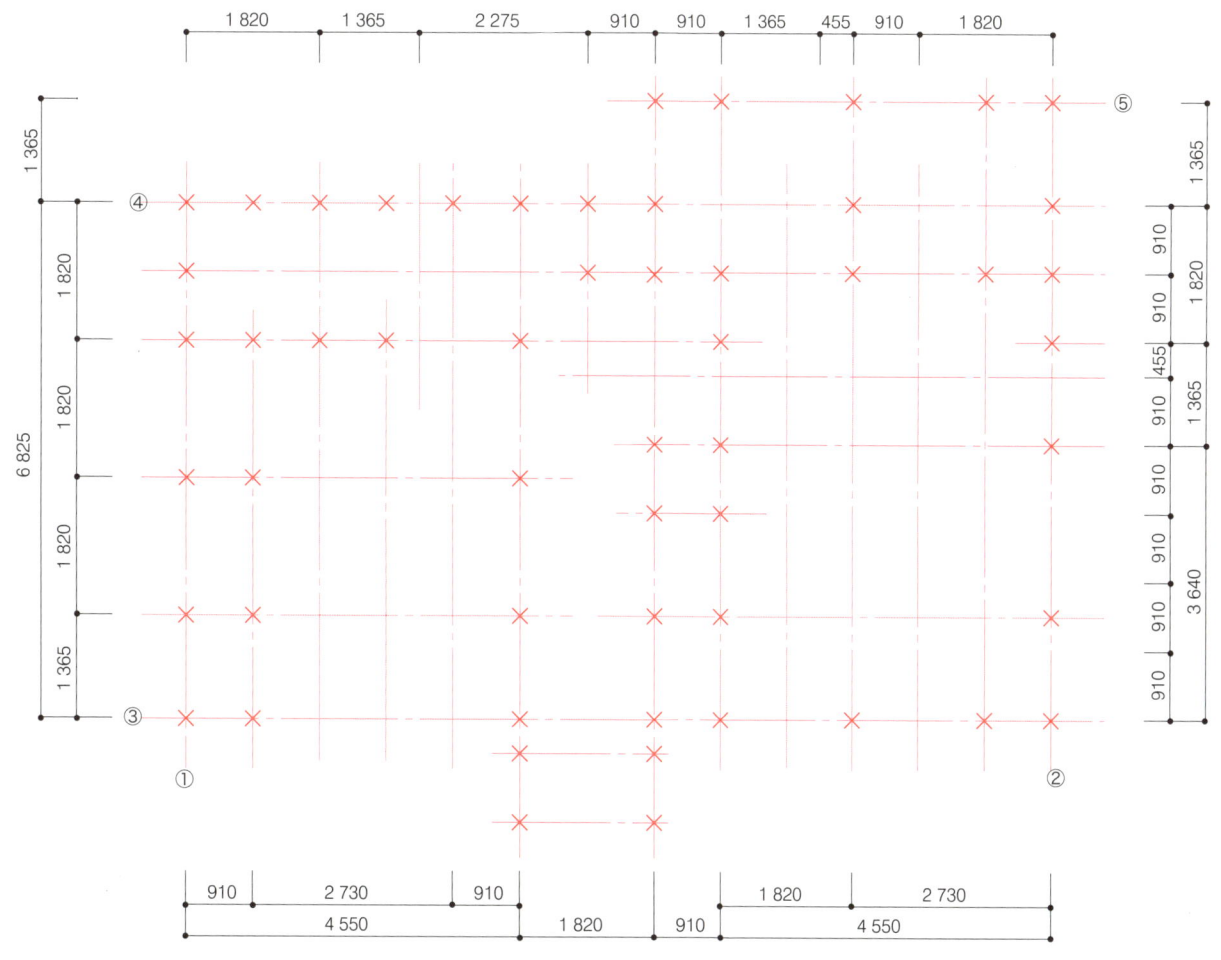

2）胴差・2階梁・柱の仕上げ

1. 胴差を，外壁の中心から振り分けて下書きし，仕上げる（太い実線）．
2. 2階梁を910mmまたは，1820mm間隔で描く（太い実線）．
3. 柱を描く（極太の実線）．
4. 通し柱に〇印を描く（細い実線）．

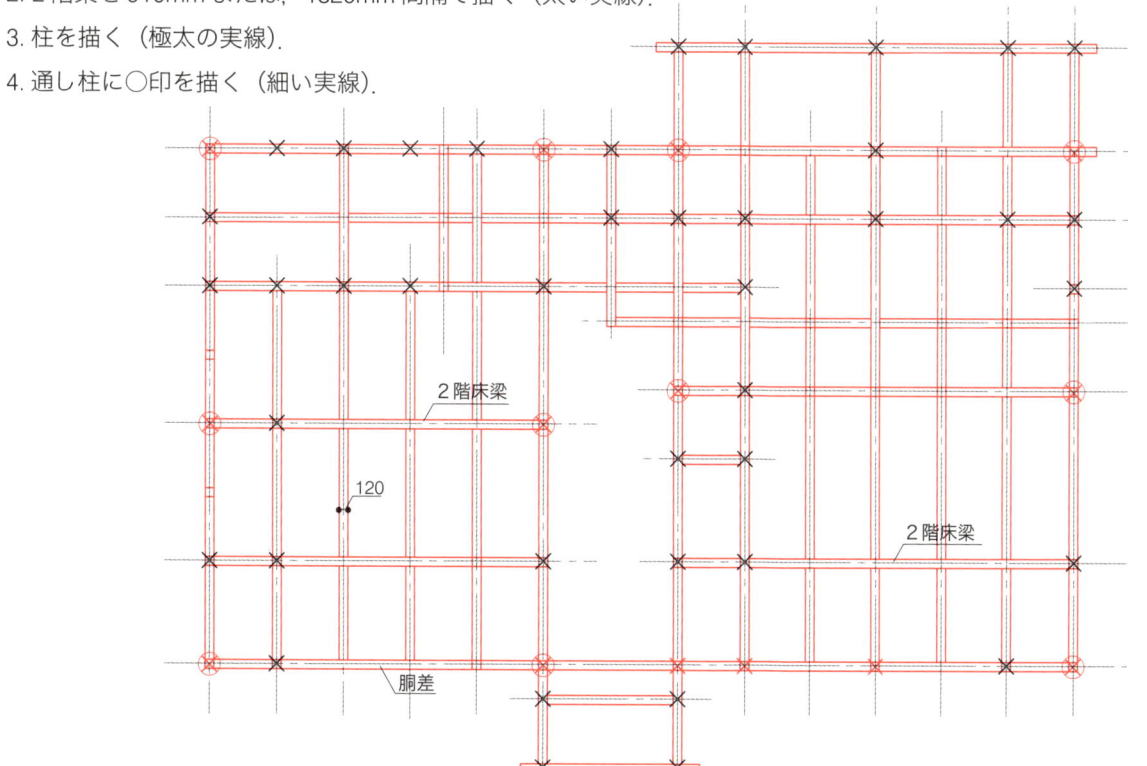

3）火打梁の仕上げ

1. 火打梁を描く（太い実線）.

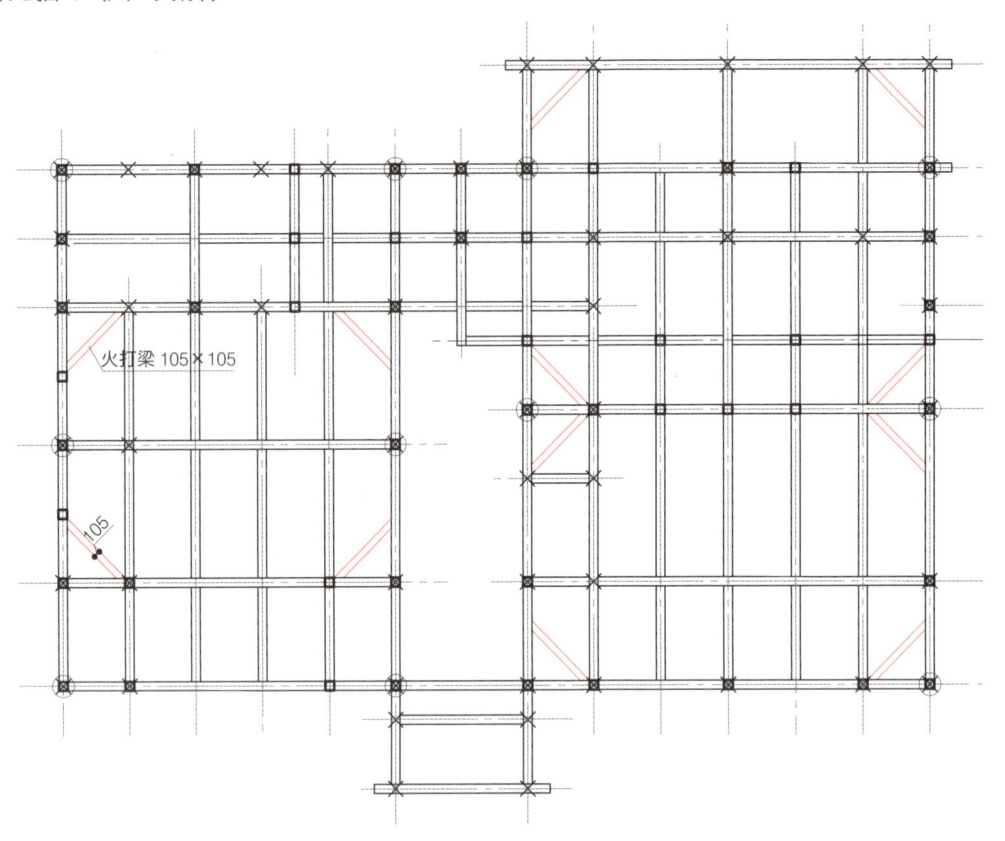

火打梁 105×105

4）根太・きわ根太・根太掛けの仕上げ

1. 根太を柱心から割り付けて仕上げる（太い実線）.
2. 根太掛け，きわ根太を仕上げる（太い実線）.
3. 軒の出 900mm とけらばの出 300mm を下書きする.

根太 45×60@303

根太掛け

きわ根太

5）母屋・垂木の仕上げ

1. 下屋部分と玄関部分の母屋を描く（太い一点鎖線）．
2. 垂木を，柱心から455 mmで割り付ける（太い実線）．

※垂木は単線で描く．

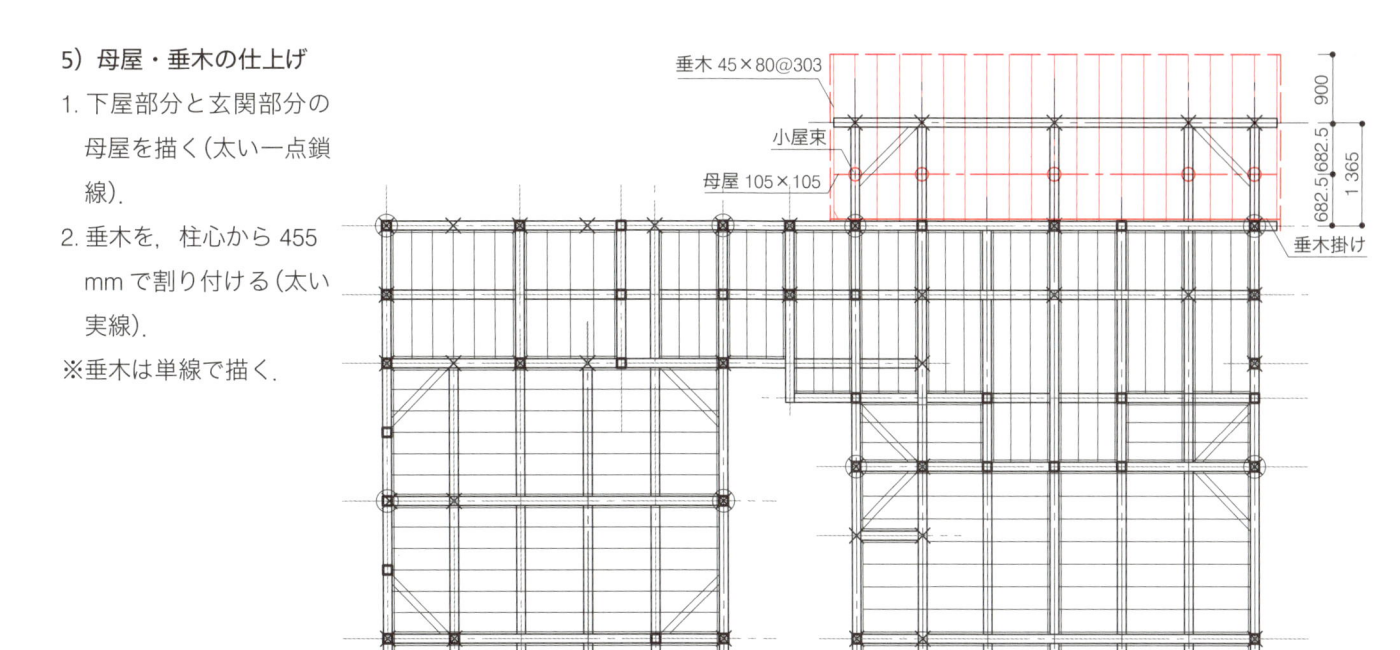

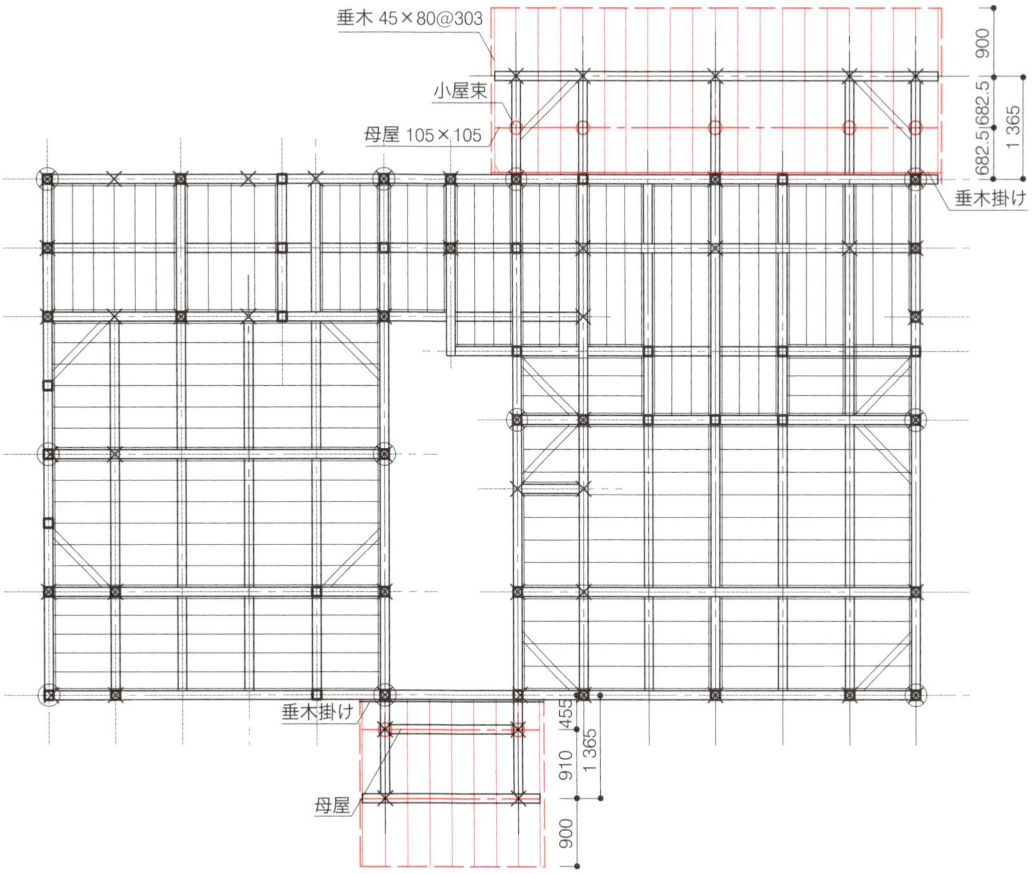

6）寸法・名称の記入

1. 寸法線・寸法補助線（細い実線）を引き，寸法を記入する．
2. 各部の名称，図名，縮尺などを記入し，完成させる．

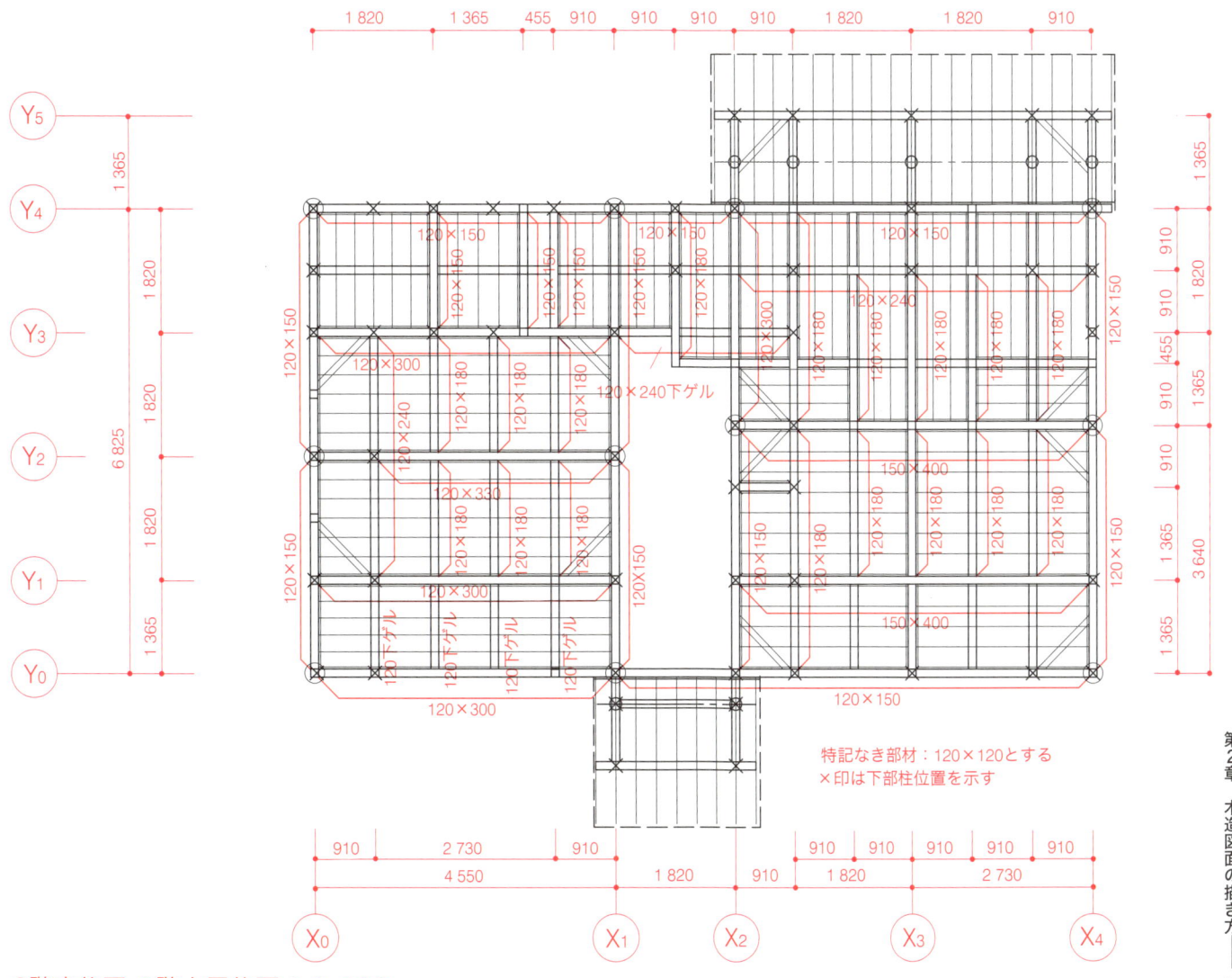

2階床伏図・1階小屋伏図 S 1:100

2・10 2階小屋伏図

建築物の屋根の骨組みを表すために，小屋伏図を描く．縮尺は各伏図と同様に 1/100〜1/50 を用いる．また，表示事項や表示方法に注意して描くこと．

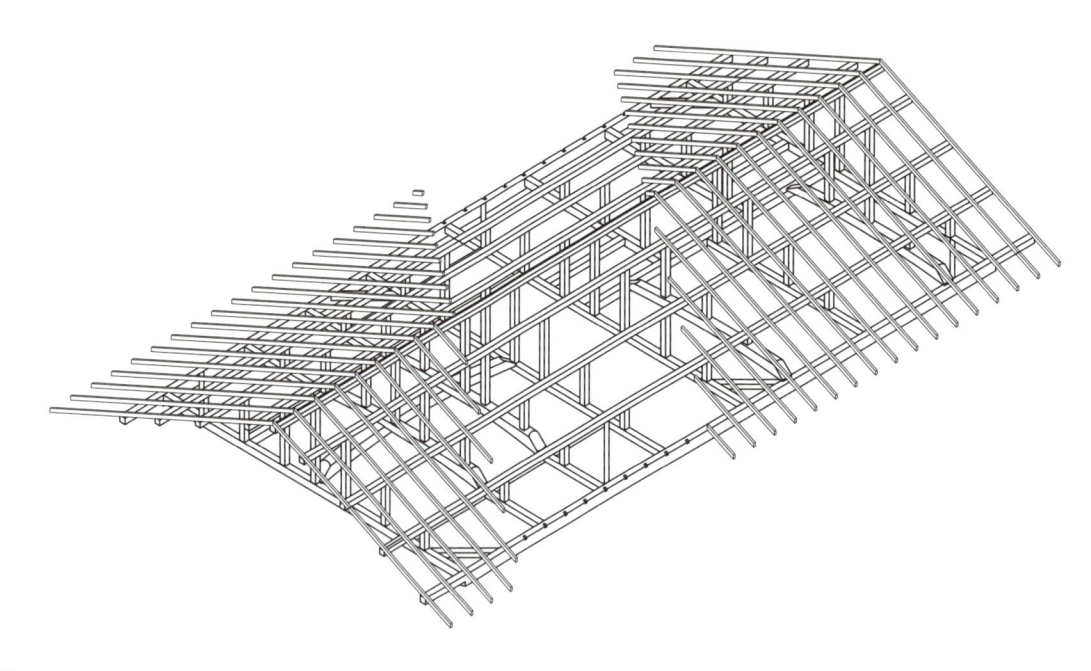

〈完成図〉

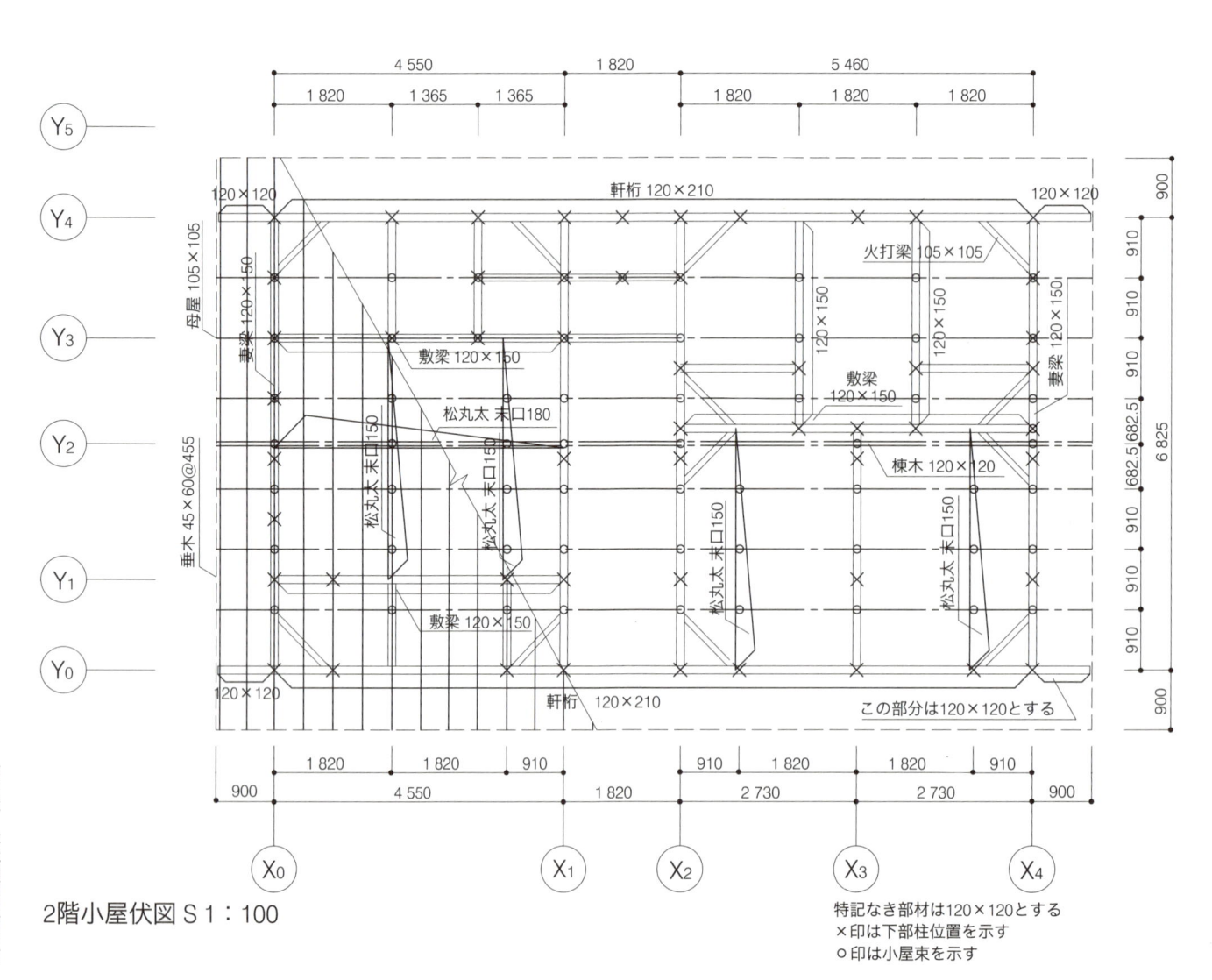

2階小屋伏図 S 1：100

特記なき部材は120×120とする
×印は下部柱位置を示す
○印は小屋束を示す

2階小屋伏図を1/100の縮尺で描く．

1）中心線の下書き

1. 外壁心①～④を下書きする．
2. 間仕切壁心を下書きする．
3. 2階の柱位置を×印で描く（太い実線）．

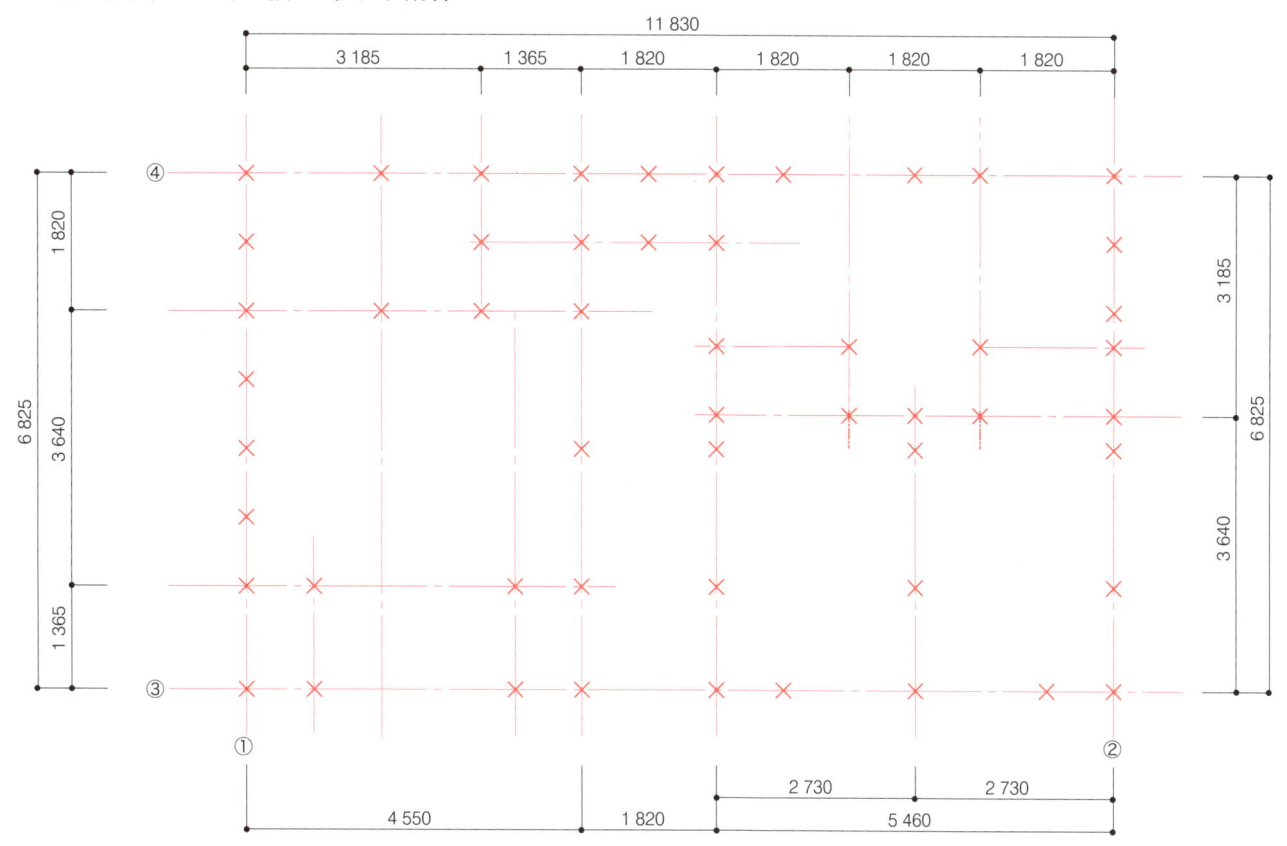

2）軒桁・梁・火打梁の下書き

1. 軒桁・妻梁を外壁の位置に下書きする．
2. 2階の管柱を確認しながら，頭つなぎを下書きする．
3. 火打梁を下書きする．
4. 屋根の軒先線を下書きする．

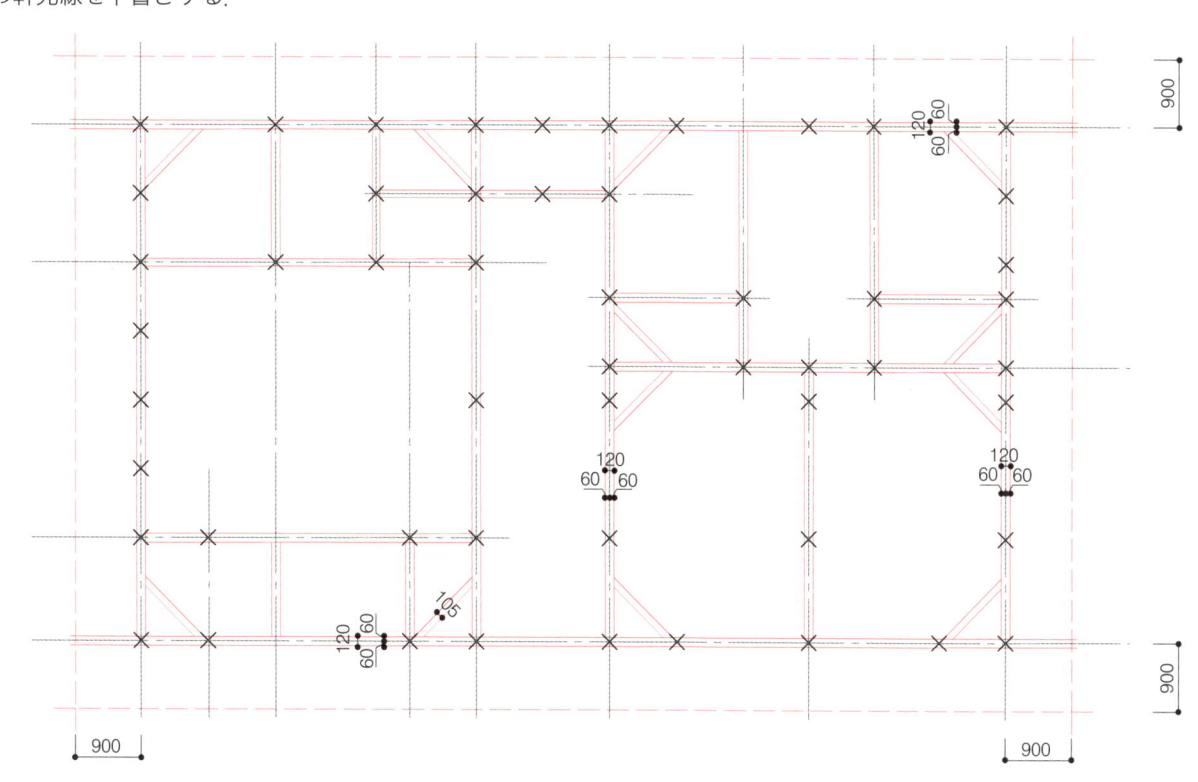

3）梁・火打梁・頭つなぎの仕上げ

1. 軒桁・妻梁を仕上げる（太い実線）．
2. 頭つなぎ・火打梁を仕上げる（太い実線）．
3. 小屋梁（松丸太）を描く（太い実線）．
4. 小屋束の位置に○印を記入する．

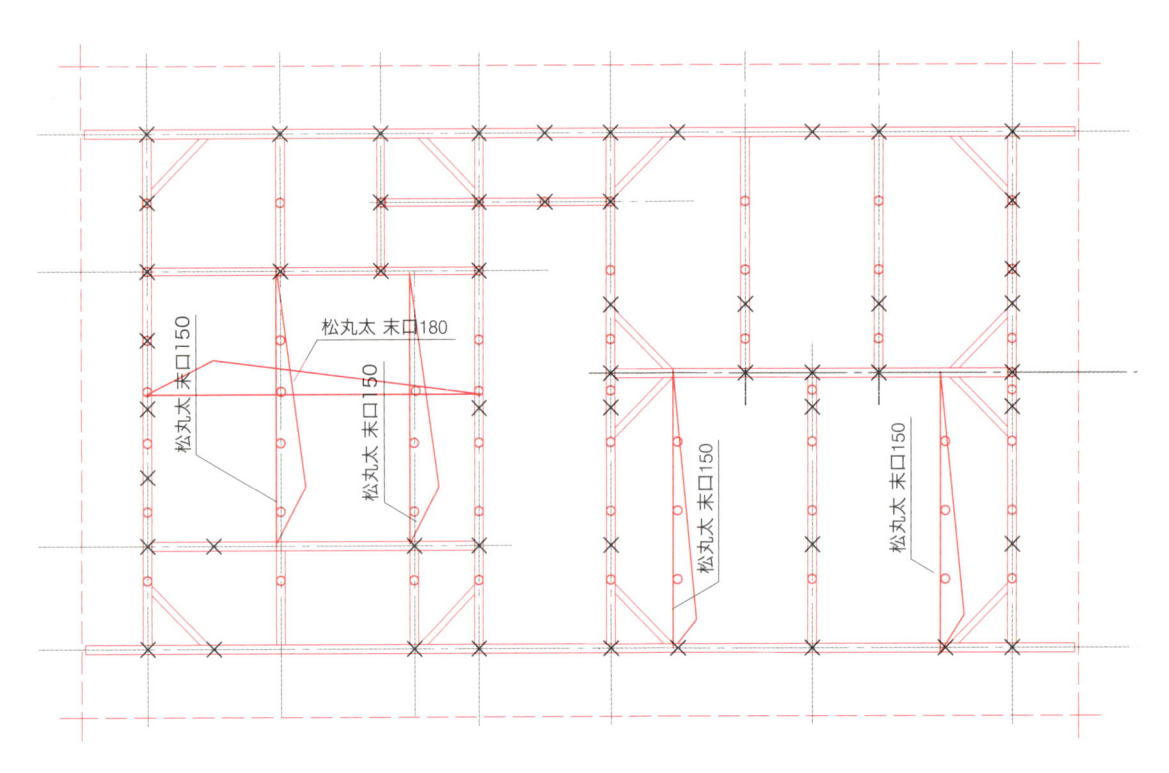

4）棟木・母屋・垂木の仕上げ

1. 棟木を，梁間中央に描く（太い2本の一点鎖線）．
2. 母屋を軒桁から910mm間隔で割り付けて描く（太い一点鎖線）．
3. 垂木を柱心より455mm間隔で割り付けて描く（太い実線）．
4. 軒先線を描く（細い破線）．

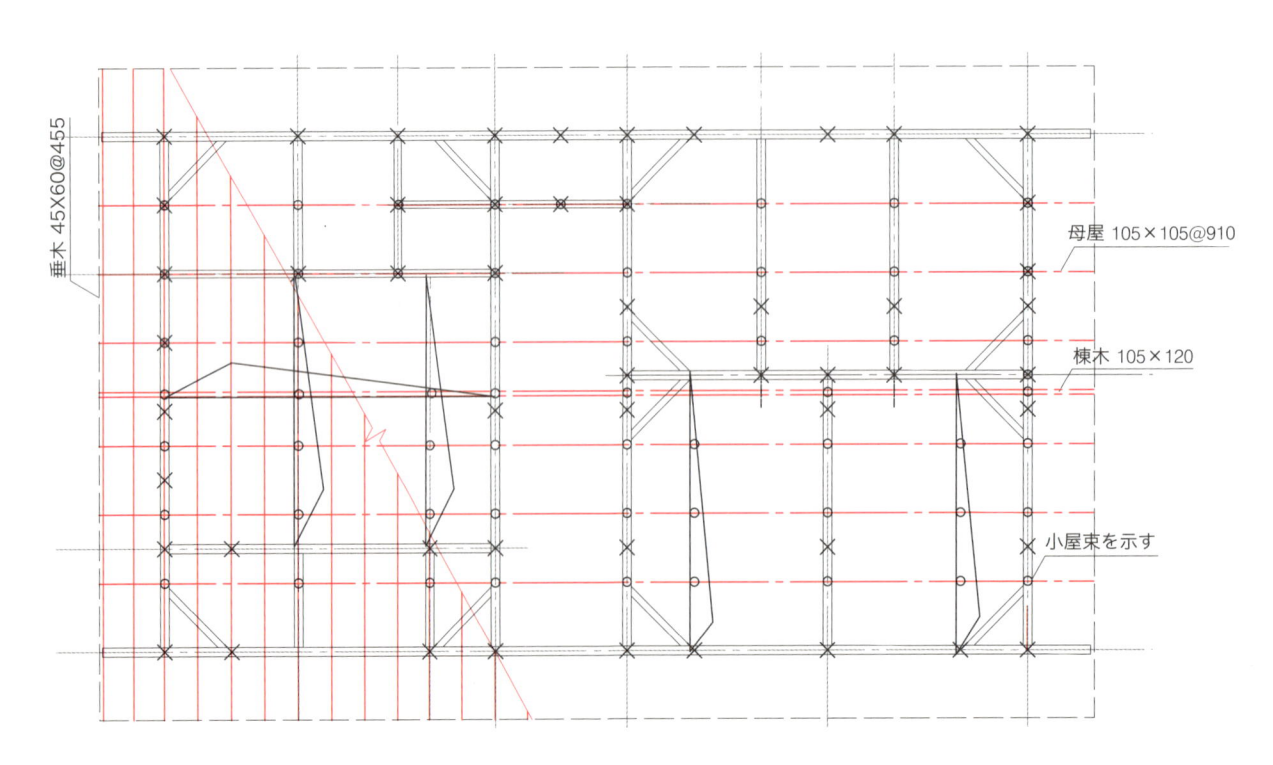

5）寸法・名称の記入

1. 寸法線・寸法補助線（細い実線）を引き，寸法を記入する．
2. 各部の名称・図名・縮尺などを記入して完成させる．

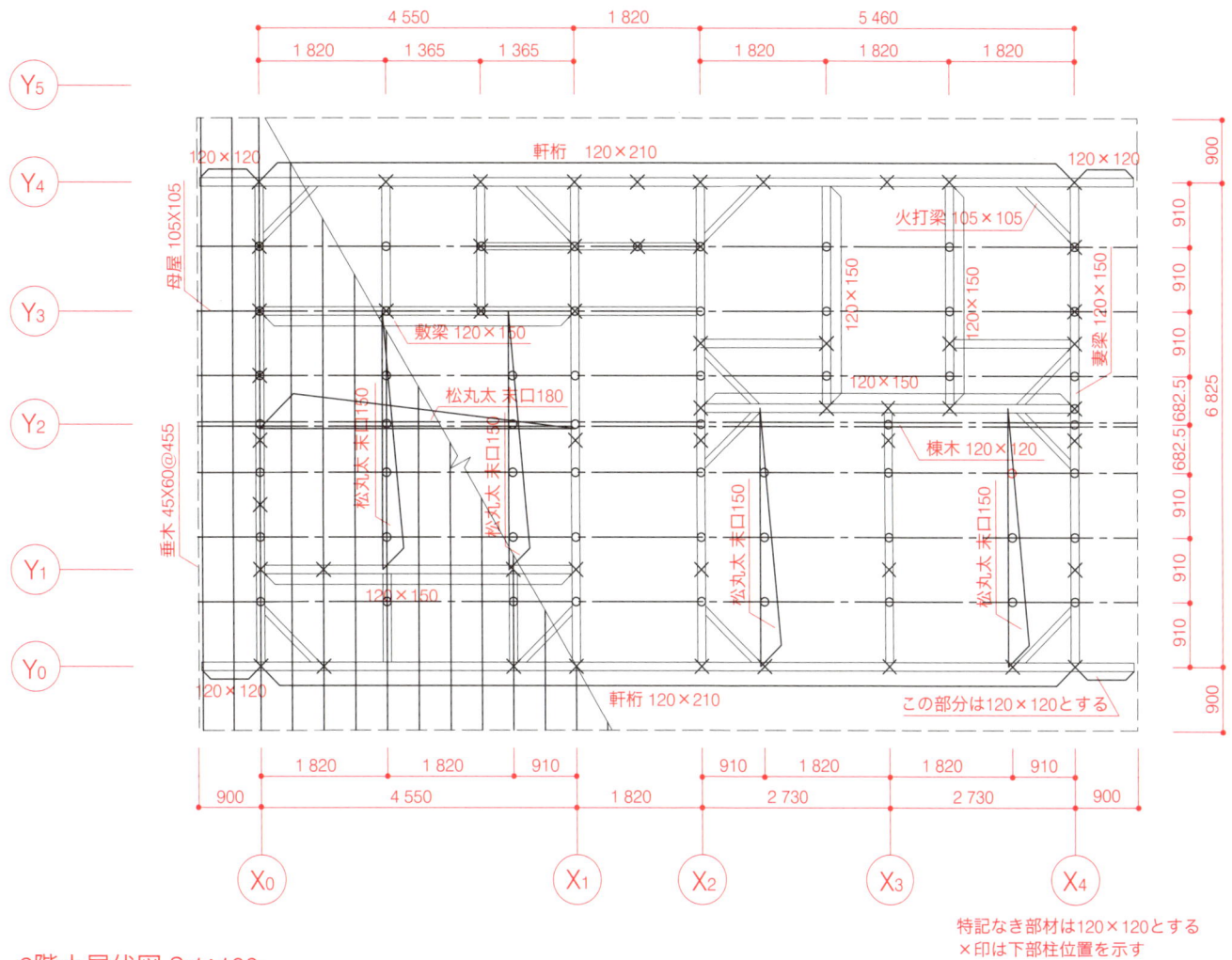

2階小屋伏図 S 1:100

特記なき部材は120×120とする
×印は下部柱位置を示す
○印は小屋束を示す

2・11 軸組図

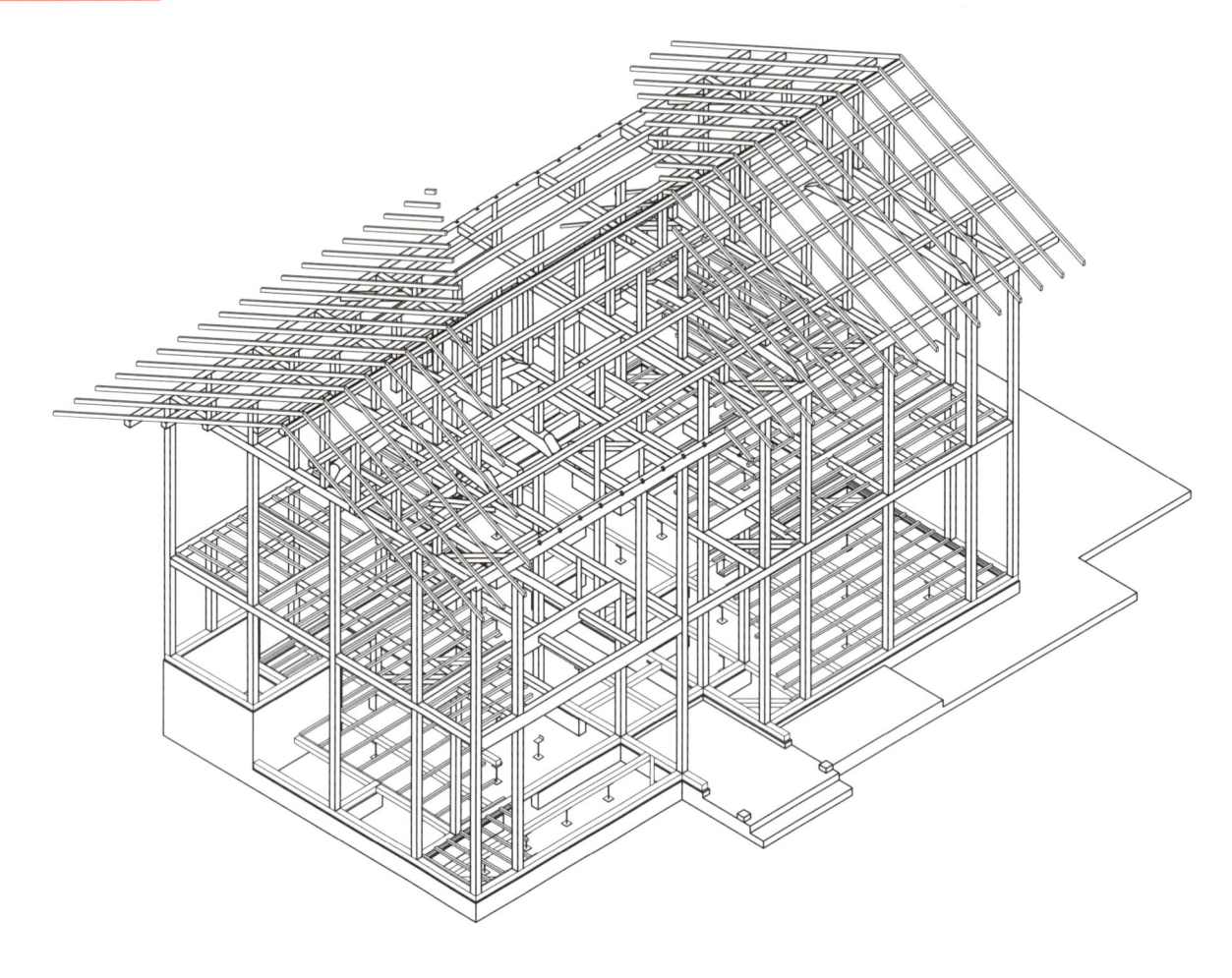

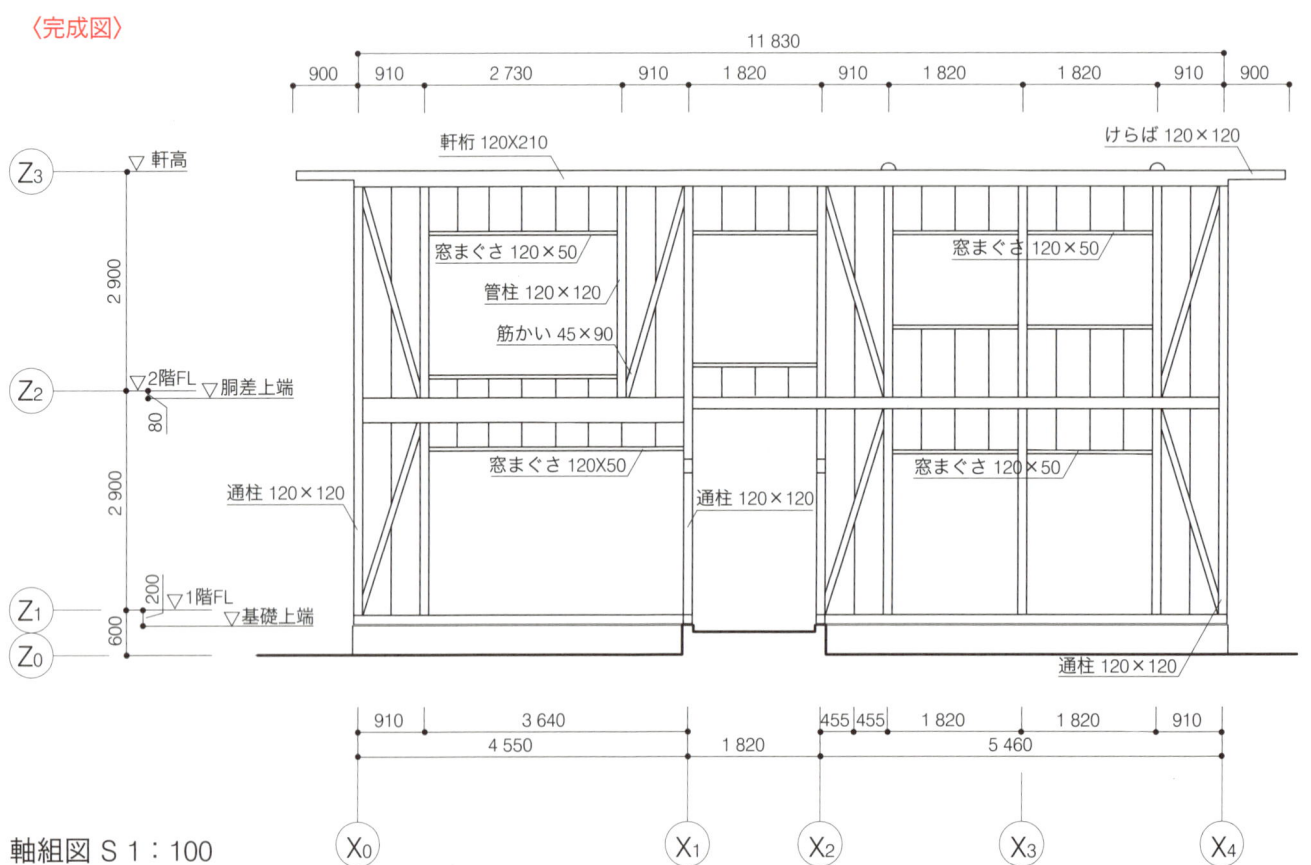

〈完成図〉

軒桁 120×210　けらば 120×120
窓まぐさ 120×50
管柱 120×120
筋かい 45×90
窓まぐさ 120×50
通柱 120×120
通柱 120×120

Z₃ ▽軒高
2 900
Z₂ ▽2階FL ▽胴差上端
80
2 900
Z₁ ▽1階FL
200 ▽基礎上端
600
Z₀

11 830
900 | 910 | 2 730 | 910 | 1 820 | 910 | 1 820 | 1 820 | 910 | 900

910 | 3 640 | | 455 | 455 | 1 820 | 1 820 | 910
4 550 | 1 820 | 5 460

X₀　X₁　X₂　X₃　X₄

軸組図 S 1：100

軸組図（Y₀通り）を1/100の縮尺で描く．

1）基準線の下書き

1. GL①，1階床高②（600mm），2階床高③（3500mm），軒高④（6400mm）を下書きする．
2. 基礎上端⑤（400mm），胴差縁上端⑥（③から80mm下がり）を下書きする．
3. 外壁心⑦，⑧とその他の柱心⑨〜⑭を下書きする．
4. けらばの出⑯〜⑰（900mm）を下書きする．

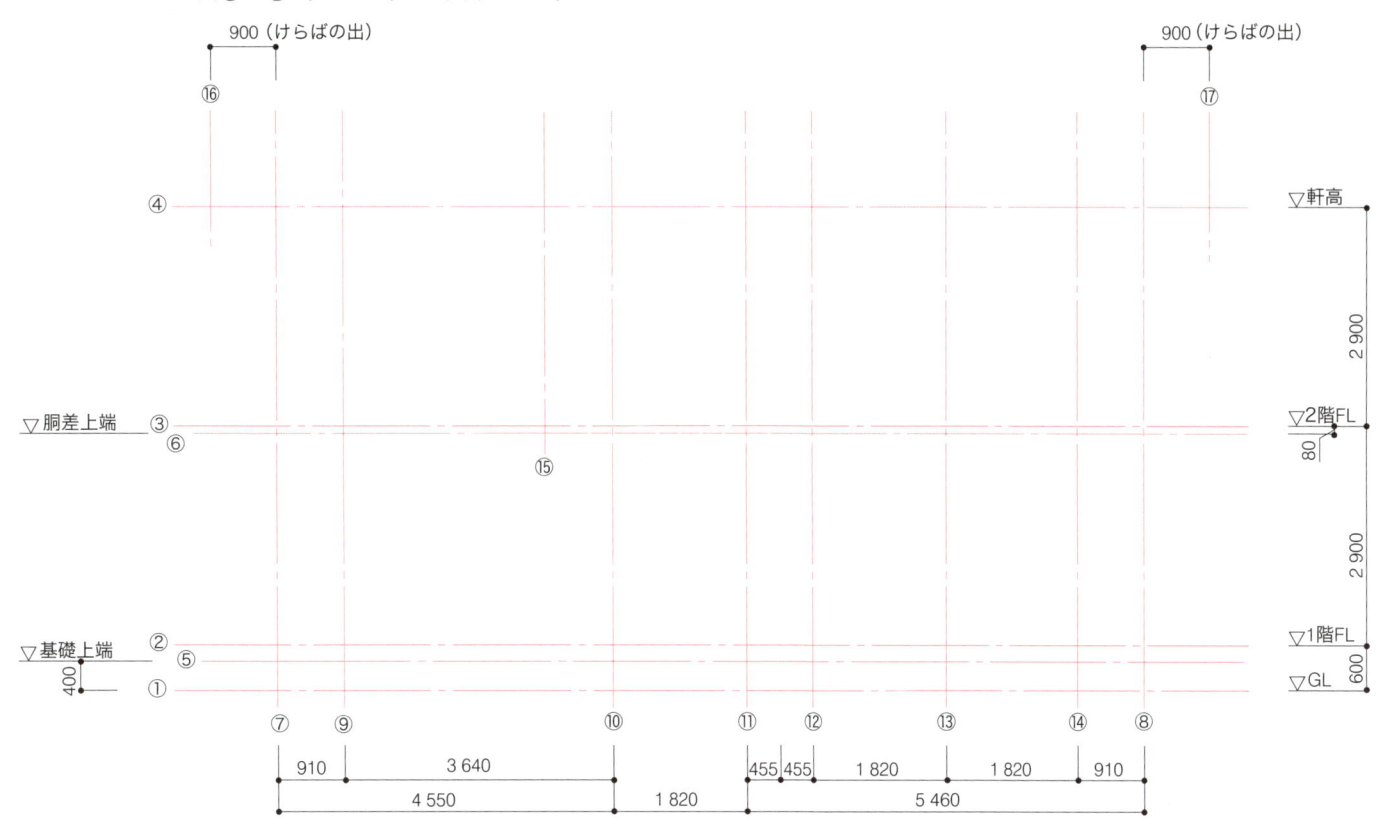

2）軒桁・胴差・土台・柱の下書き

1. 2階の軒桁のせい（210mm）を軒高から下にとり下書きする．
2. 胴差のせい（300mm）および（150mm）を胴差上端から下にとり下書きする．
3. 柱幅（120mm）を柱心から振り分けて下書きする．
4. 土台（120mm）を基礎上端より上20mmの位置に下書きする．

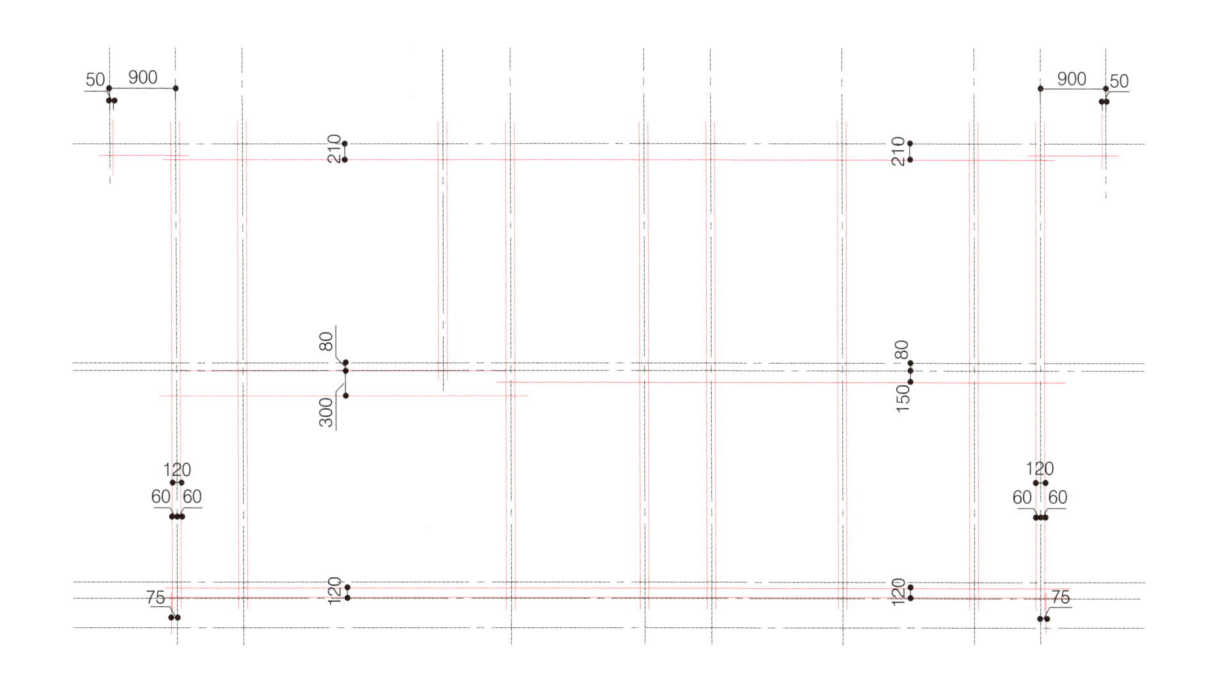

3）軒桁・胴差・土台・柱の仕上げ

1. 軒桁，胴差を仕上げる（太い実線）．
2. 通し柱・管柱を仕上げる（太い実線）．
3. 基礎と土台を仕上げる（太い実線）．
4. 地盤線（GL）を引く（極太の実線）．

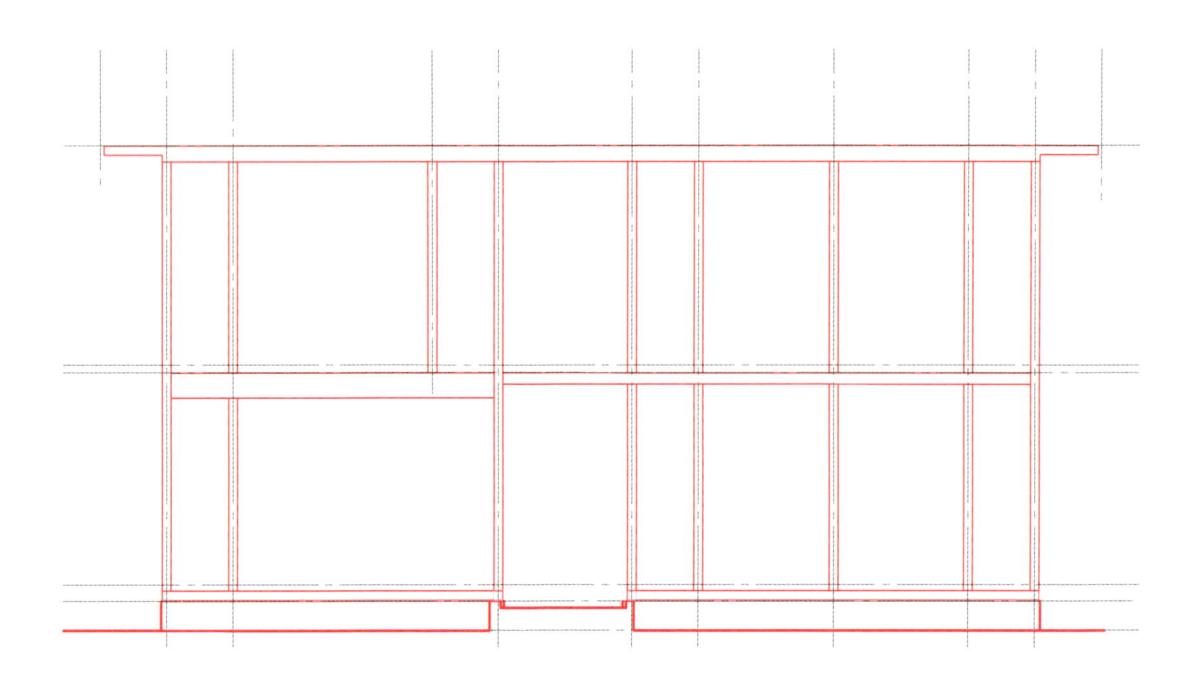

4）筋違の下書きと仕上げ

1. 軒桁・胴差・土台の中心線（補助線）を下書きする．
2. 部材どうしの交点を確認しながら，対角方向に筋違の下書きをする．
3. 筋違の下書き線をもとに，筋違を仕上げる．

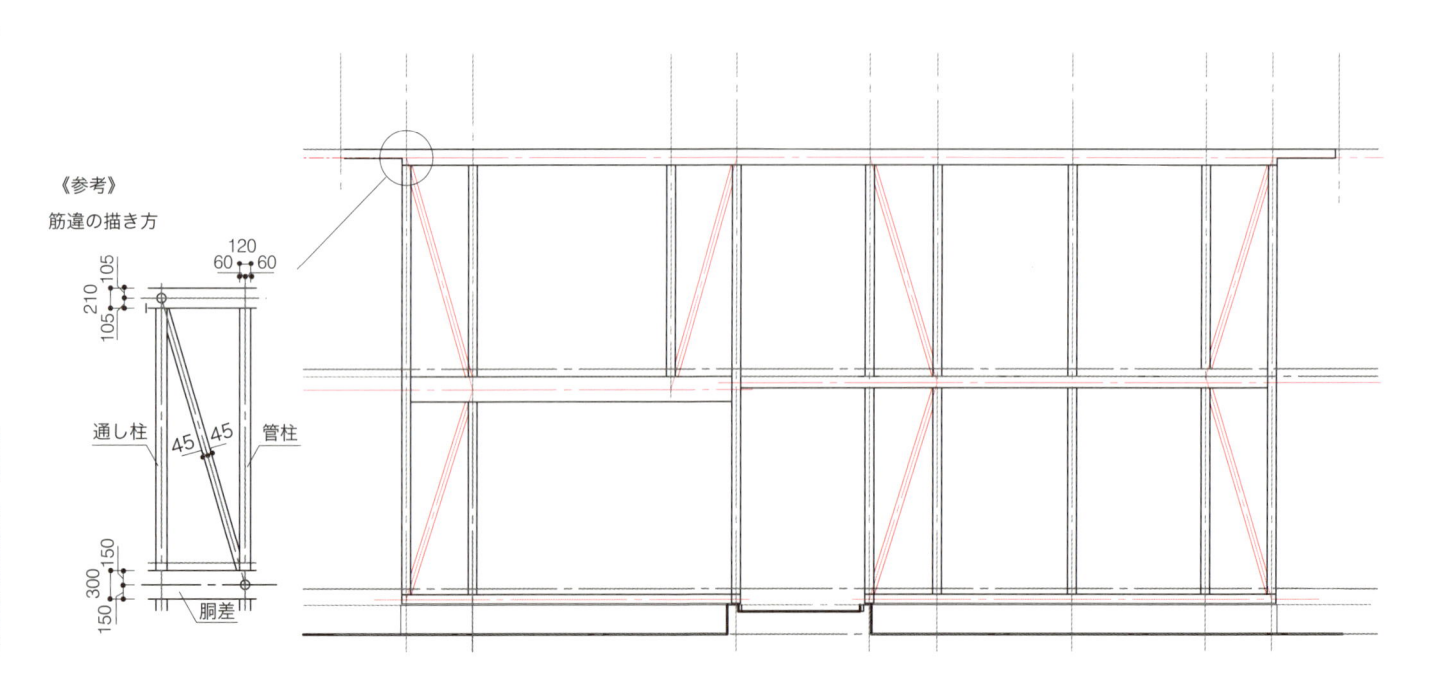

《参考》
筋違の描き方

5）敷居・かもい・窓台・窓まぐさ・間柱の仕上げ

1. 2階の窓台・窓まぐさを表示寸法より描く（太い実線）．
2. 1階の敷居・かもいを表示寸法より描く（太い実線）．
3. 間柱を（455mm）間隔で描く（太い実線）．

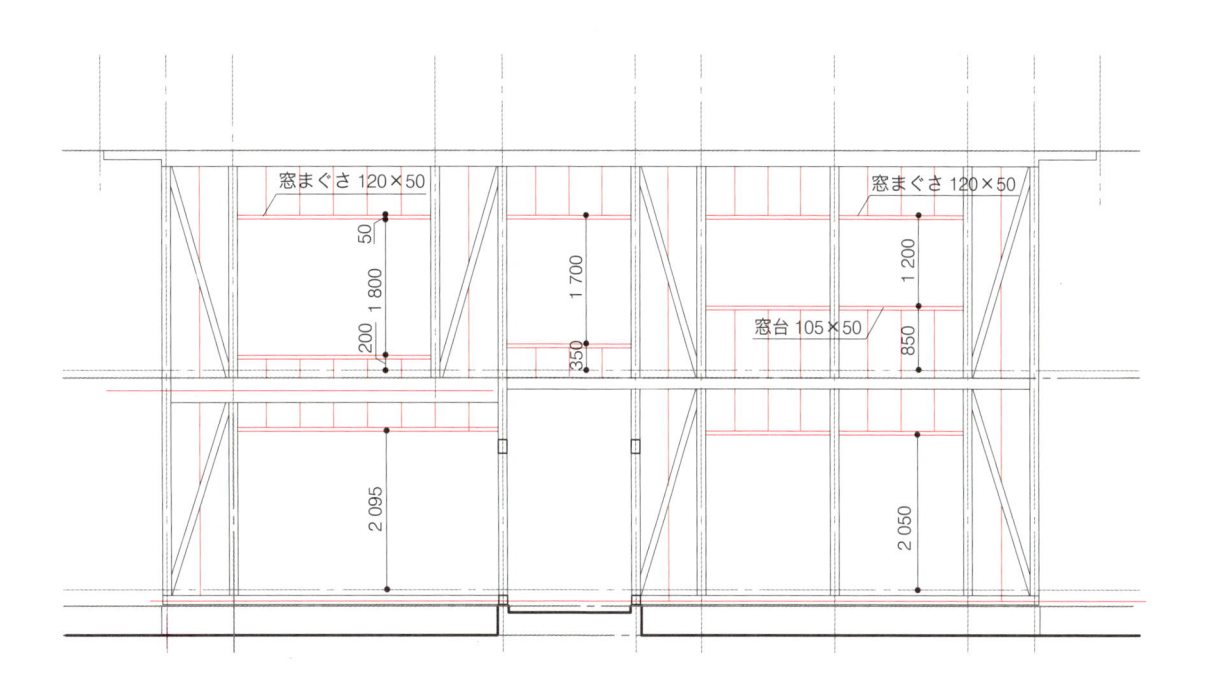

6）寸法・名称の記入

1. 寸法線・寸法補助線（細い実線）を引き，寸法を記入する．
2. 各部の名称，図名，縮尺などを記入して完成させる．

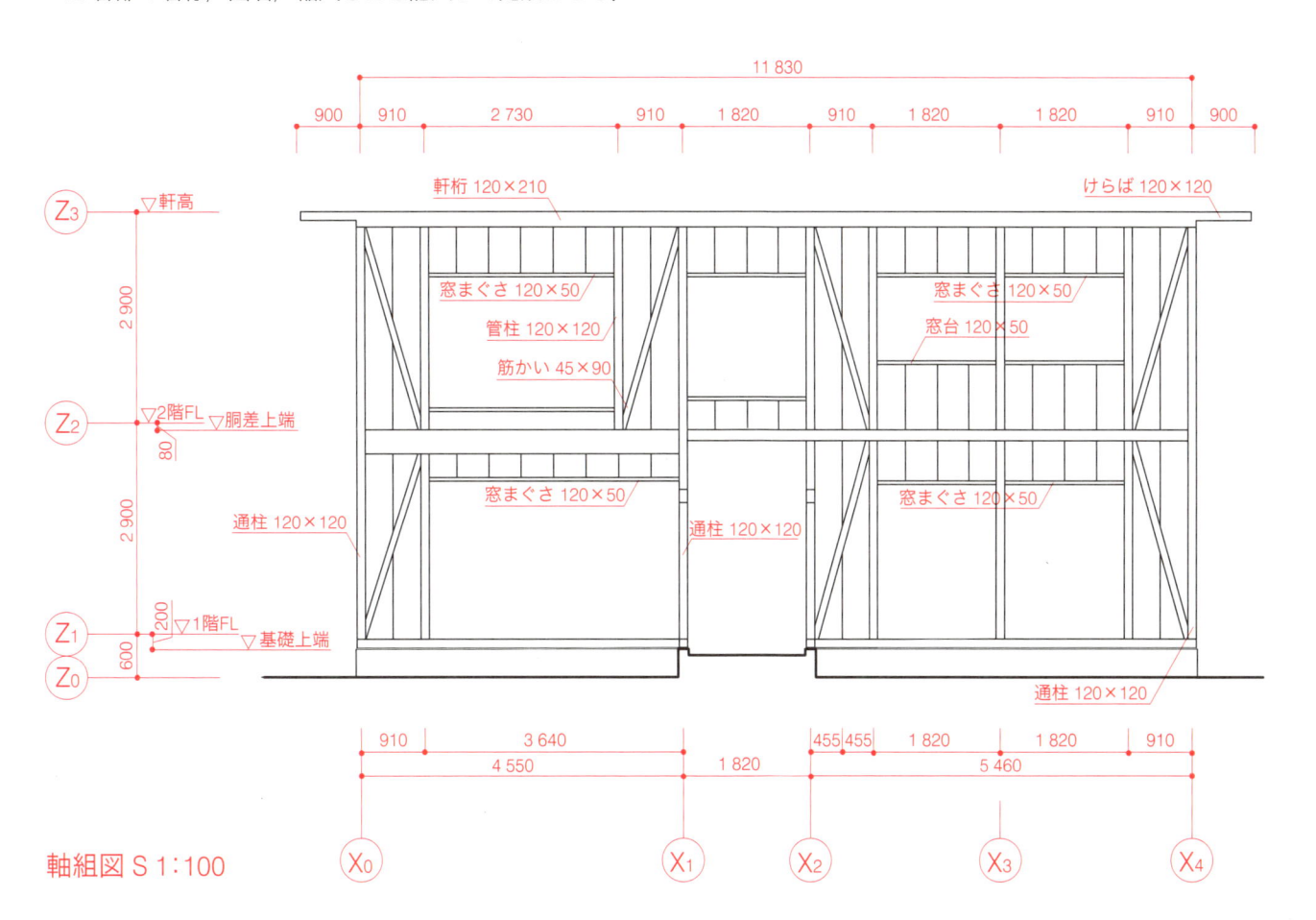

軸組図 S 1:100

2・12 部分詳細図

土台廻り詳細図 S1:10

第3章
鉄筋コンクリート造図面の描き方

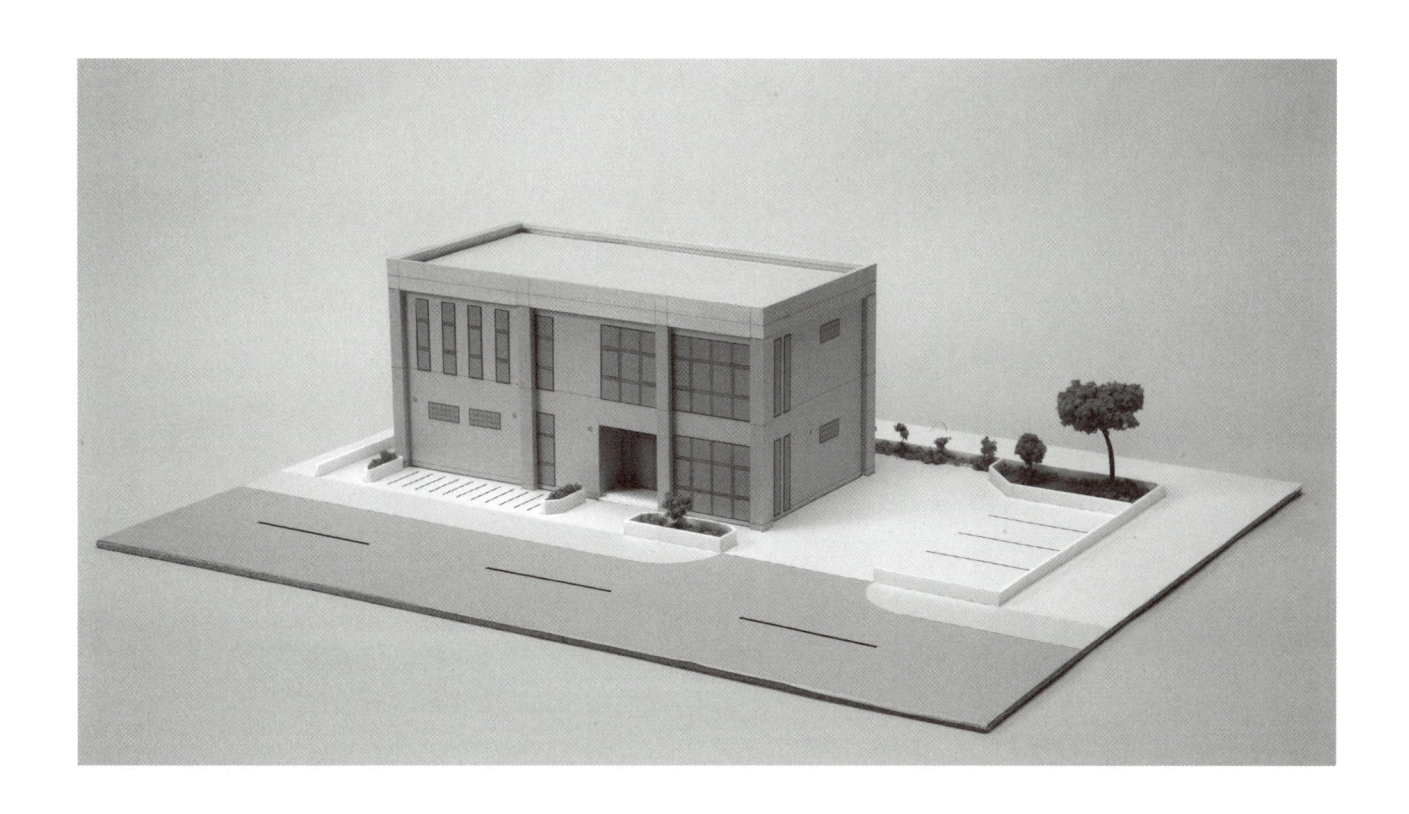

◇建築概要◇
- a．用　　途　　大学同窓会館
- b．地域・地区　商業地域・防火地域
- c．敷地面積　　406.00m²
- d．建築面積　　128.00m²
  （指定建ぺい率80%）
- e．延べ面積　　251.50m²
  （指定容積率200%）
  - 1階　123.50m²
  - 2階　128.00m²
- f．最高高さ　　7.9m
- g．構造・階数　鉄筋コンクリート造・2階建
- h．仕上げ　屋根　露出アスファルトシート防水
  - 外壁　コンクリート打放し
  - その他　建具アルミニウムサッシ（ペア硝子他）

3・1 配置図

〈完成図〉

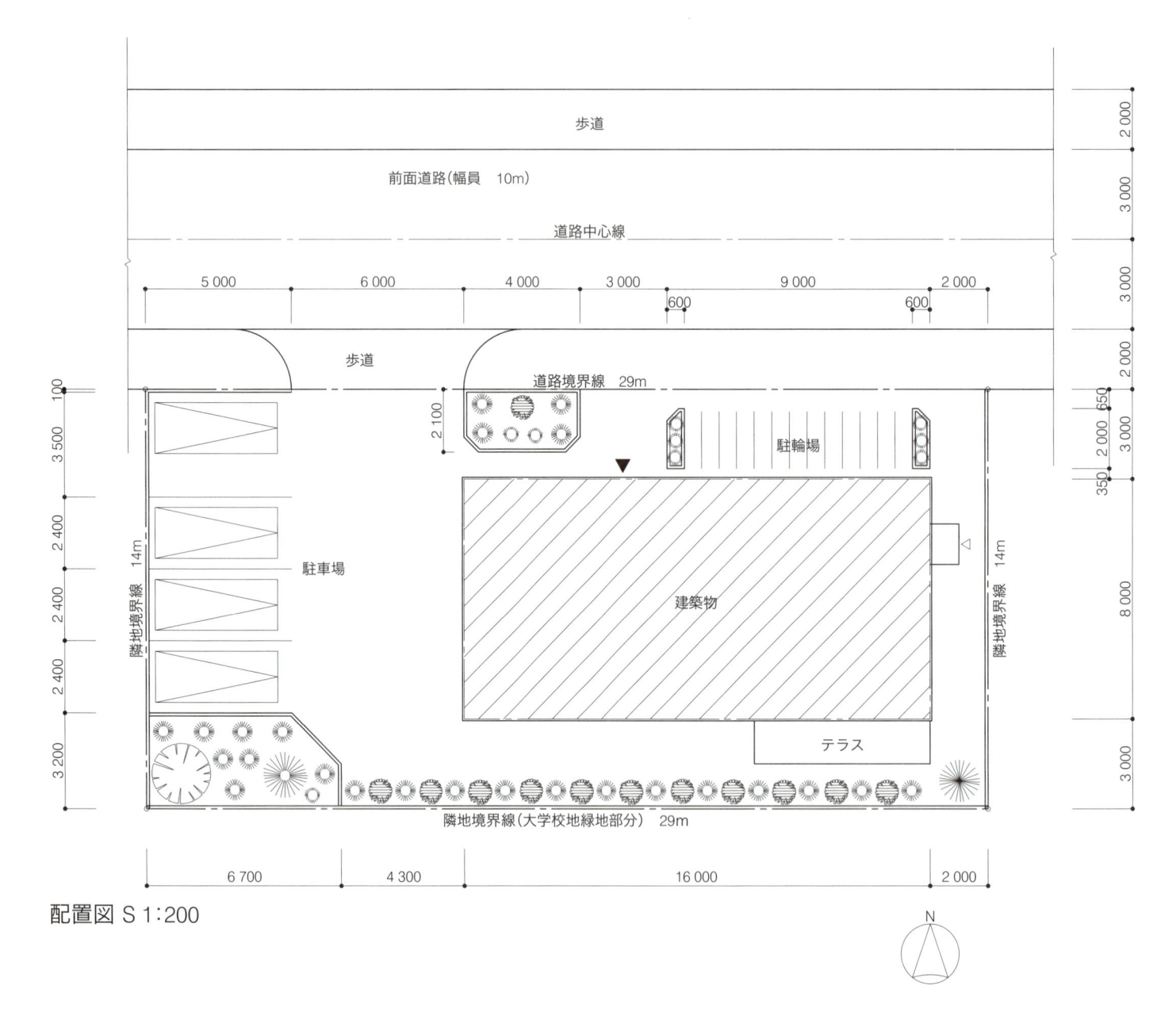

配置図 S 1:200

配置図を1/200の縮尺で描く．

1. 大学校地緑地部分境界線・道路境界線を敷地の形状・大きさに合わせて引く（太い一点鎖線）．
2. 敷地に接する道路の形状と幅員や敷地周辺の状況を記入する（太い実線）．
3. 道路中心線を引く（細い一点鎖線）．
4. 建築物の外壁心と外壁線を下書きする．
5. 4.で下書きした外壁線を仕上げる（太い実線）．
6. 建築物の外壁心を引く（細い一点鎖線）．
7. 5.で仕上げた外壁線で囲まれた部分をハッチングする（細い実線）．
8. 敷地内にある駐車スペースや植栽などを記入する．
9. 寸法線・寸法補助線を引き（細い実線），寸法を記入する．
10. 各境界線の名称や距離，その他各部の名称，出入り口の表示（メイン▲，サブ△）を記入する．
11. 図名，縮尺，方位を記入し，完成させる．

3・2 1階平面図

〈完成図〉

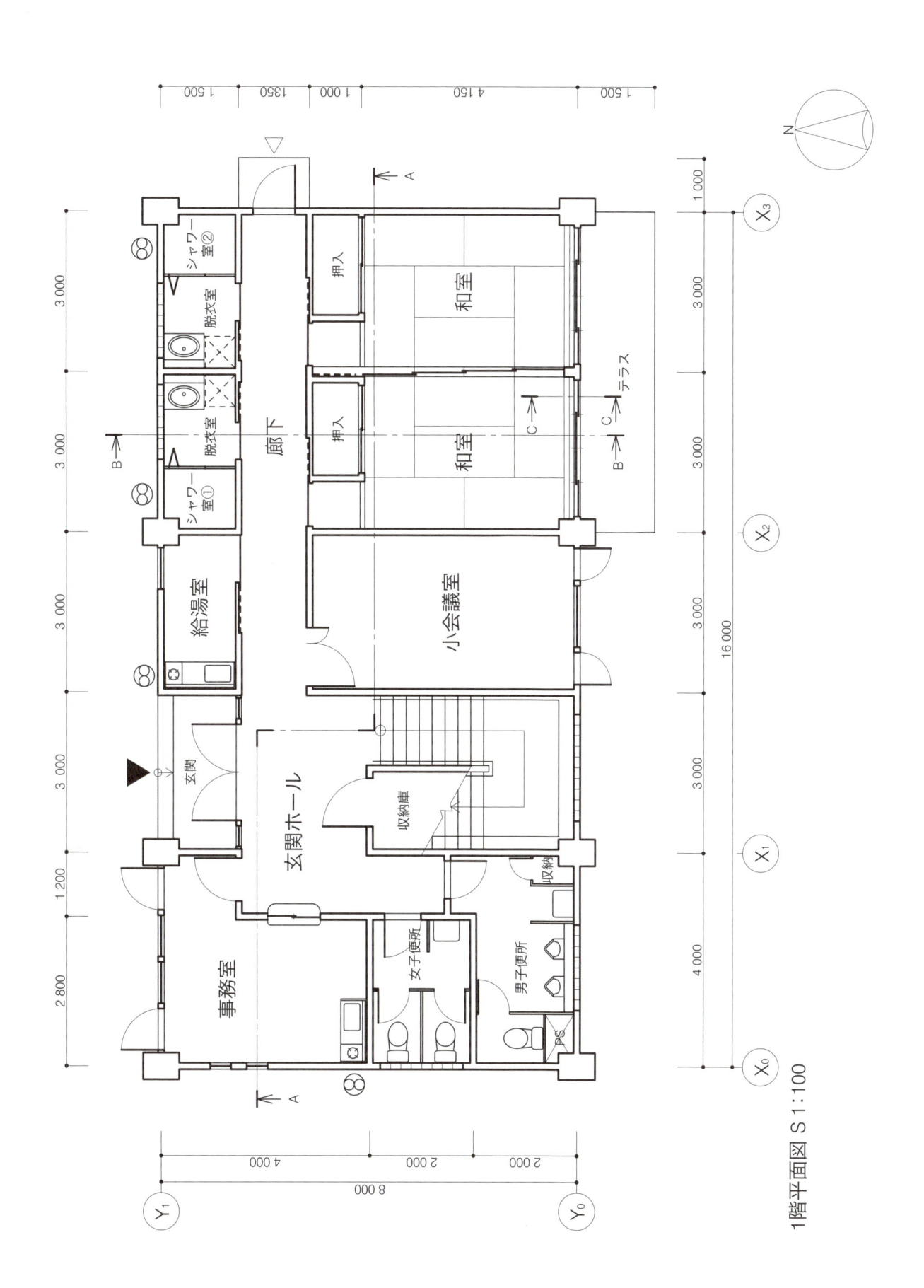

1階平面図 S 1:100

第3章 鉄筋コンクリート造図面の描き方

1階平面図を 1/100 の縮尺で描く．

1）中心線の記入

1. 他の図の配置も考慮しながら平面図を描く位置を定める．
2. 柱，壁の中心線（①～④）を下書き線で引く．このとき，下書き線は実線または一点鎖線で薄く引く．

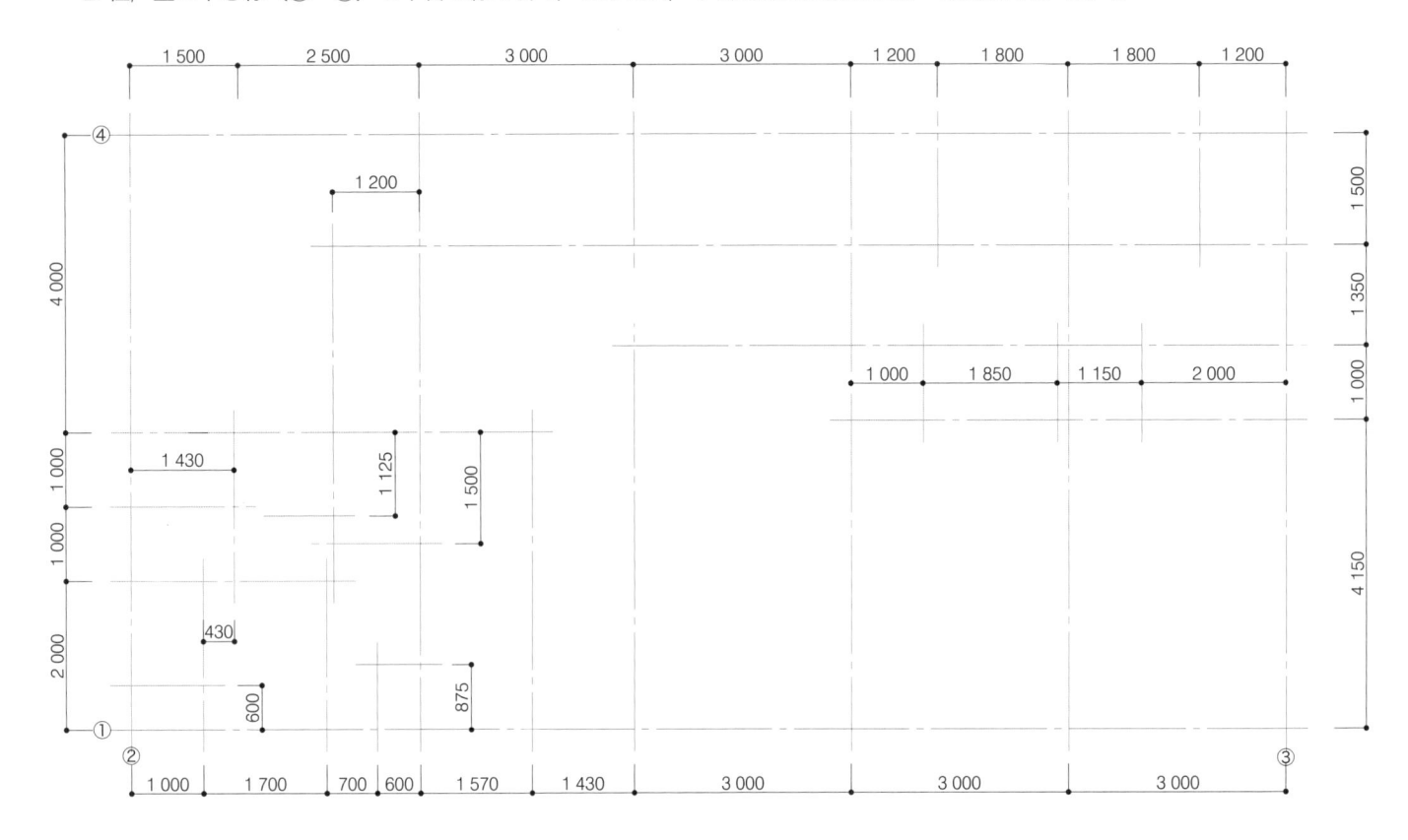

2）柱の下書き

A のように柱の大きさ（700mm × 500mm）を柱心から振り分け，下書きする．

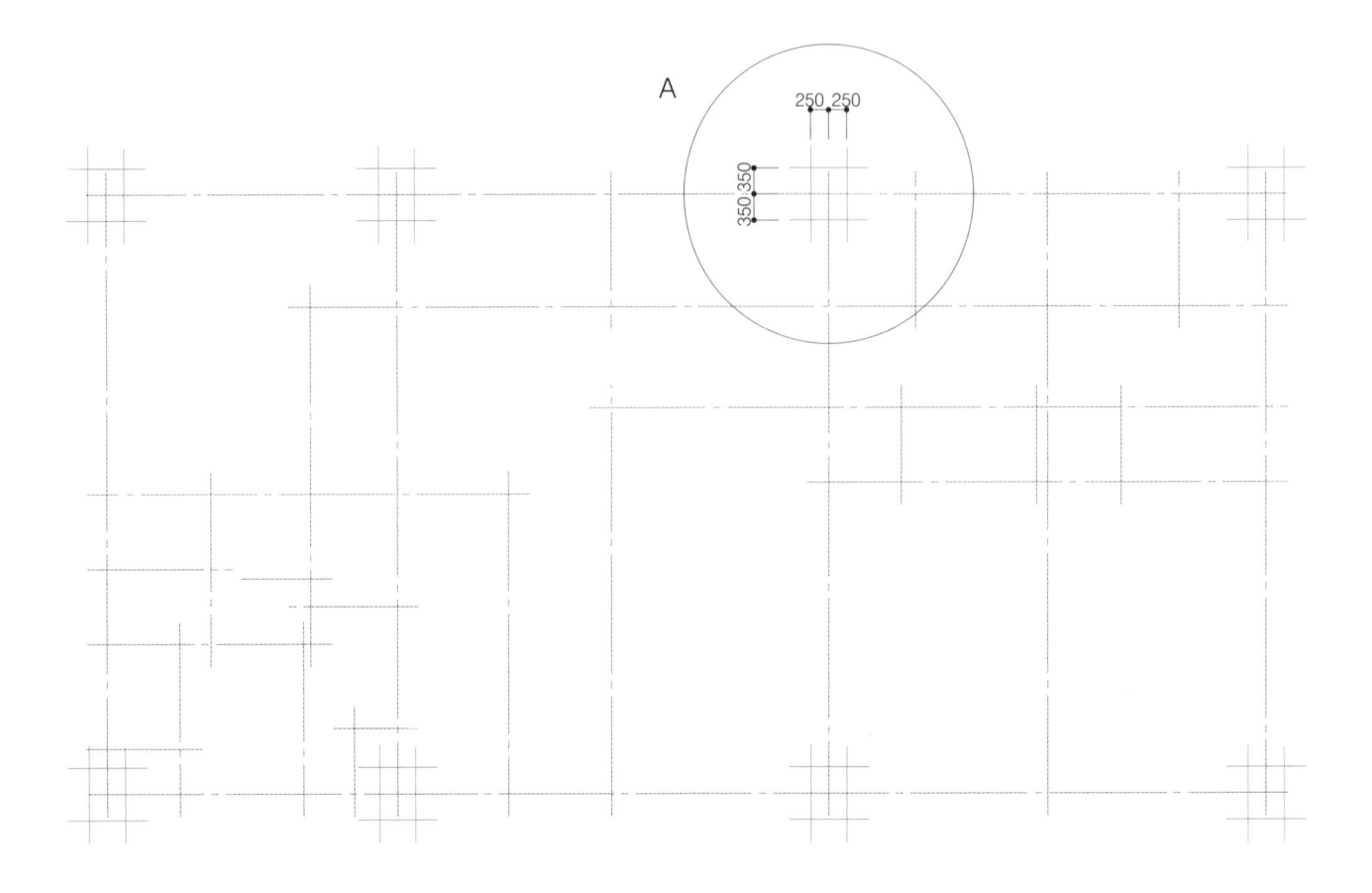

3) 壁の下書き

1. 壁の厚さを柱心から振り分け，下書きする．
2. 階段部分の破断線を下書きする．

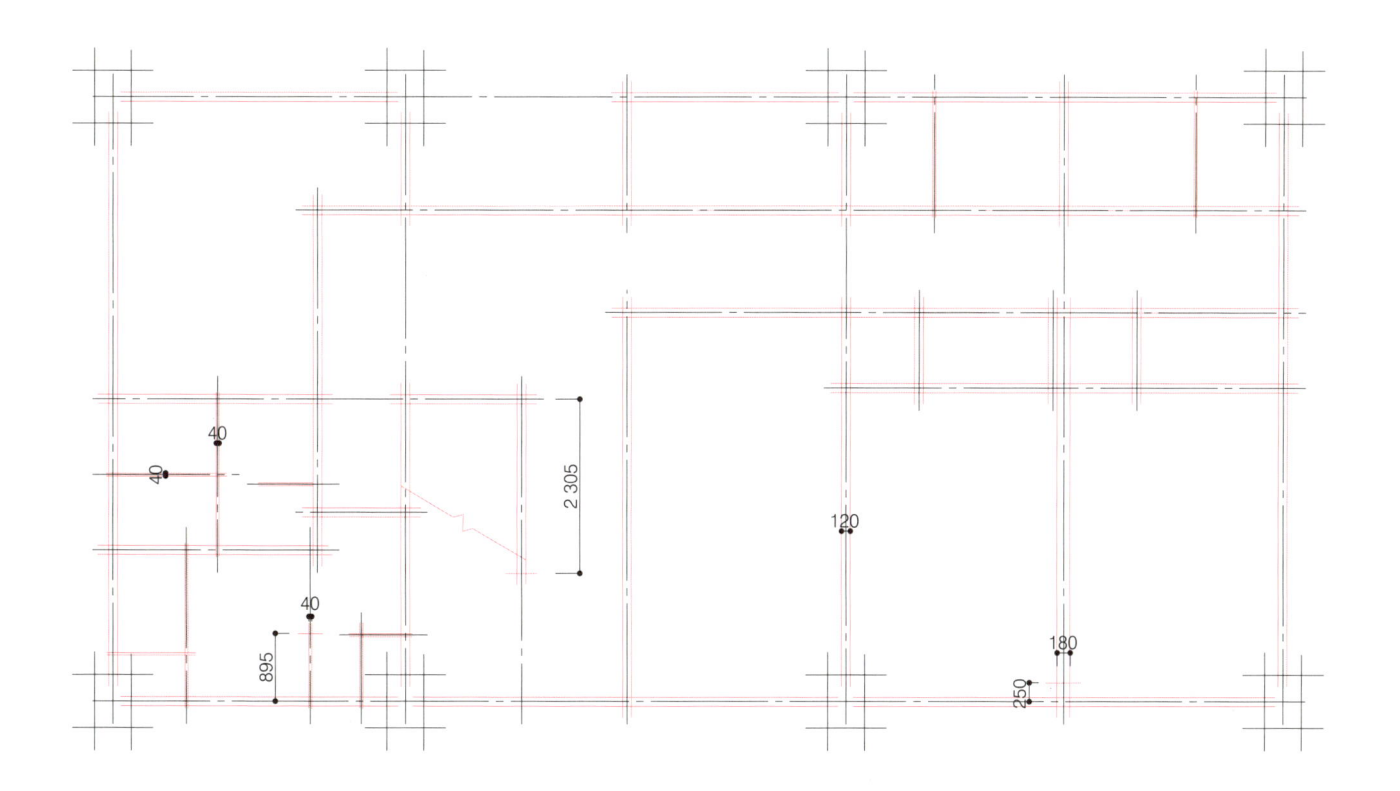

4) 開口部の下書き

1. 壁に窓，出入り口の幅をとる．
2. 引違い窓の中心線を下書きする．

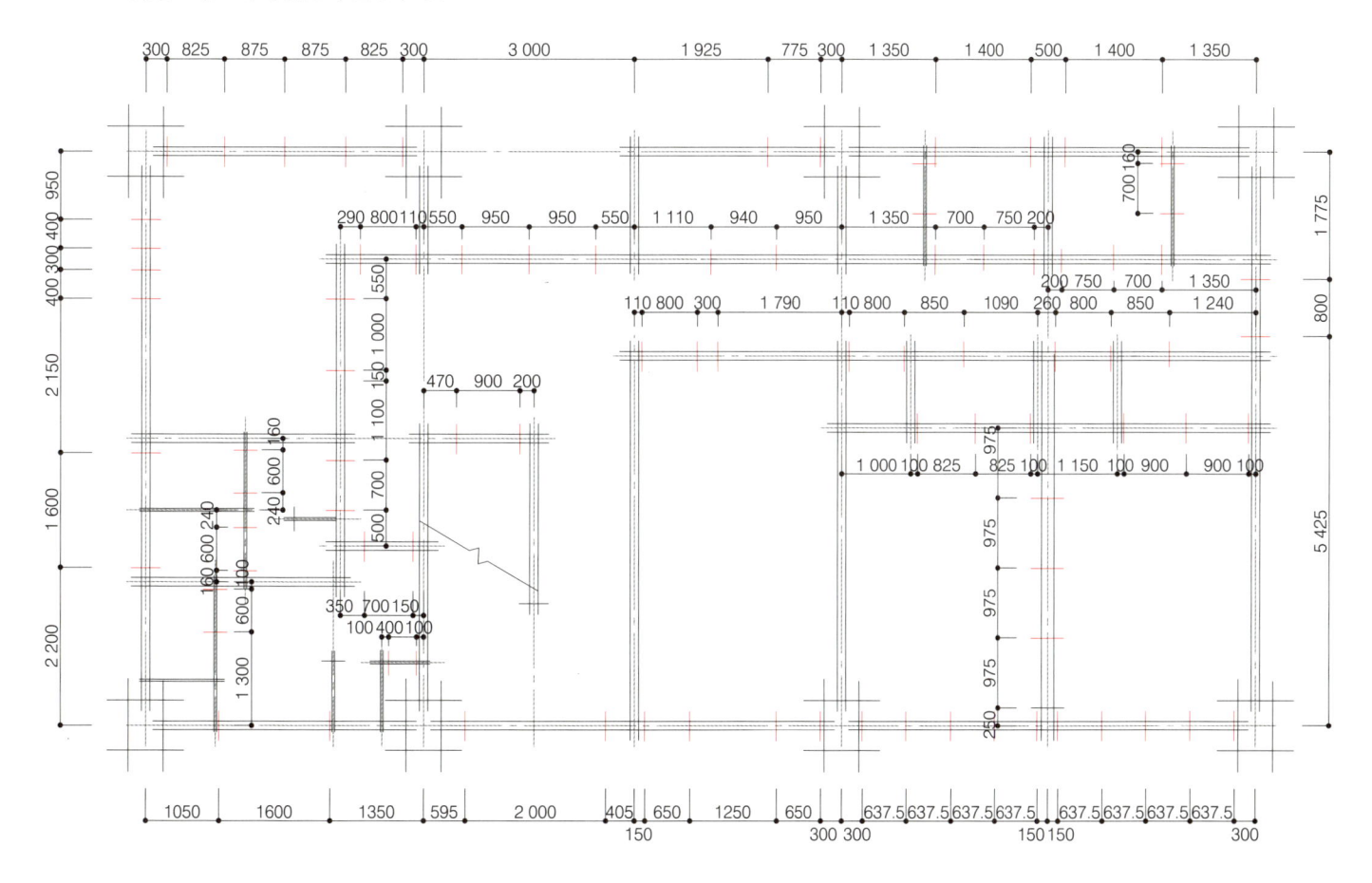

5）柱・壁の仕上げ

柱，壁を仕上げる（極太の実線）．

6）建具の記入

1. 外壁面にある窓を下書きする．
2. 出入り口の扉を下書きする．
3. 下書きした窓と扉を仕上げる（極太の実線，太い実線など）．
4. ガラスブロックは，一つのブロック幅を200mmとする．

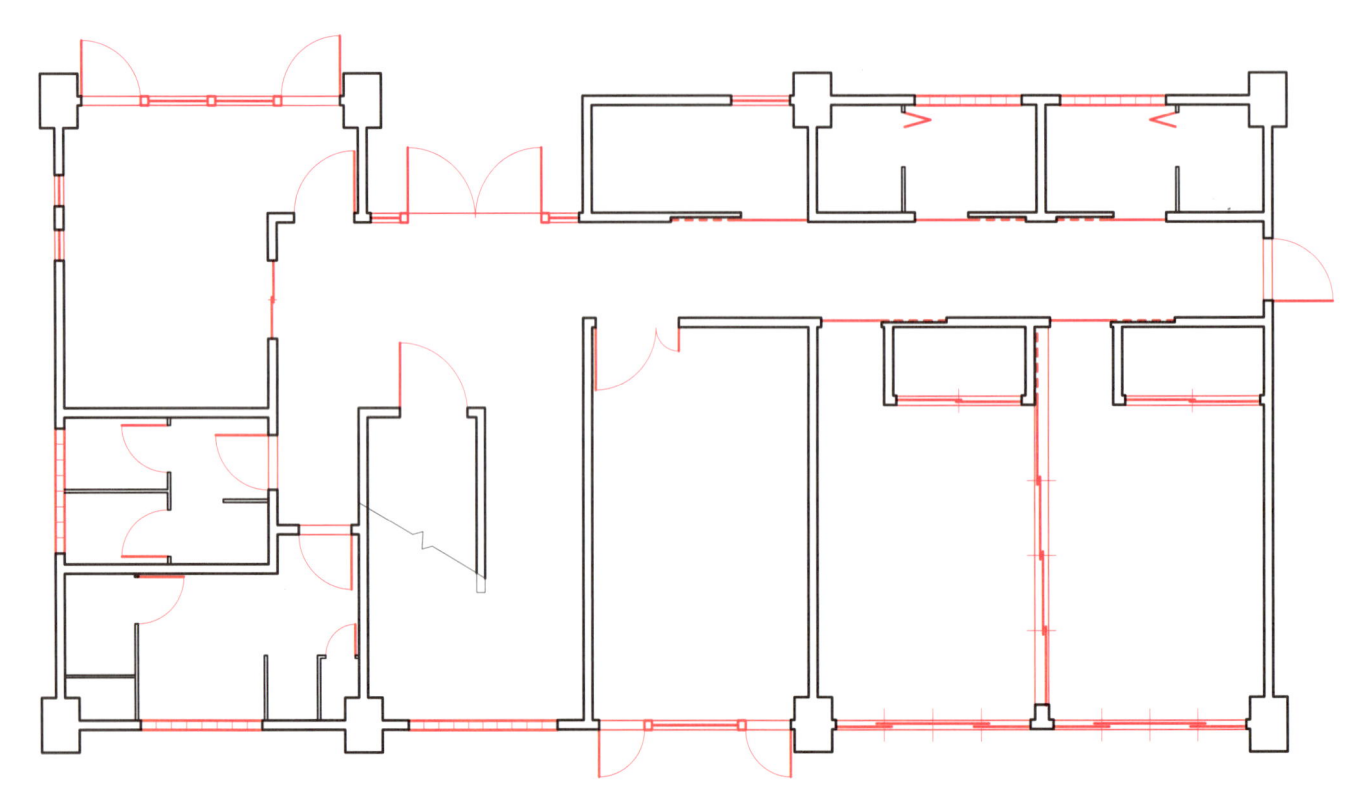

7）階段の下書き，設備機器などの記入

1. 階段の踏面の幅（250mm）をとり，下書きする． 2. 階段の手すり，上り方向を示す矢印を下書きする．
3. 下書きした部分を仕上げる（太い実線，細い実線）． 4. 便器，洗面台，流し台，換気扇の記号を描く（太い実線）．
5. 玄関ポーチを描く（太い実線）． 6. 畳，縁甲板の目地を引く（細い実線）．

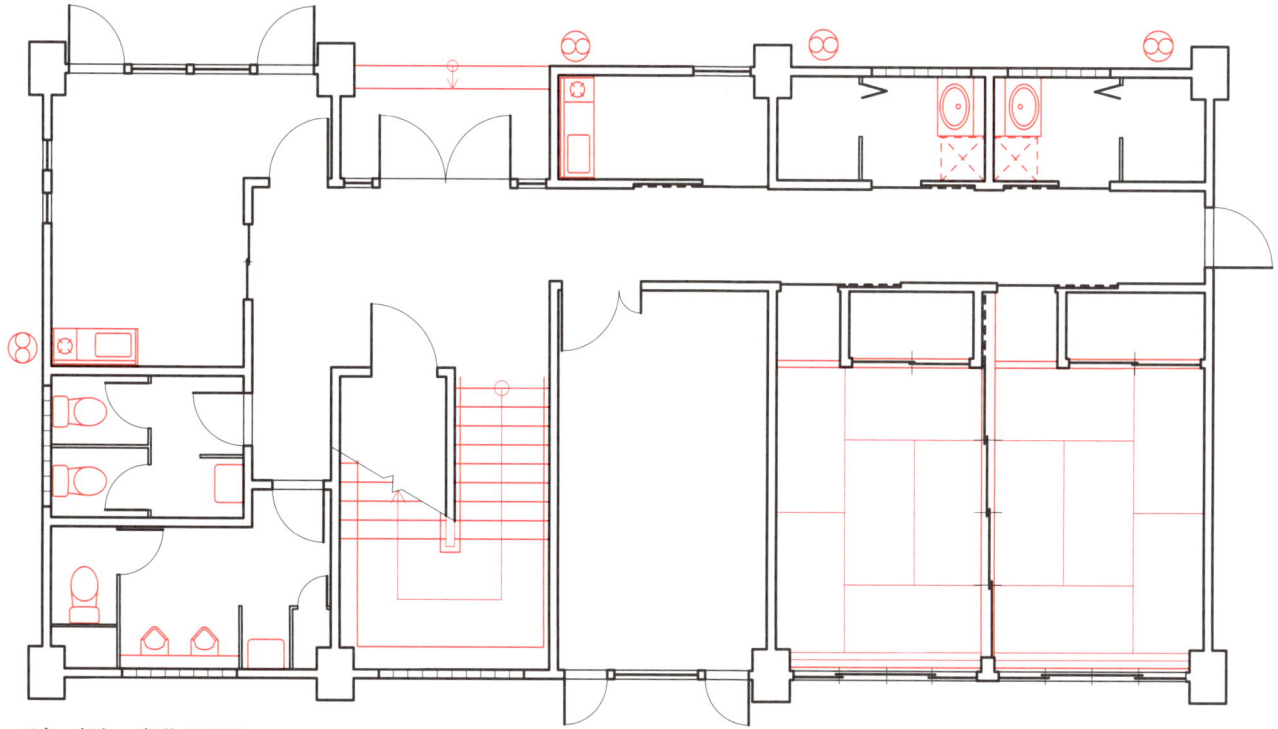

8）寸法・名称の記入

1. 寸法線，寸法補助線を引き（細い実線），寸法を記入する． 2. 出入り口の表示（メイン▲，サブ△）を記入する．
3. 断面図，かなばかり図，詳細図の切断位置を示す切断線（細い一点鎖線）を引き，記号を記入する．
4. 室名，図名，縮尺，方位を記入し，完成する．

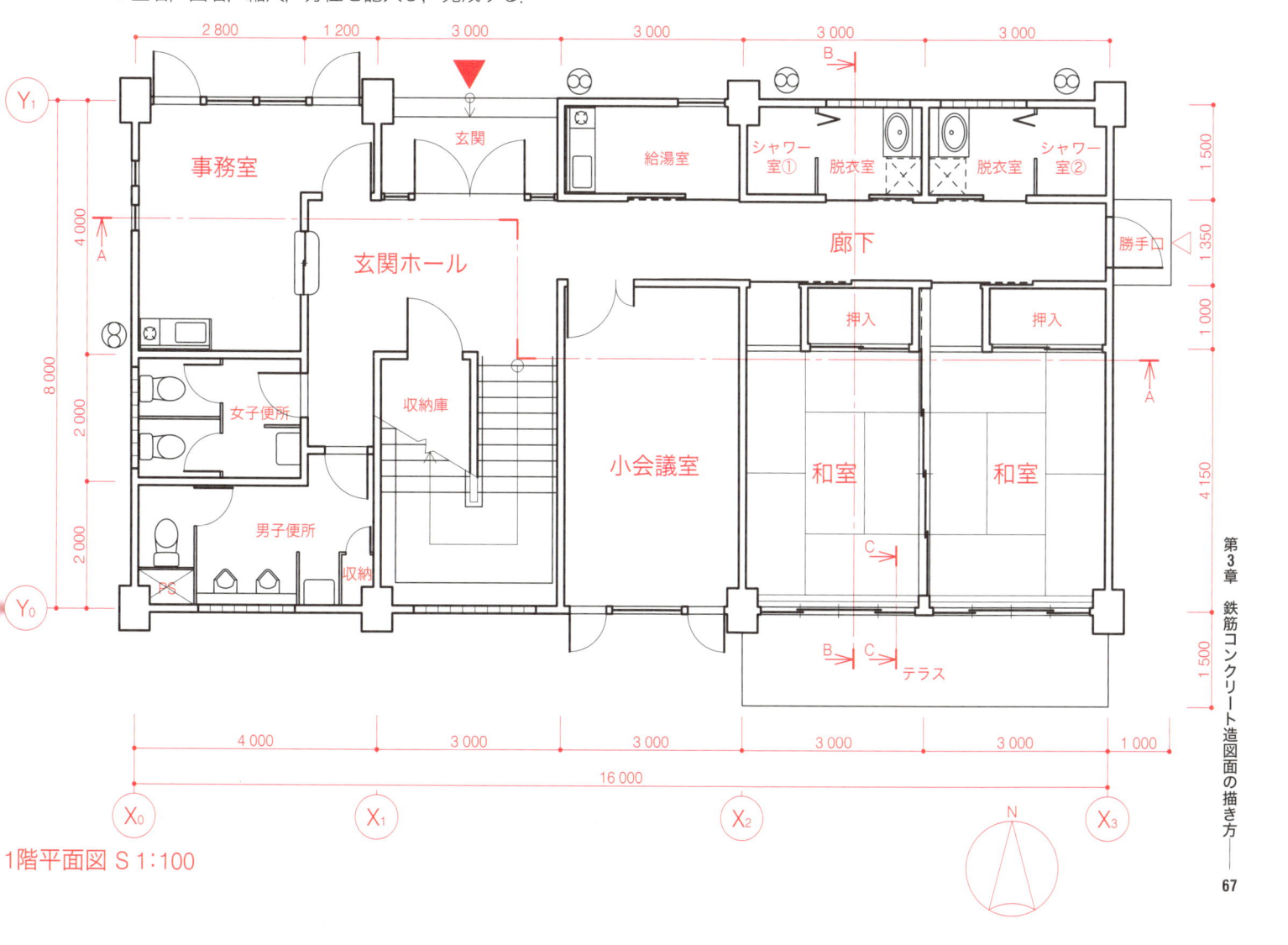

1階平面図 S 1:100

3・3 2階平面図

〈完成図〉

2階平面図は，1階平面図と同様の縮尺と順序で描く．

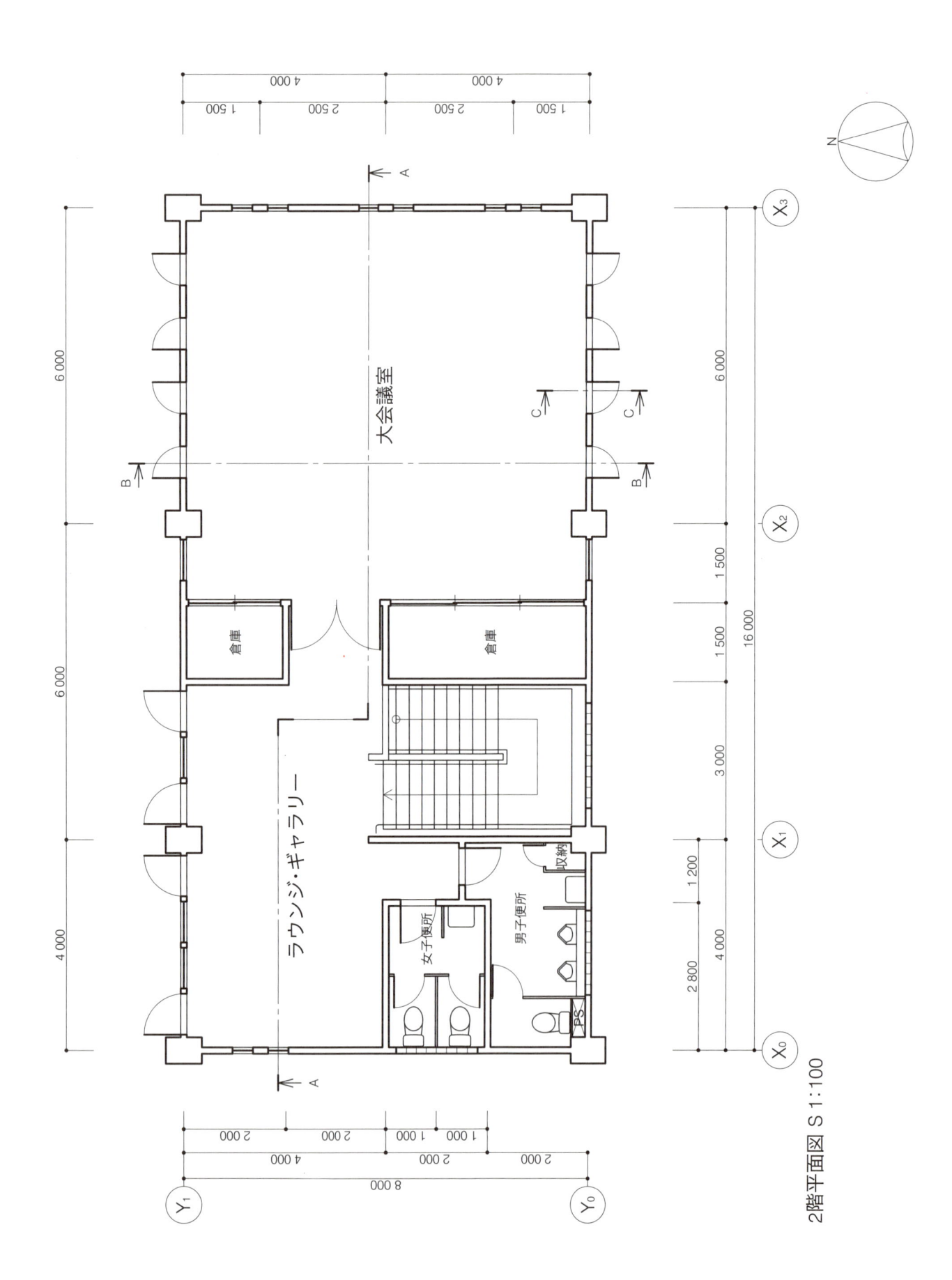

2階平面図 S 1:100

3・4 断面図

〈完成図〉

A-A断面図 S 1:100

A-A 断面図を 1/100 の縮尺で描く．

1）基準線・中心線を描く

1. 断面図を描く位置を決める．　2. 地盤線（GL）①を引く（細い一点鎖線）．
3. 高さの基準線（②〜⑦）を引く（細い一点鎖線）．1階床面（1FL），畳仕上げ線，2階床面（2FL），R階床面（RFL，（水下，水上）），パラペット上端
4. 柱心，壁心（⑧〜⑪）を引く（細い一点鎖線）．

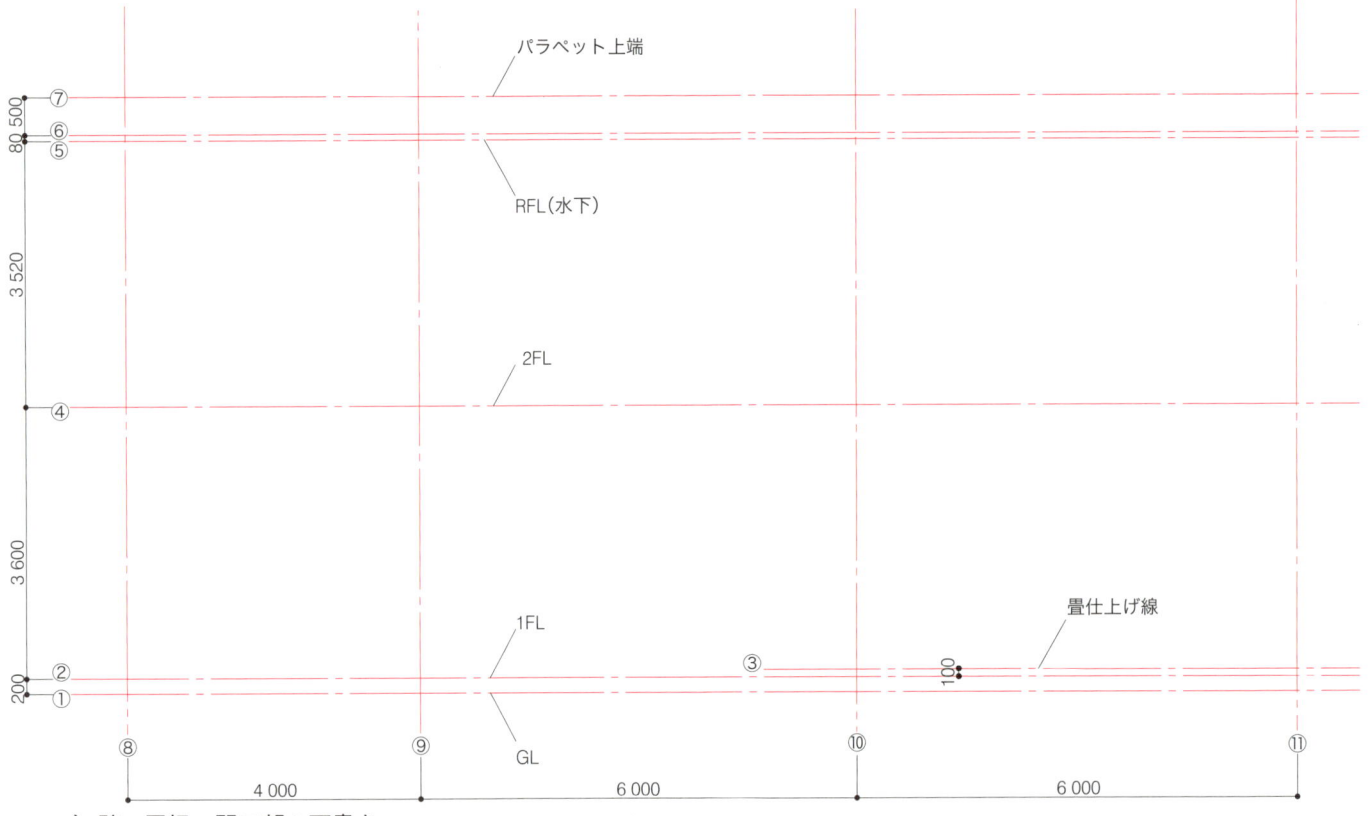

2）壁・屋根・開口部の下書き

1. 柱心から壁の厚さ（120mm）を振り分け，下書きする．
2. 1，2階の床面から天井面までの高さをとり，下書きする．天井高：和室2500mm，他すべて2700mm
3. 扉の内法高を床面からとり，天井からの垂れ壁を下書きする．
4. 屋根面の線を下書きする．
5. パラペットを下書きする．

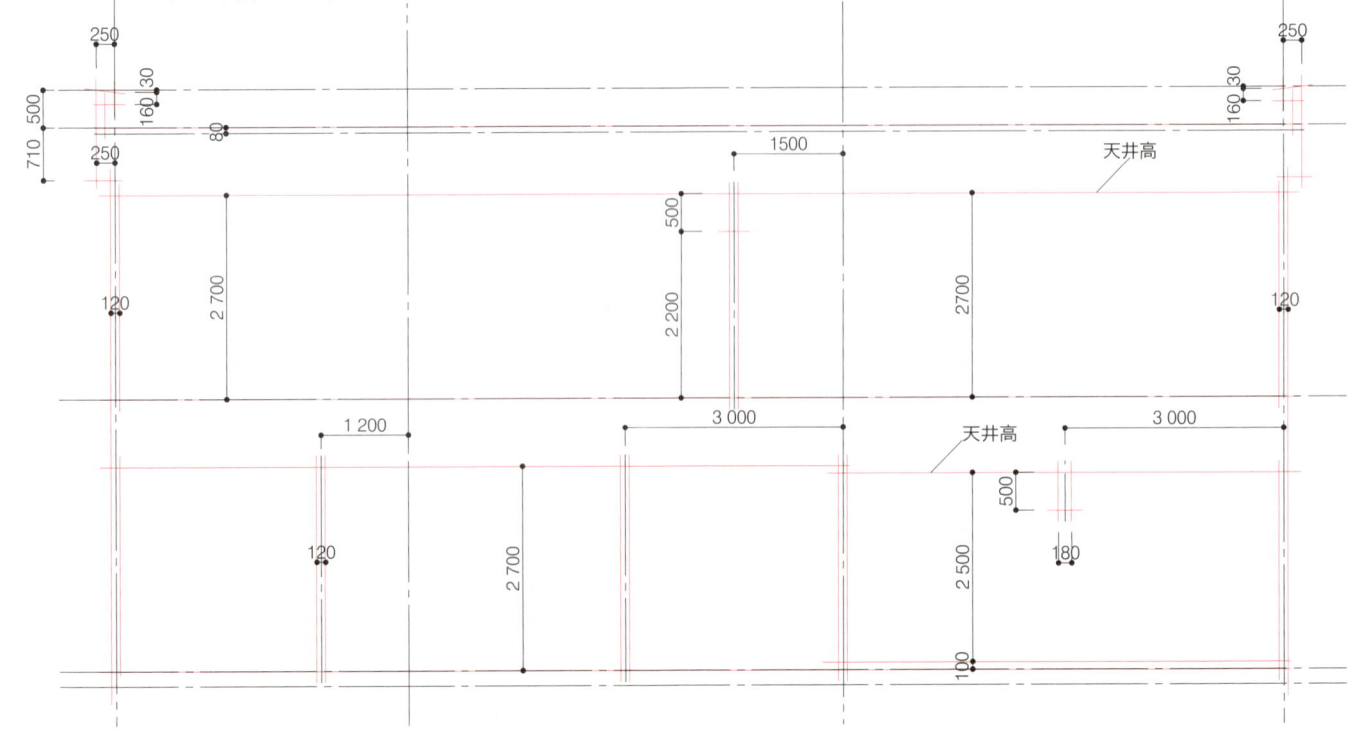

3）壁・屋根・床などの仕上げ

①下書きした壁，屋根などを仕上げる（極太の実線）．
②建具の断面を描く（極太の実線）．

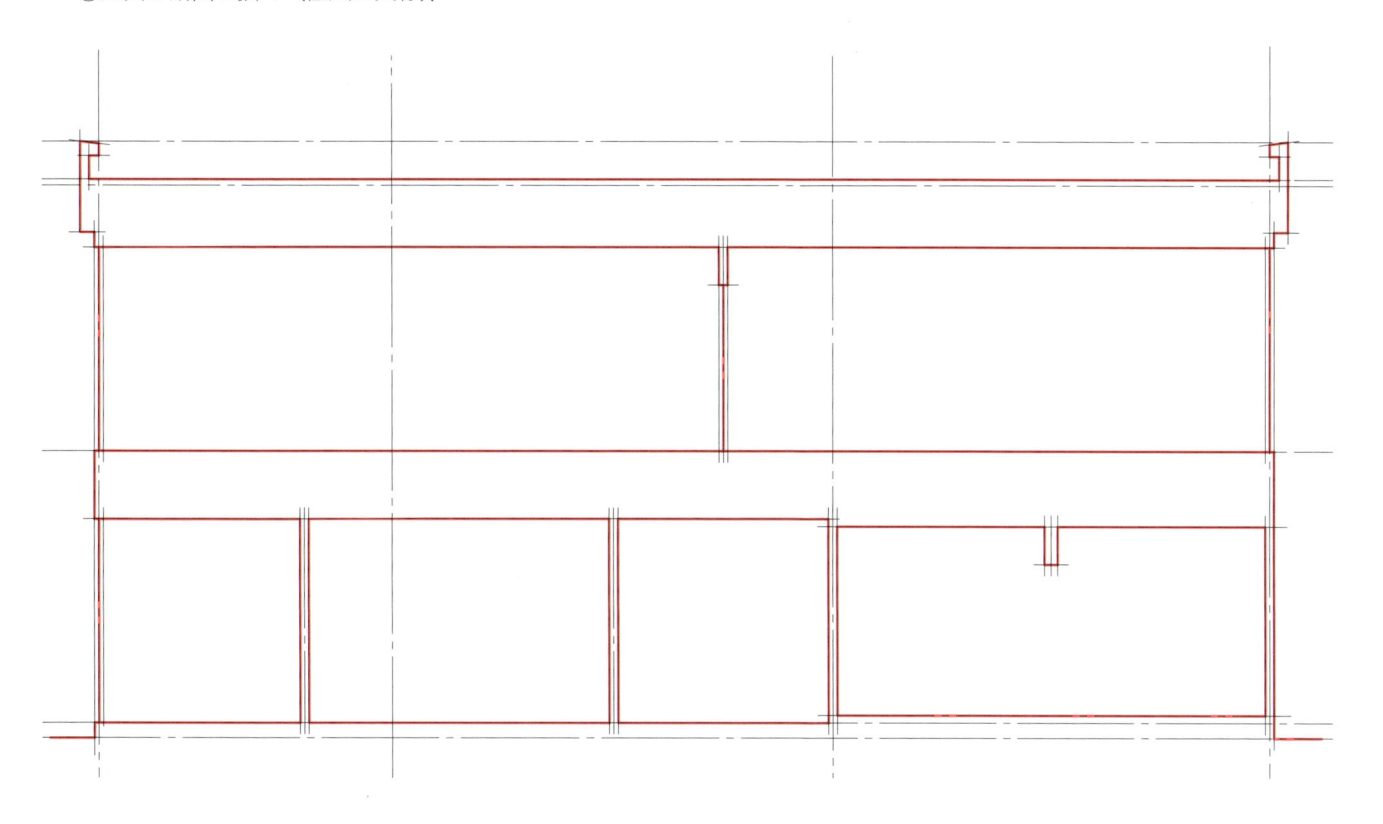

4）壁面の姿の記入

①パラペットの姿として見える線を引く（太い実線）．
②柱や壁の姿として見える線を引く（太い実線）．
③建具の姿として見える線を引く（太い実線）．
④その他，姿として見える線を仕上げる（太い実線）．

※①〜④は，各階平面図の断面切断線より奥に見える部分を確認しながら描く．

5）寸法・名称の記入

①寸法線，寸法補助線を引き（細い実線），寸法を記入する．
②室名，図名，縮尺を記入し，完成させる．

A-A断面図 S 1:100

B-B断面図は，A-A断面図と同様の縮尺と順序で描く．

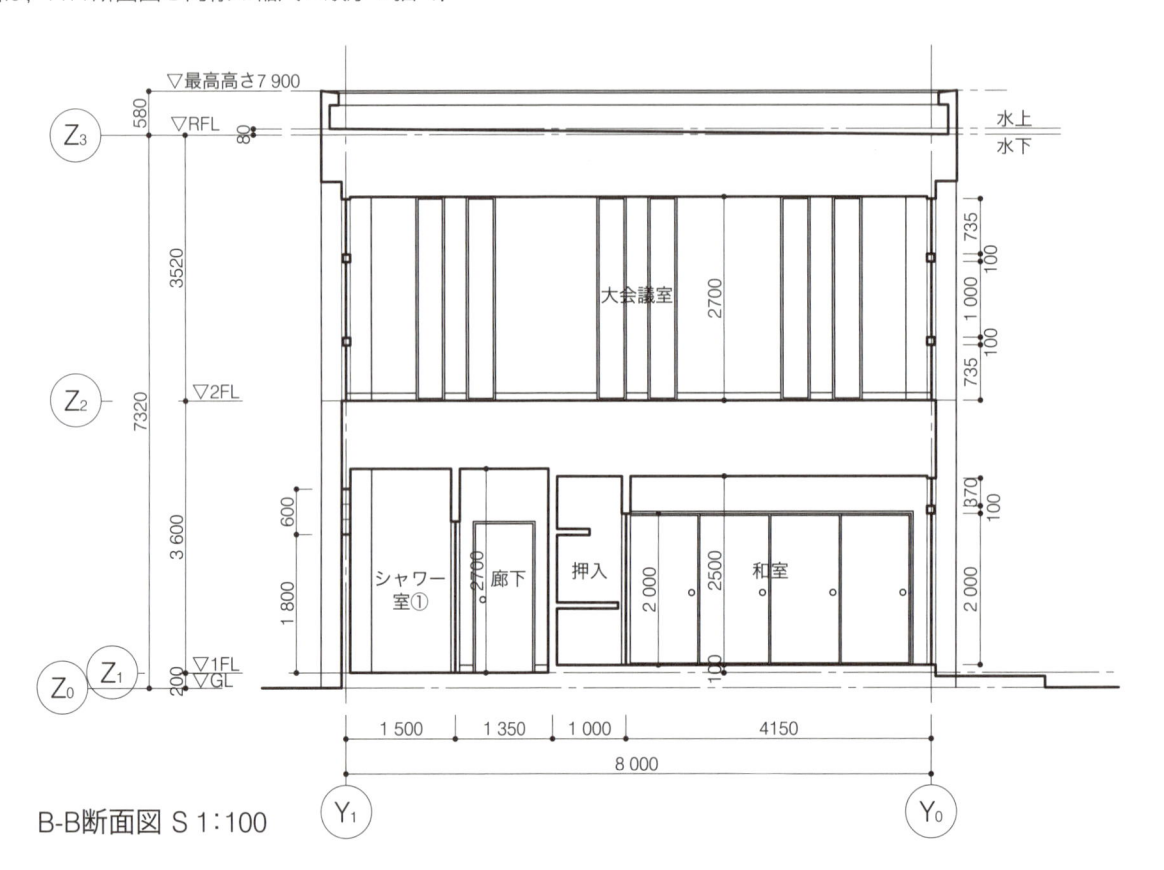

B-B断面図 S 1:100

3・5 立面図

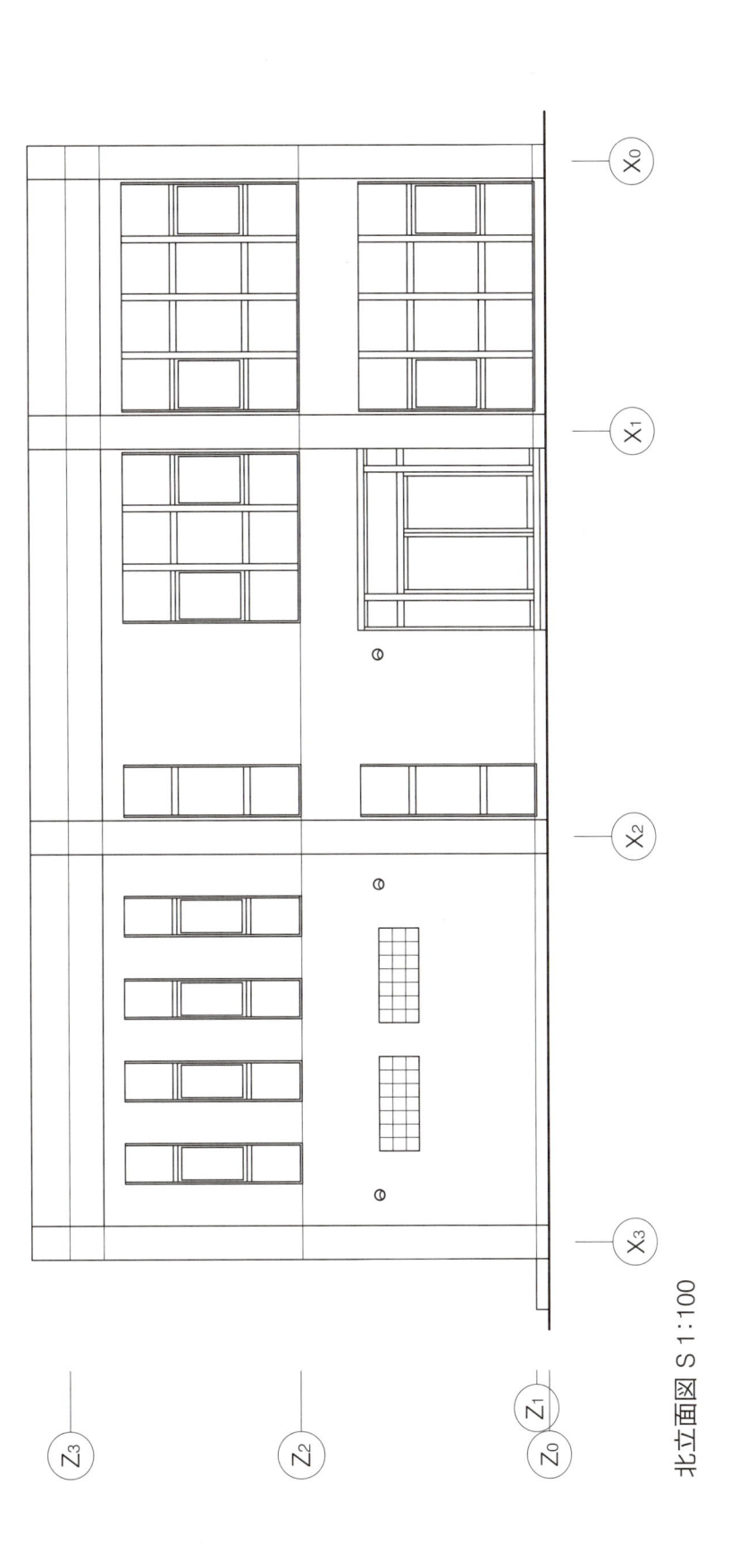

〈完成図〉

北立面図 S 1:100

北立面図を 1/100 の縮尺で描く．

1）基準線・中心線の下書き

1. 地盤線（GL）①を下書きする．
2. 高さの基準線（②〜⑤）を下書きする．1 階床面（1FL），2 階床面（2FL），屋根面（RFL），パラペット上端
3. 柱心⑥〜⑨を下書きする．

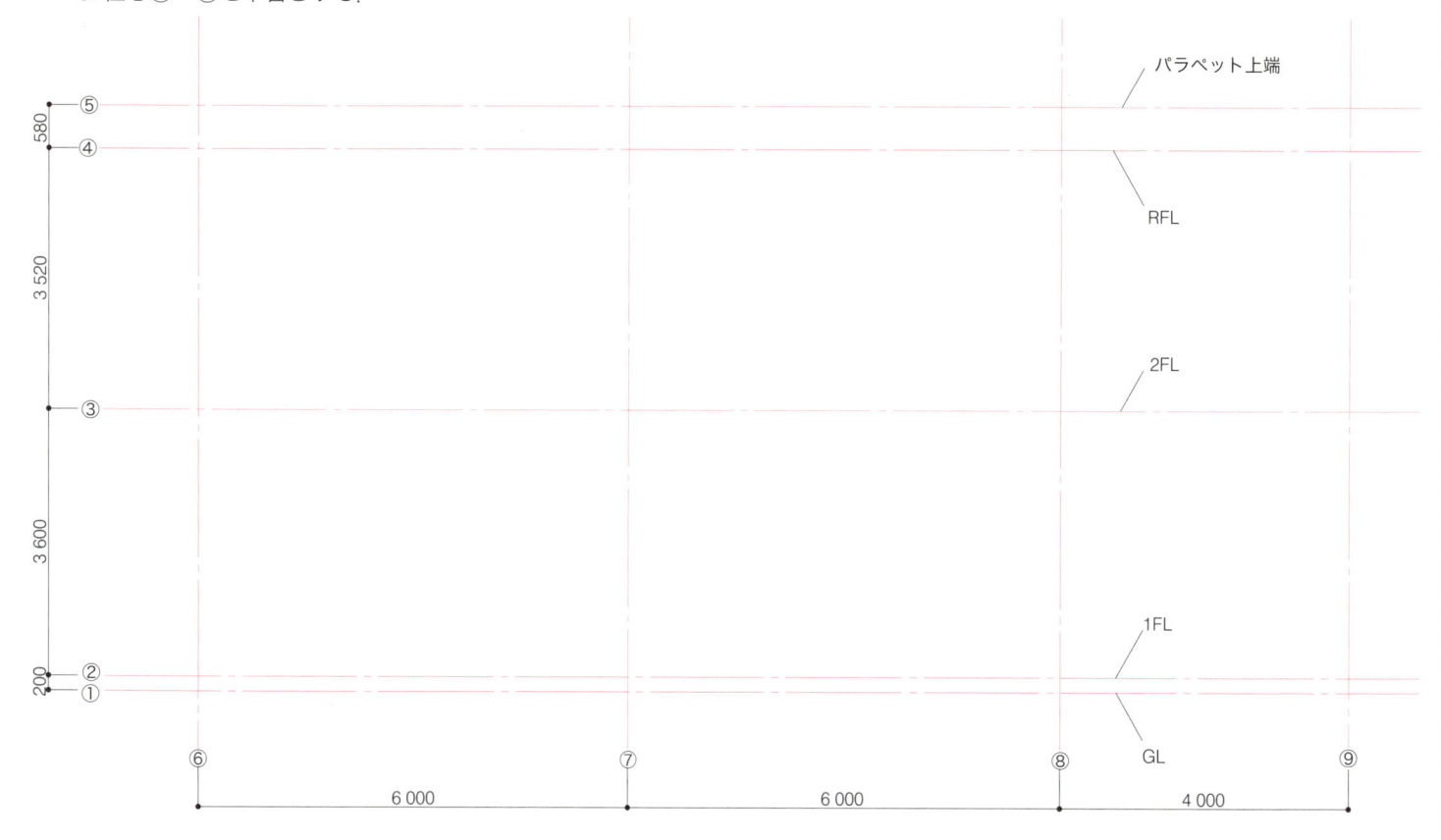

2）壁・開口部などの下書き

1. 各柱心から柱の大きさ（500mm）を振り分け，下書きする．
2. 開口部の内法幅と内法高をとり，下書きする．
3. 屋根面（RFL）⑤より 630mm 下がった壁の線を下書きする．

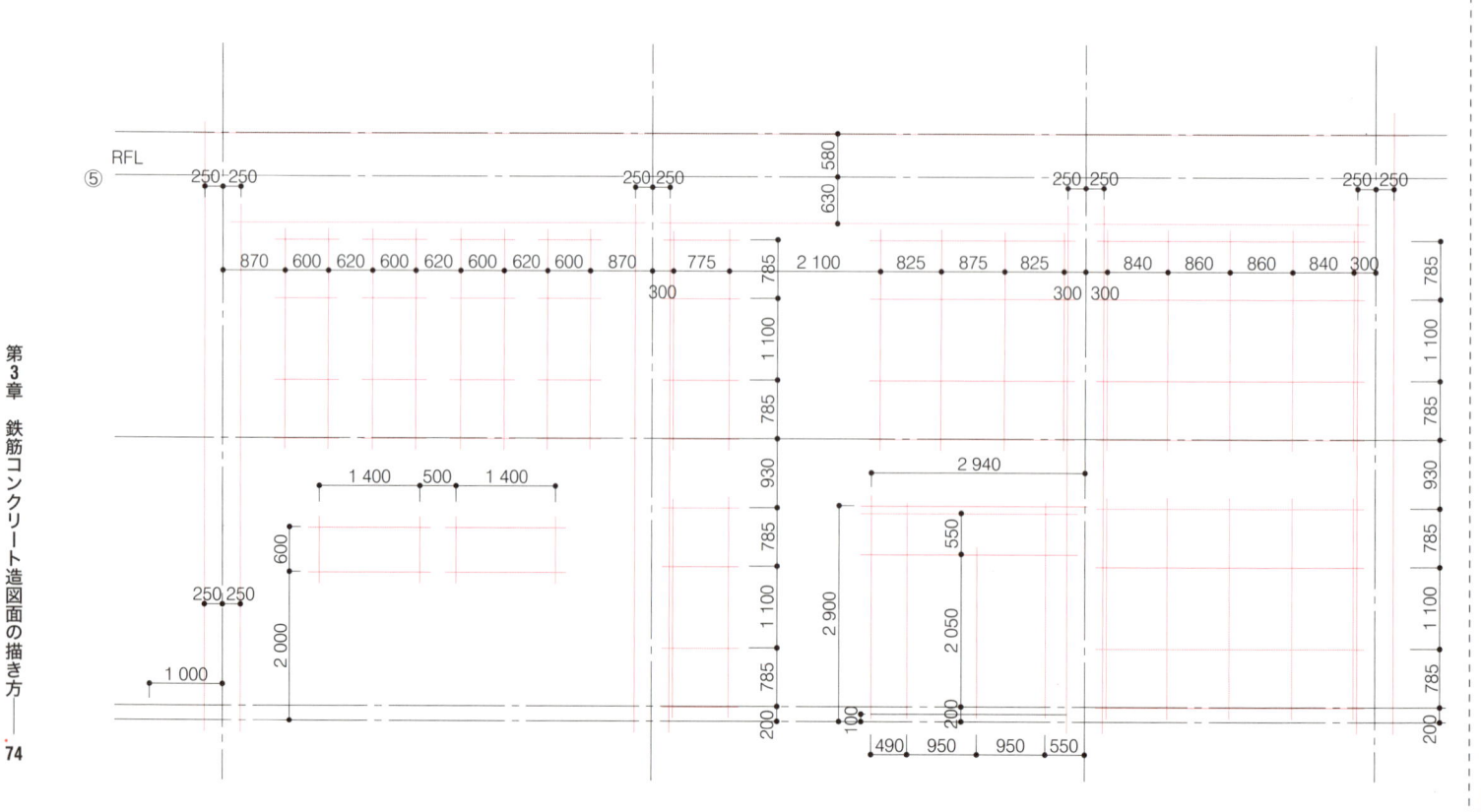

※セパレータ穴の記入は 1/100 の図面については省略する．

3）建具などの下書き

1. 建具を下書きする．

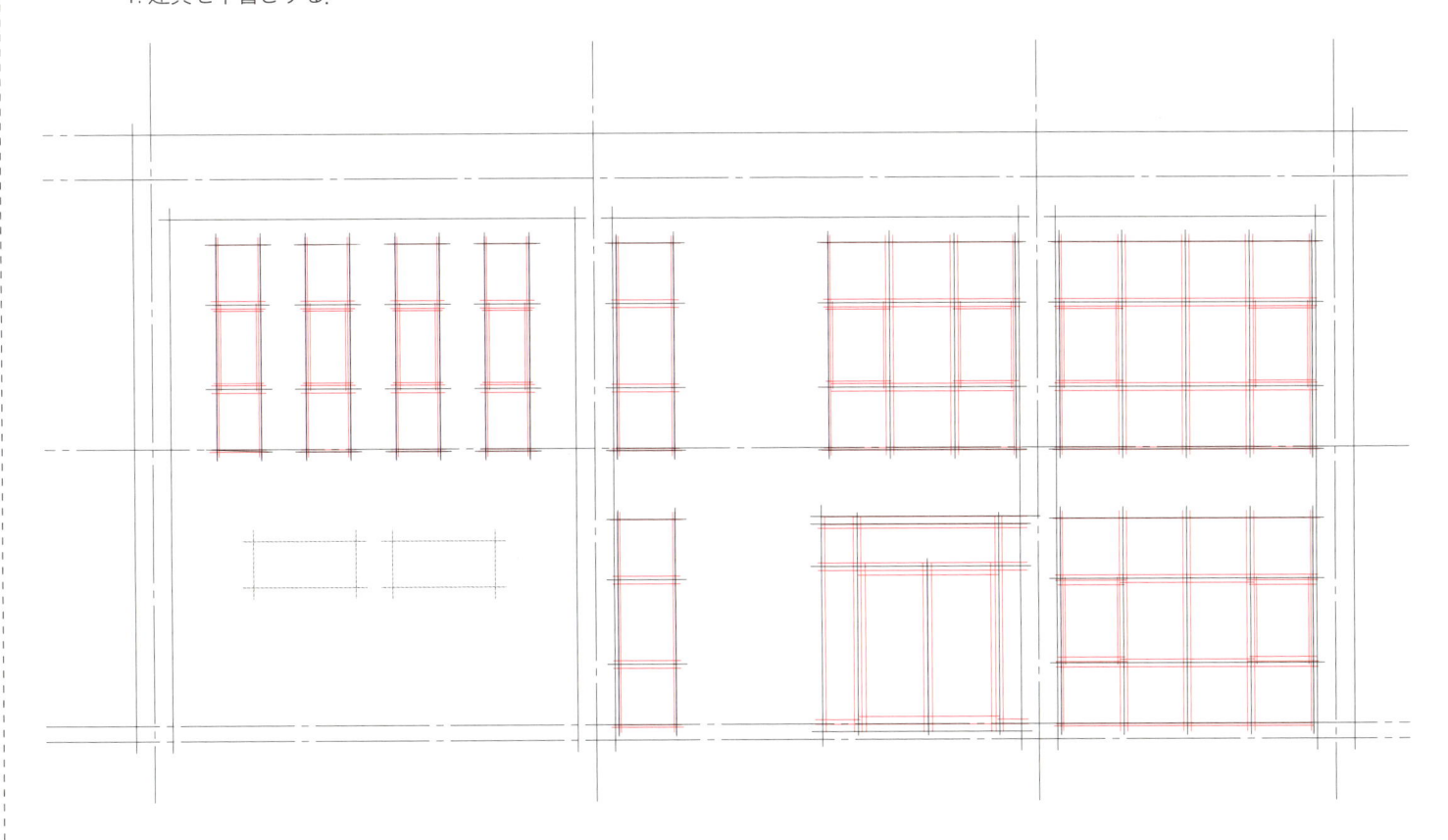

4）壁，建具の仕上げ

1. 壁を仕上げる（太い実線）．
2. 建具を仕上げる（太い実線）．
3. ガラスブロック（200mm × 200mm）の目地線を仕上げる（細い実線）．

5）目地，換気扇，図名，縮尺などの記入

1. 壁・柱の目地を仕上げる（細い実線）．
2. 換気フードを記入する（高さは地盤面（GL）から2600mm，太い実線）．
3. 地盤線を仕上げる（極太の実線）．
4. 図名，縮尺，基準記号を記入し，完成させる．

北立面図 S 1:100

西立面図は，北立面図と同様の縮尺と順序で描く．

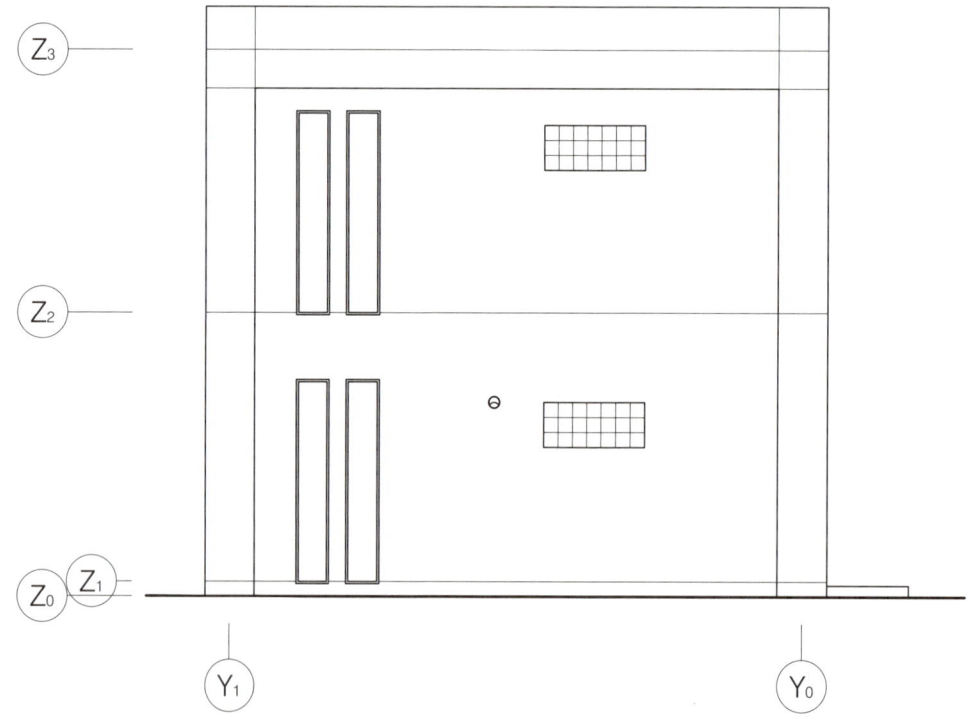

西立面図 S 1:100

3・6 かなばかり図 〈完成図〉

屋上仕上げ
コンクリート直の上
露出アスファルトシート防水
外断熱工法 t=35

外壁
打放しコンクリート
高耐候性フッ素樹脂塗装仕上げ

▽パラペット上端
▽RFL（水上）
▽RFL（水下）

たてどい
ステンレス製 φ100

天井
吊ボルト φ9@900
野縁受 38×12@360
野縁 55×22×0.5
化粧石膏ボード t=9.5

大会議室

壁
AEP塗り
石膏ボード下地 t=12
硬質ウレタンフォーム t=25
ソフト幅木 H=100

床
タイルカーペット敷き t=15
モルタル t=25

▽2FL

硬質ウレタンフォーム t=25

天井
吊ボルト φ9@900
野縁受 38×12@360
野縁 55×22×0.5
石膏ボード下地 t=9.5
化粧石膏ボード底目地張り t=12

和室

壁
じゅらく吹付け
石膏ボード下地 t=12
硬質ウレタンフォーム t=25

床
畳 t=60
ウレタンフォーム t=50
モルタル t=20

テラス
モルタル仕上げ t=30

▽1FL
▽GL

防湿フィルム敷

かなばかり図（C-C断面）S 1:30

かなばかり図を 1/30 の縮尺で描く．

1）基準線・中心線の記入

1. 地盤線（GL）①を引く（細い一点鎖線）．
2. 1階床仕上げ面（1FL）の基準線②を引く（細い一点鎖線）．
3. 1階床畳仕上げ面③を引く（細い一点鎖線）．
4. 2階床仕上げ面④を引く（細い一点鎖線）．
5. 水下・水上スラブ上端の基準線⑤，⑥を引く（細い一点鎖線）．
6. パラペットの上端の線⑦を引く（細い一点鎖線）．
7. パラペットの中心線⑧を引く（細い一点鎖線）．
8. 外壁心⑨を引く（細い一点鎖線）．
9. 外壁心⑨より1.2 m左に作図範囲の位置⑩を下書きする．
10. テラスの出幅線⑪を下書きする．
11. 高さを省略する部分に破断線⑫，⑬および⑭，⑮を引く（細い実線）．

※破断線⑫〜⑬，⑭〜⑮は，用紙の中に全図面がおさまらない場合に，省略しても差し支えない部分を切断・省略するものである．

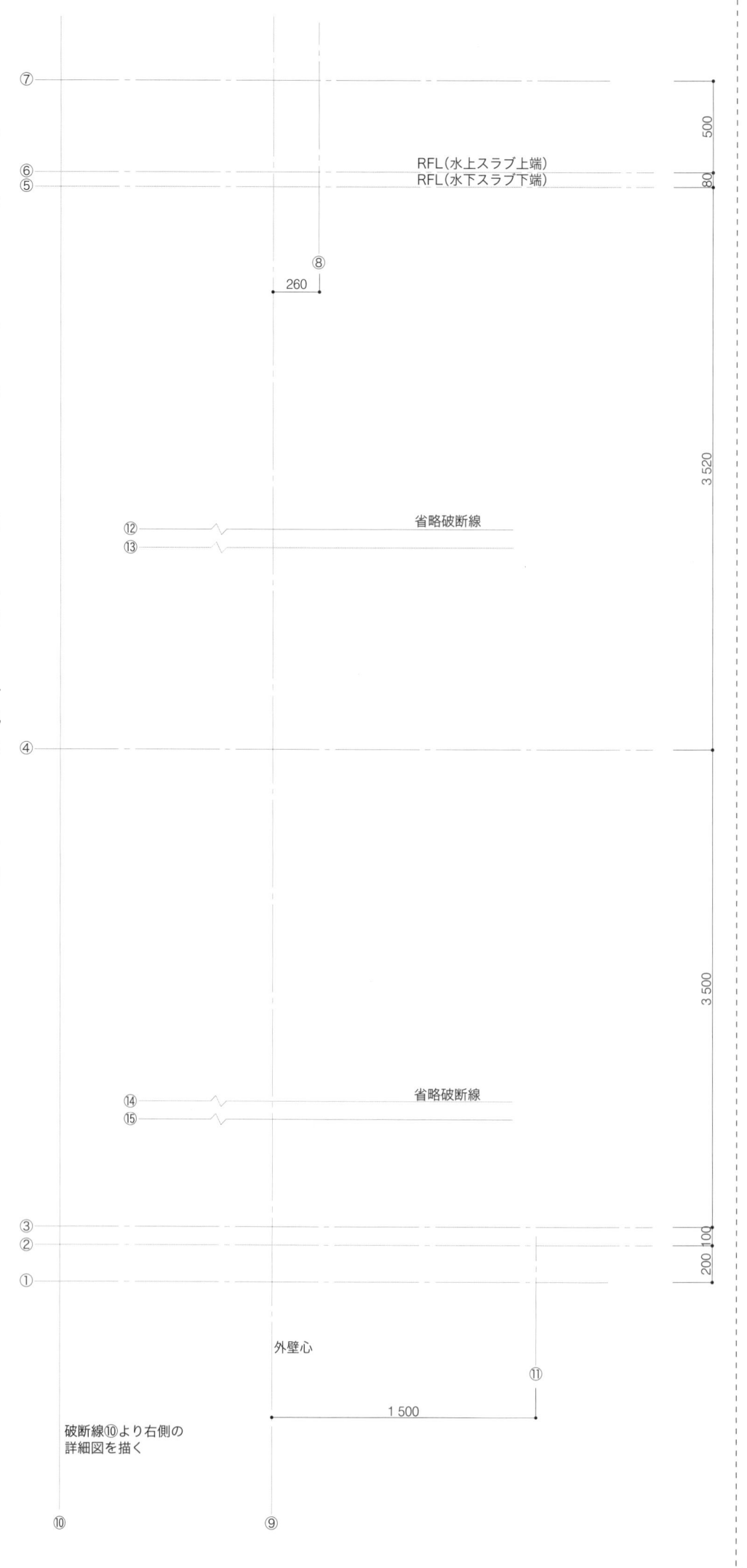

2）躯体の下書き

1. 壁の厚さは，外壁心から室内側（60mm）・外側（60mm）を振り分け，増打ち（30mm）を下書きする．
2. 1階和室床仕上げ（130mm）・土間コンクリート（150mm）・捨コンクリート（30mm）・割石（120mm）を下書きする．
3. 基礎梁・基礎梁下部分の捨コンクリート（30mm）・割石（200mm）を下書きする．
4. 2階梁・2階床仕上げ（40mm）・床スラブ（150mm）を下書きする．
5. R階梁を下書きし，外壁心⑨と基準線⑤の交点より1/100の勾配屋根スラブ（150mm）を下書きする．
6. パラペットは，中心線⑧から，内に（60mm），外に（60mm）振り分け，増打ち（30mm）を下書きする．
7. テラスは，基準線①から（115mm）の位置⑯（壁ぎわ）と（100mm）の位置⑰（テラスの先端）とを結ぶ線を下書きし，これと平行にモルタル仕上げ（30mm），スラブ（90mm），割石（120mm）を下書きする．
8. 開口部を下書きする．

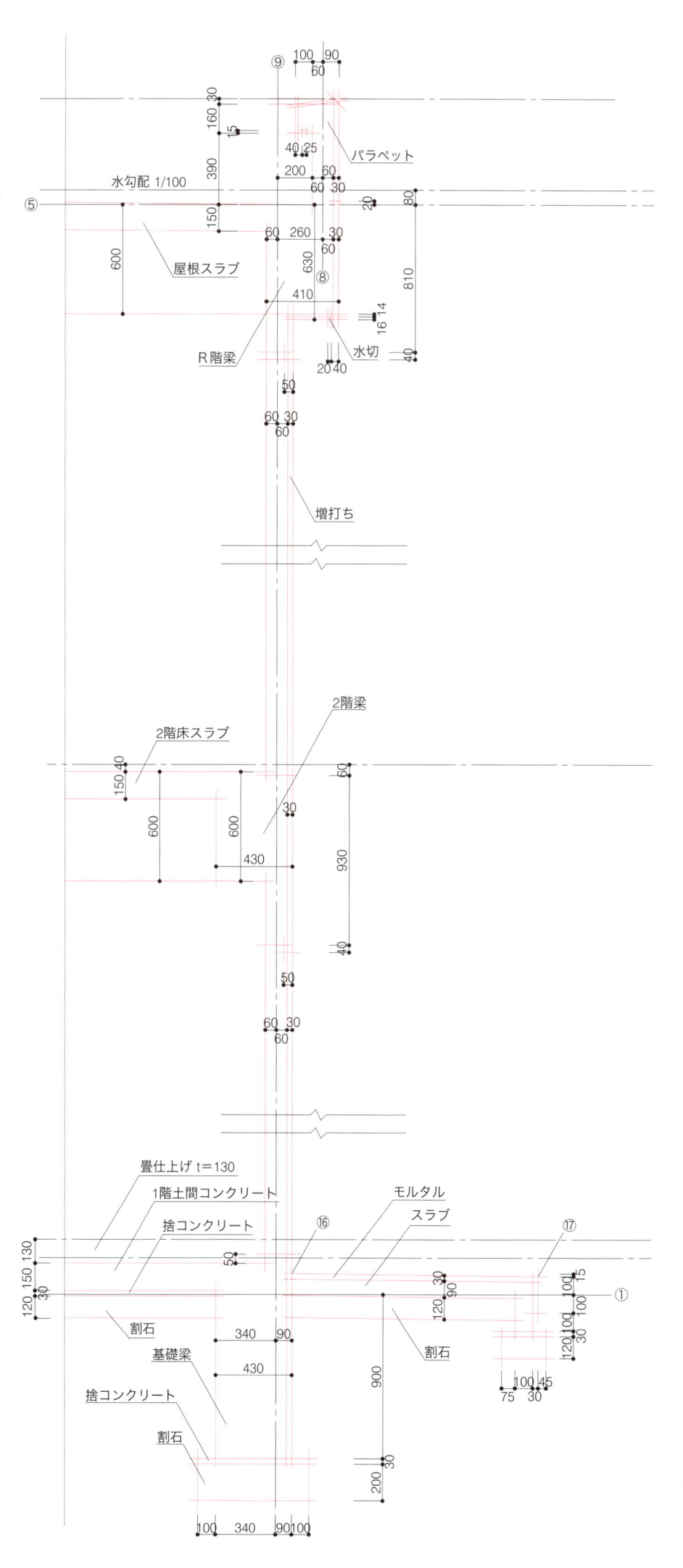

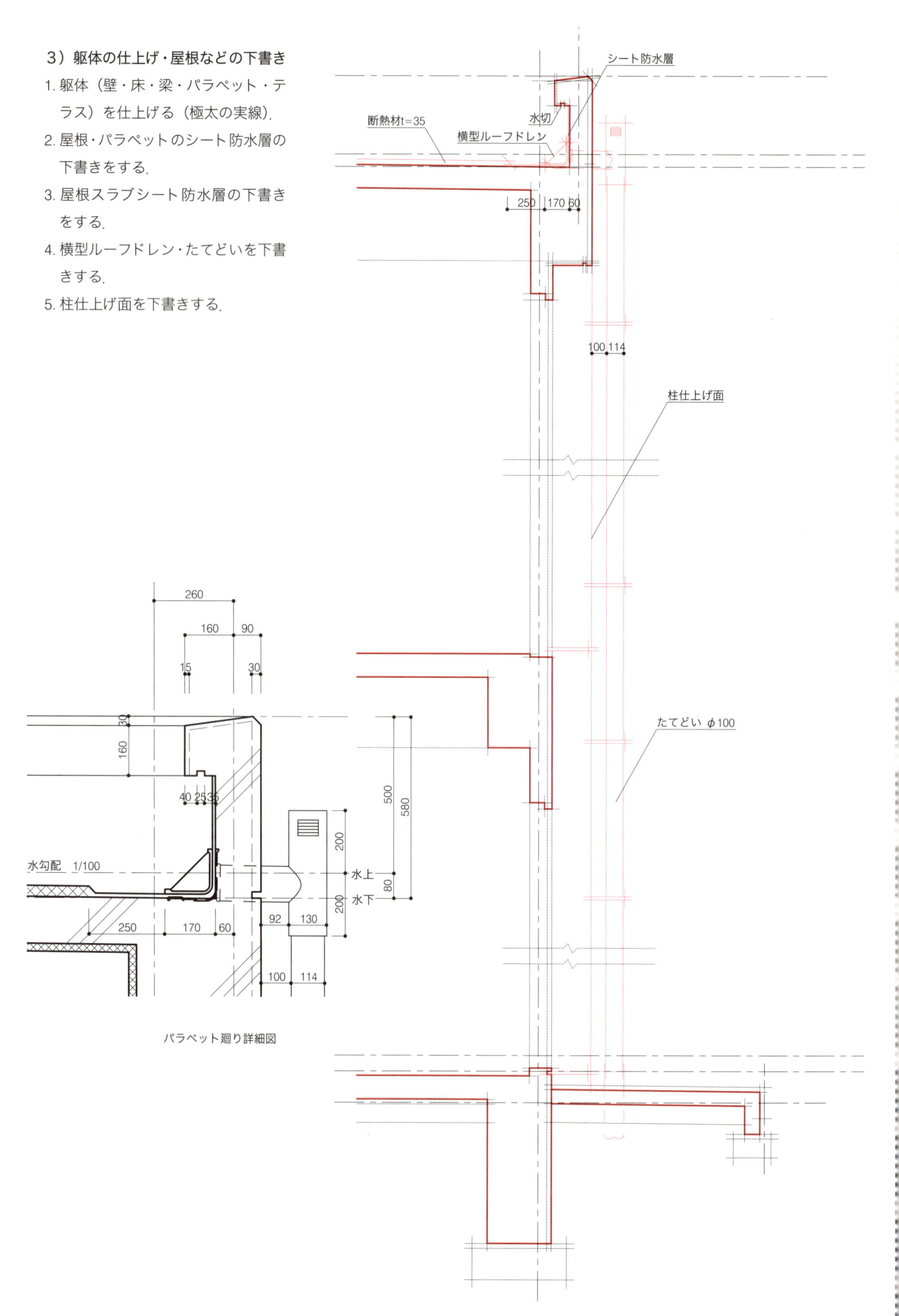

3）躯体の仕上げ・屋根などの下書き

1. 躯体（壁・床・梁・パラペット・テラス）を仕上げる（極太の実線）.
2. 屋根・パラペットのシート防水層の下書きをする.
3. 屋根スラブシート防水層の下書きをする.
4. 横型ルーフドレン・たてどいを下書きする.
5. 柱仕上げ面を下書きする.

パラペット廻り詳細図

4）天井・サッシ開口部など
の下書き

1. 1階・2階の天井の下書きをする．
2. サッシの寸法を下書きする．
3. 1階床，2階床を下書きする．
4. 幅木の仕上げ線（高さ100 mm）を下書きする．

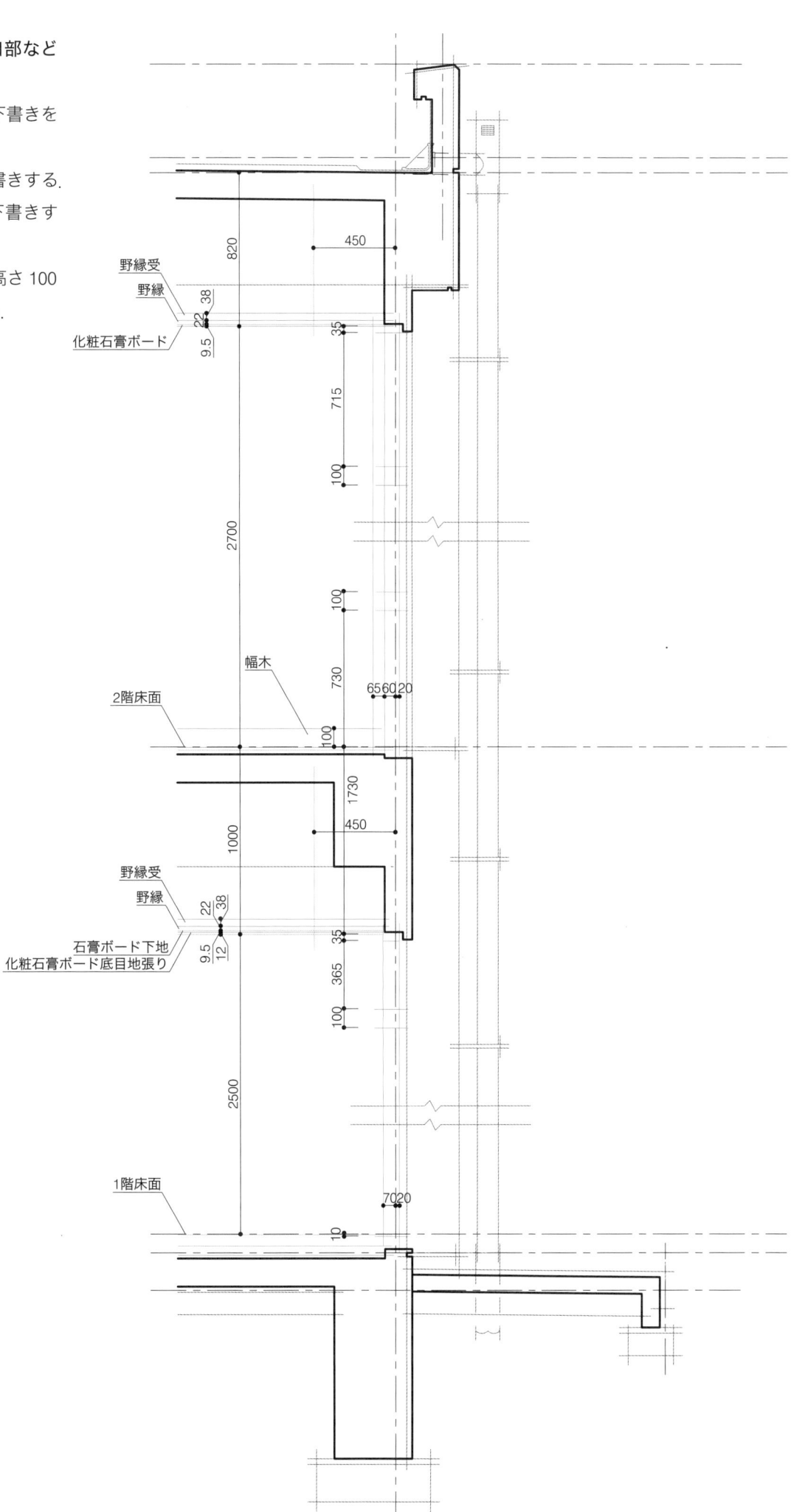

5) 梁の姿の下書き

1. 地盤線（GL）を仕上げる（極太の実線）.
2. 増打ち部分の躯体線を仕上げる（細い破線）.
3. 姿として見える2階梁下端線, R階梁下端線を下書きする.
4. 室内側断熱材の下書きをする.

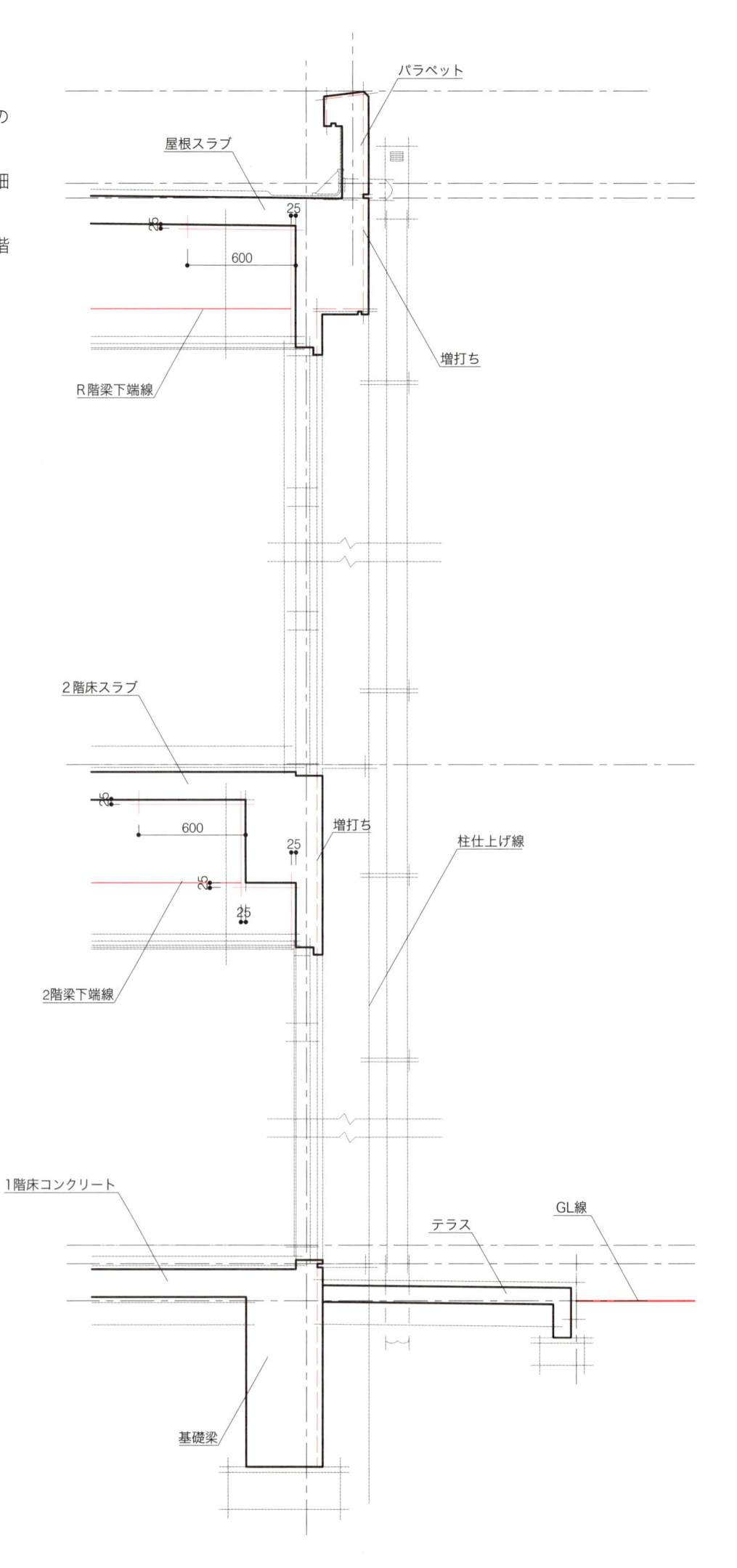

6) 各部の仕上げ

1. 1階天井，2階天井，1階床，2階床を仕上げる（極太の実線）．
2. 開口部回りとサッシの断面を仕上げる（極太の実線）．
3. テラスのモルタル仕上げ面を仕上げる（極太の実線）．
4. とい回りを仕上げる（太い実線）．ただし，地中部分の隠れ線は太い破線で引く．
5. 捨コンクリートの厚み，割石の厚みを仕上げる（極太の実線）．
6. 姿として見える線（パラペット，梁下端，柱，開口部回り，室内壁面）を仕上げる（太い実線）．
7. 防湿フィルムを記入する（太い破線）．
8. 断熱材を仕上げる（極太の実線）．
9. 幅木を仕上げる（太い実線）．

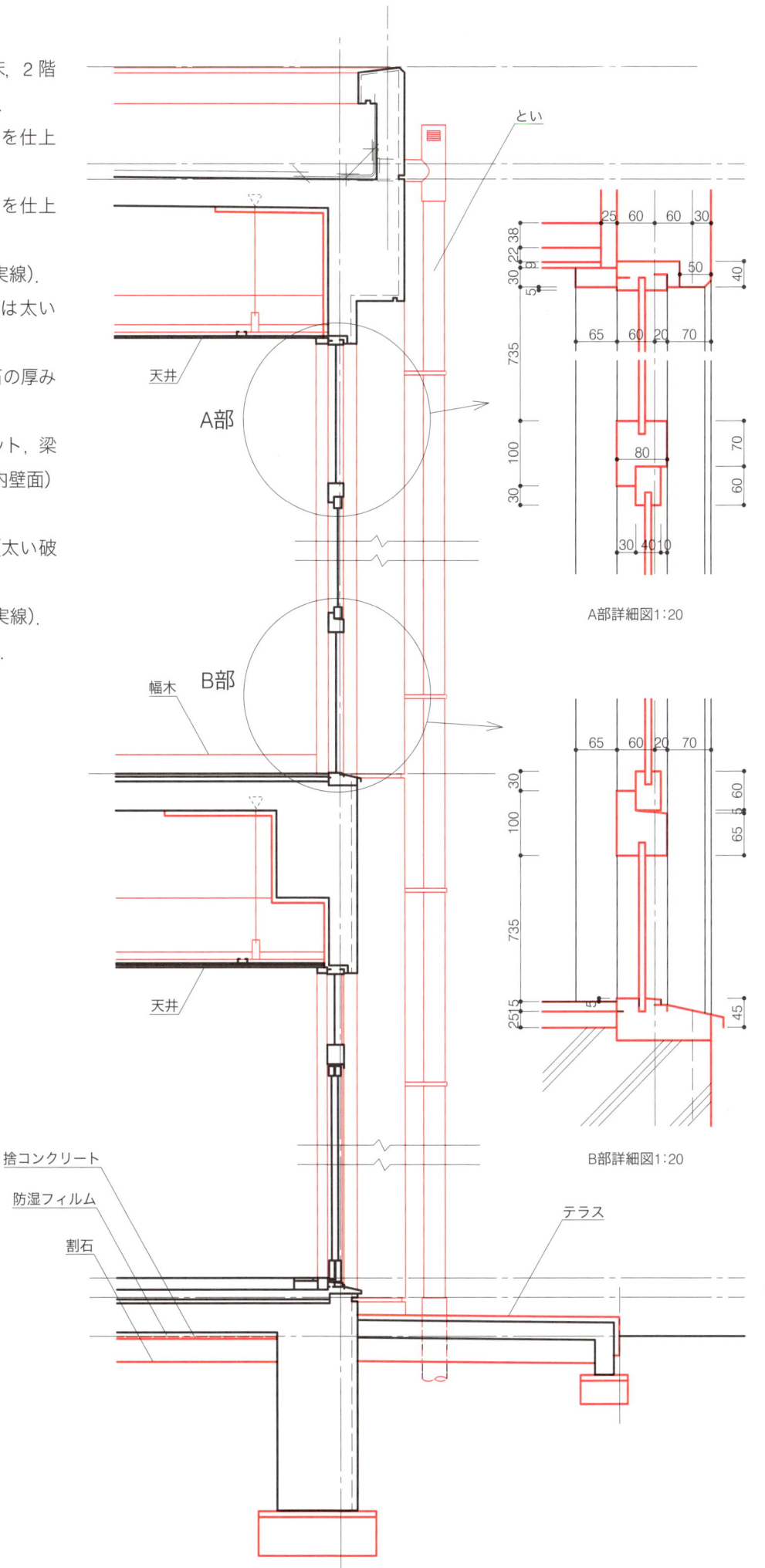

A部詳細図 1:20

B部詳細図 1:20

7) 材料構造表示記号・寸法・名称の記入

1. 地盤，鉄筋コンクリート，割石などの材料構造表示記号を記入する（細い実線）．
2. セパレータ穴の記入をする（細い実線）．
3. 寸法線，寸法補助線（細い実線）を引き，寸法を記入する．
4. 室名，各部の名称，図名，縮尺を記入し，完成させる．

屋上仕上げ
コンクリート直の上
露出アスファルトシート防水
外断熱工法 t=35

水勾配 1/100

外壁
打放しコンクリート
高耐候性フッ素樹脂
塗装仕上げ

パラペット上端

▽RFL水上
▽RFL水下

たてどい
ステンレス製 φ100

天井
吊ボルト φ9@900
野縁受 38×12@360
野縁 55×22×0.5
化粧石膏ボード t=9.5

大会議室

壁
ビニルクロス張り
石膏ボード下地 t=12
硬質ウレタンフォーム t=25
ソフト幅木 H=100

床
タイルカーペット敷き t=15
モルタル t=25

▽2FL

硬質ウレタンフォーム t=25

天井
吊ボルト φ9@900
野縁受 38×12@360
野縁 55×22×0.5
石膏ボード下地 t=9.5
化粧石膏ボード底目地張り t=12

和室

壁
ビニルクロス張り
石膏ボード下地 t=12
硬質ウレタンフォーム t=25

床
畳 t=60
ウレタンフォーム t=50
モルタル t=20

テラス
モルタル仕上げ t=30

▽1FL
▽GL

防湿フィルム敷

かなばかり図（C-C断面） S 1:30

3・7 部分詳細図

〈完成図〉

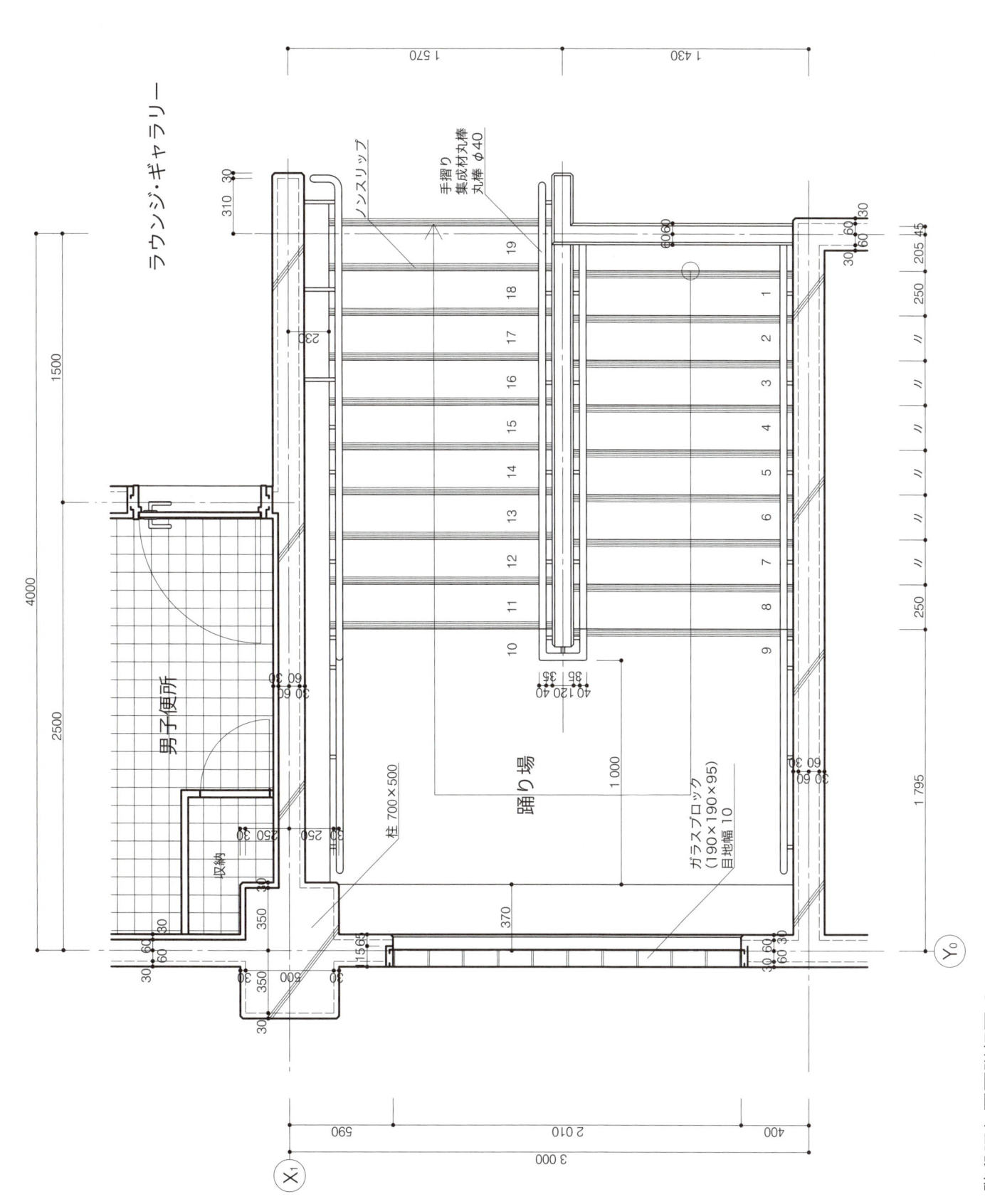

階段廻り平面詳細図 S 1：30

〈完成図〉

ガラスブロック
(190×190×95)
目地幅 10

壁
打放コンクリート

ラウンジ
ギャラリー

柱 500×700

2階小梁 350×600

2階梁 400×600

踊り場

手摺り
集成材丸棒
丸棒 φ40

玄関
ホール

硬質ゴム入り
ノンスリップ

収納庫

塩化ビニルタイル

A部部分詳細図 S 1:20

防湿フィルム

基礎梁 400×900

Y₀

階段廻り断面詳細図 S 1:30

第3章 鉄筋コンクリート造図面の描き方

第4章 鋼構造図面の描き方

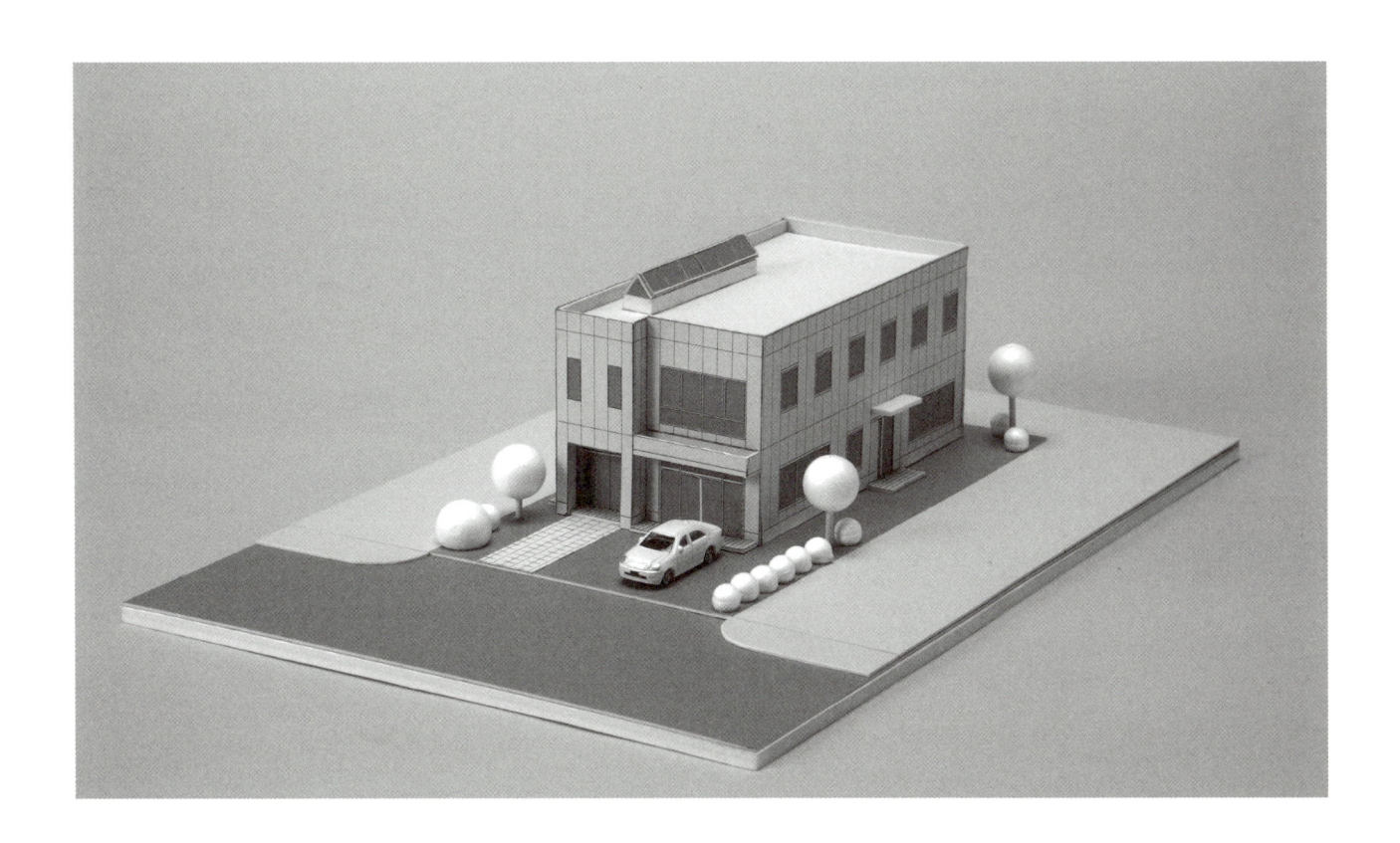

◇建築概要◇
a. 用　　途　　専用事務所
b. 地域地区　　商業地域・防火地域
c. 敷地面積　　293.75m²
d. 建築面積　　123.72m²（建ぺい率 42.11%）
e. 延べ面積　　245.02m²（容積率 83.41%）
　　　　　　　　1階：120.30m²　2階：123.72m²
f. 最高高さ　　8m
g. 構造・階数　鋼構造・2階建て
h. 仕上げ
　　外部
　　　屋根　シート防水（露出合成高分子形ルーフィングシート）
　　　外壁　ALC版（厚さ100mm），外装薄塗材E
　　　その他　建具　アルミサッシ他
　　内部
　　　事務室　床　タイルカーペット敷
　　　壁　石膏ボード張り
　　　天井　岩綿化粧吸音板

4・1 配置図

配置図 S 1：200

配置図を 1/200 の縮尺で描く．

1. 隣地境界線・道路境界線を敷地の形状に合わせて引く（太い一点鎖線）．
2. 道路の中心線を引く（細い一点鎖線）．
3. 敷地に接する道路の形状と幅員や敷地周辺の状況を記入する（太い実線）．
4. 建築物の外壁心と外壁線を下書きする．
5. トップライト，庇の中心線を下書きする．
6. 3., 4. で下書きした外壁線を仕上げる（太い実線）．
7. 建築物の外壁心を引く（太い実線）．
8. 敷地内にある駐車スペースやアプローチ部・トップライト・庇・フェンスなどを記入する（太い実線・細い実線）．
9. 寸法線・寸法補助線を引き（細い実線），寸法を記入する．
10. 各隣地境界線の名称や距離，その他各位の名称，出入口の表示（メイン▲，サブ△）を記入する．
11. 図名，縮尺，方位を記入し，完成させる．

4・2 1階平面図

〈完成図〉

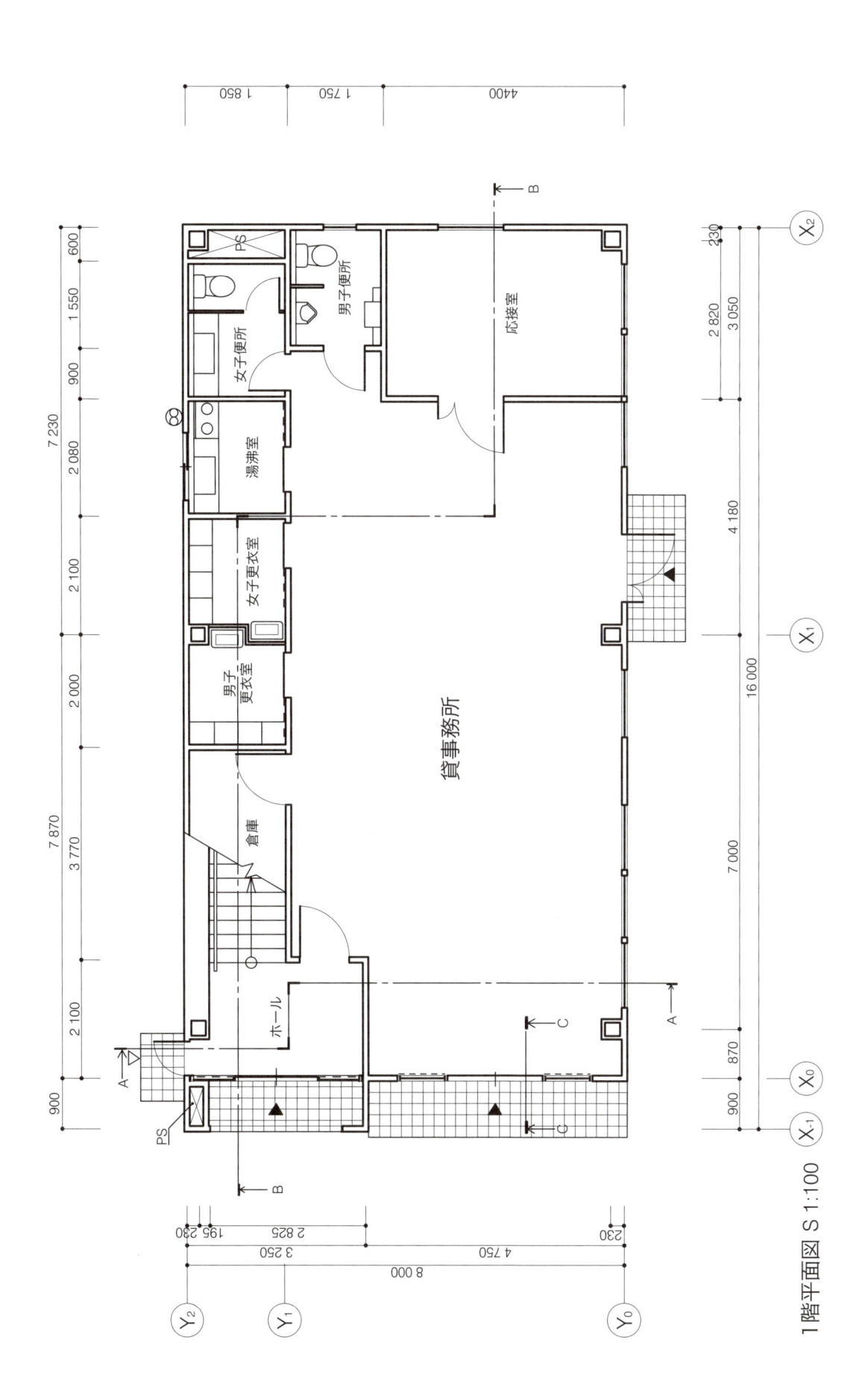

1階平面図 S 1:100

第4章 鋼構造図面の描き方

1階の平面図を1/100の縮尺で描く．

1）中心線の下書き

1. 壁心①②③④⑤を下書きする．
2. 柱心⑥～⑩を下書きする．
3. 他の壁心を下書きする．

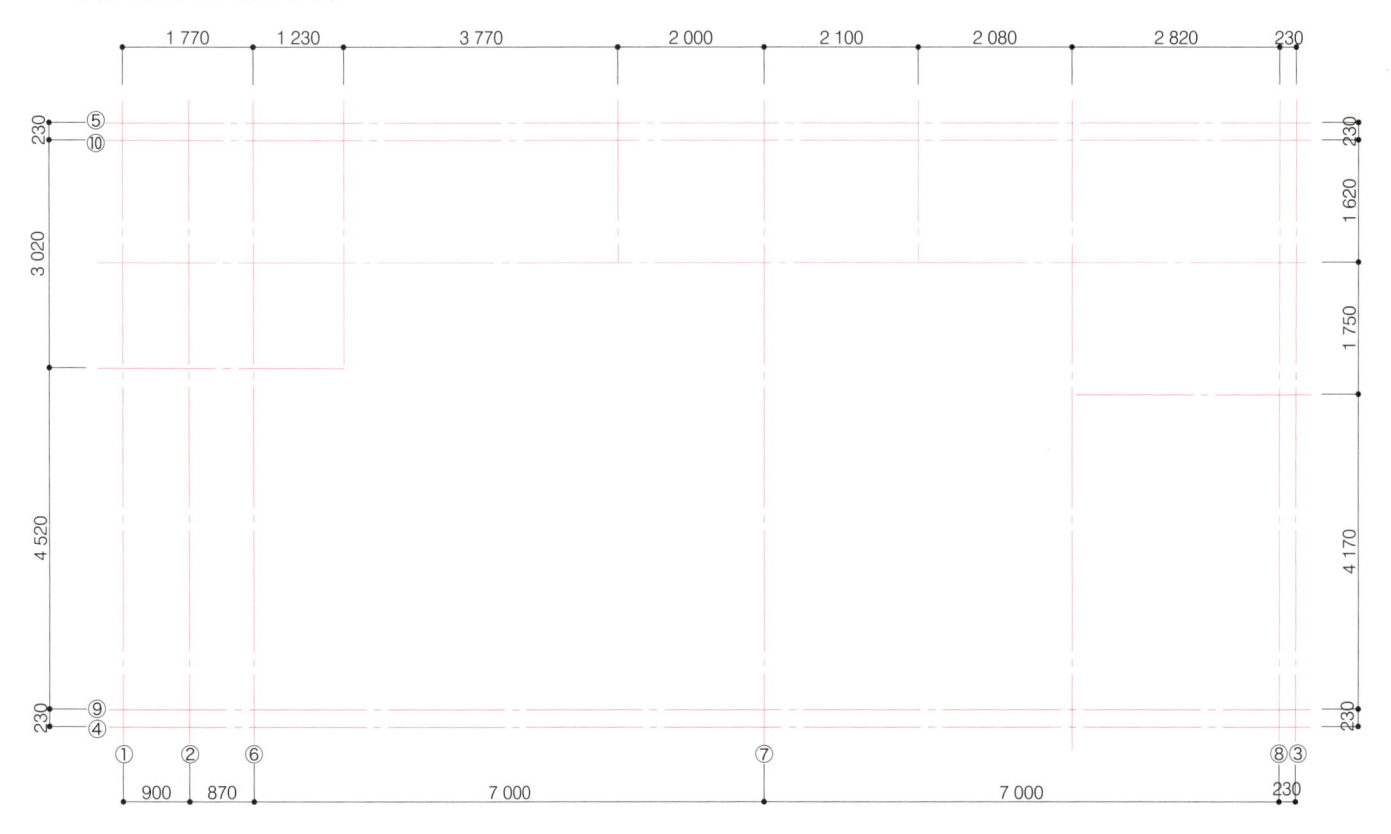

2）柱線・壁線の下書き

1. 外壁心から230mm内側を柱心とし，柱の大きさ（300mm×300mm）を下書きする（A部分詳細を参照）．
2. 壁心からALC版の厚さ（100mm）を振り分け，下書きする．

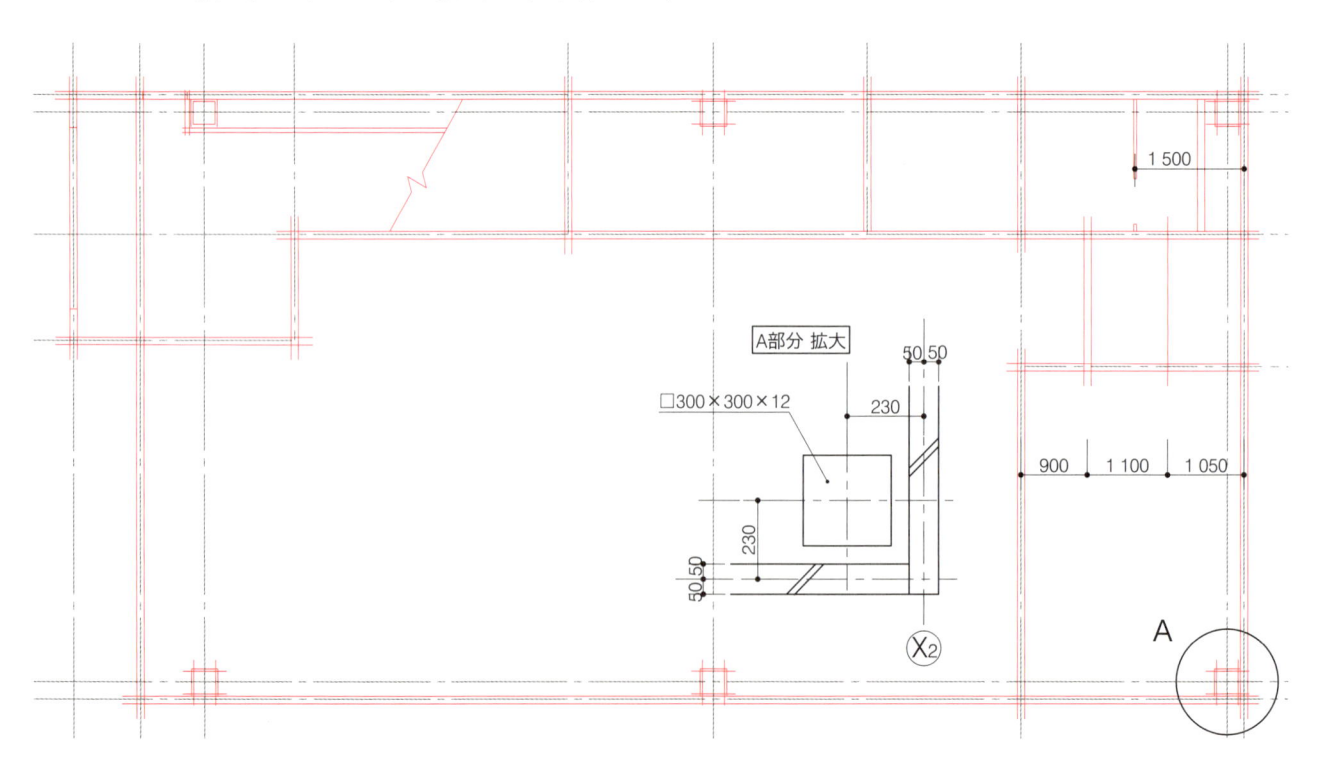

3）開口部の下書き

1. 壁に窓・出入り口の幅をとる．
2. 玄関ポーチの幅・長さを下書きする．

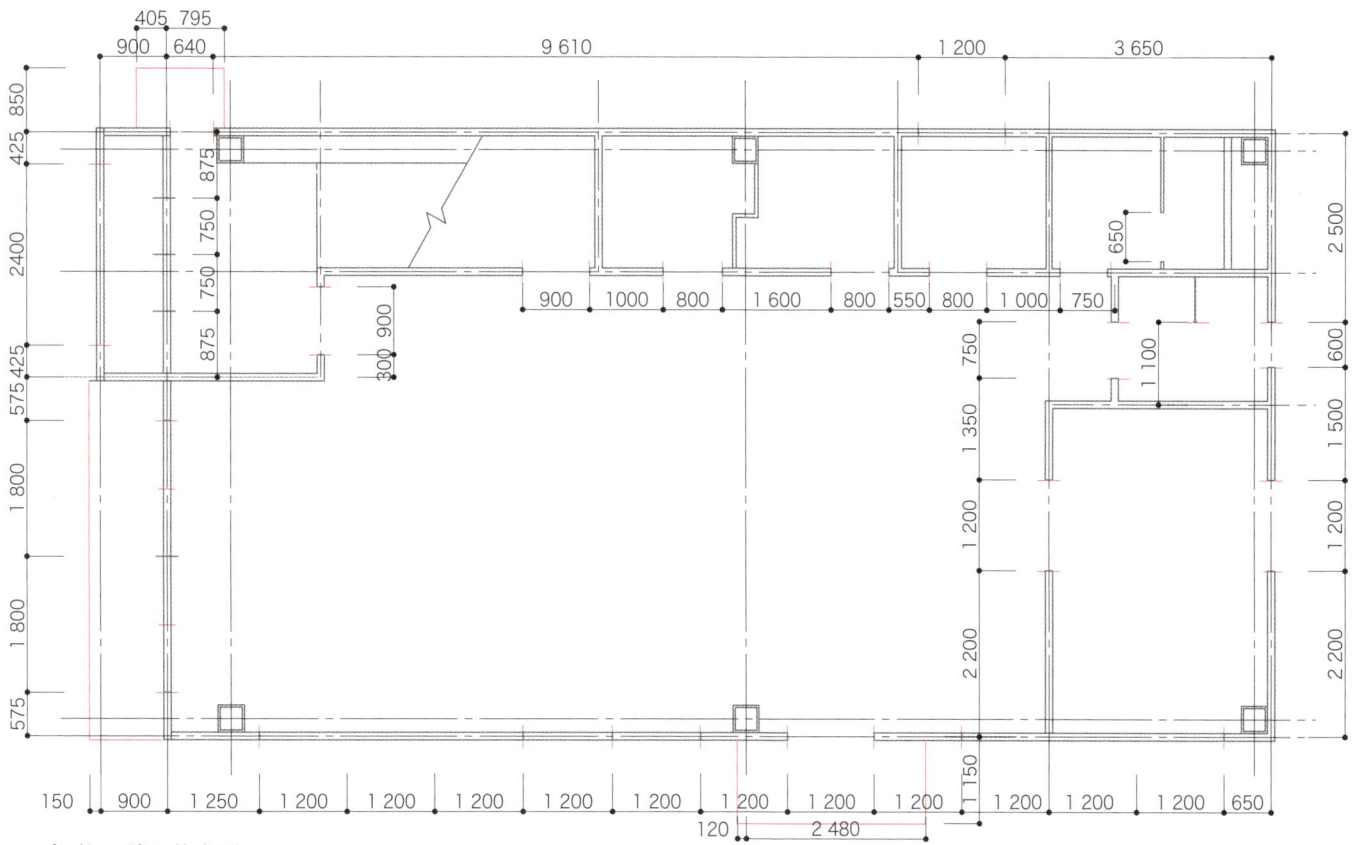

4）柱・壁の仕上げ

1. 柱・壁を仕上げる（極太の実線）．
2. 玄関ポーチを仕上げる（太い実線）．

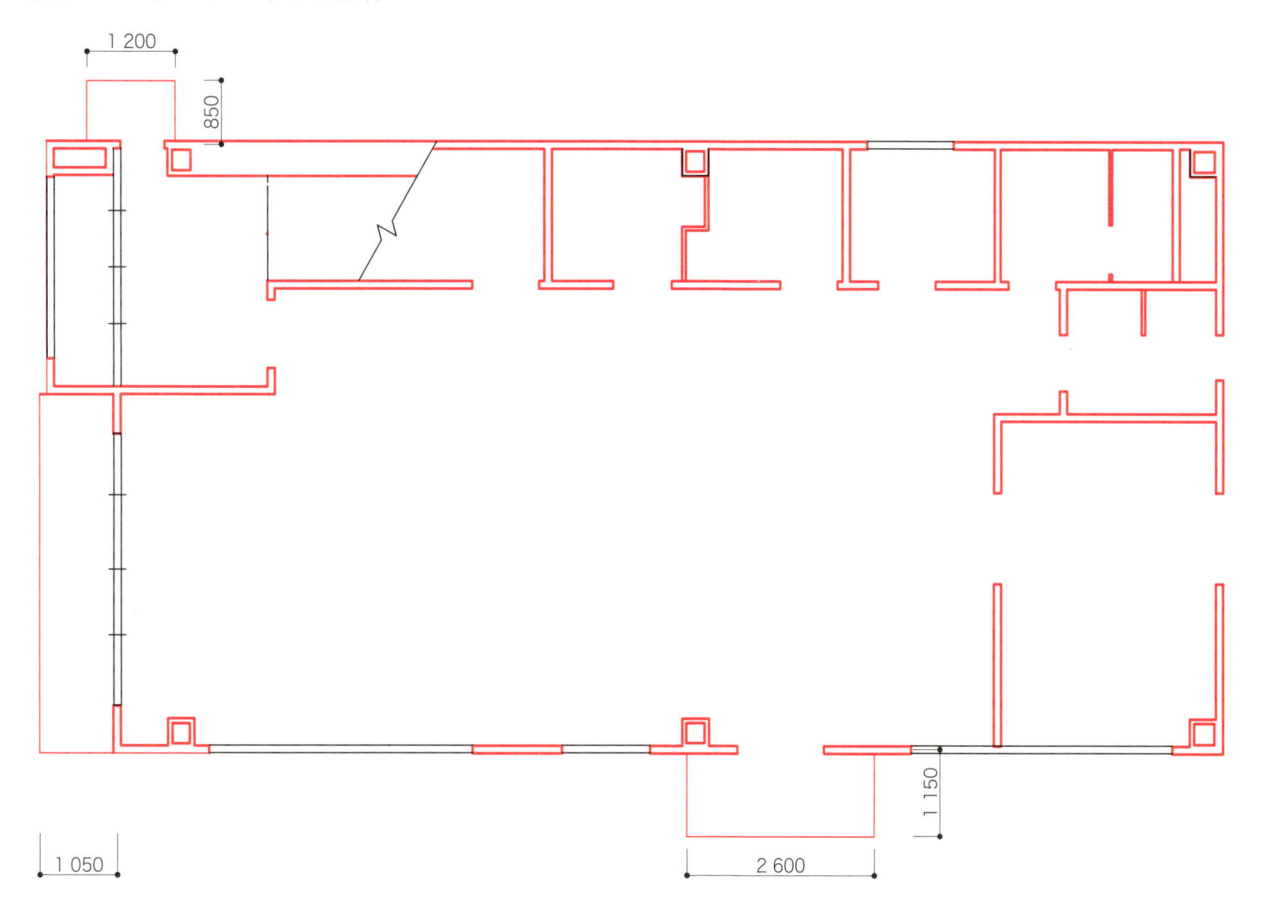

5) 建具・各部の仕上げ

1. 外壁面にある窓，出入り口の扉の下書きをする．　2. 室内の出入り口の扉を下書きする．
3. 下書きした窓と扉を仕上げる（極太の実線，細い実線）．　4. 階段の踏面の幅（250mm）をとり，仕上げる（太い実線）．
5. 玄関ポーチの目地を仕上げる（細い実線）．　6. 洗面台・便器・流し台・換気扇の記号を描く．

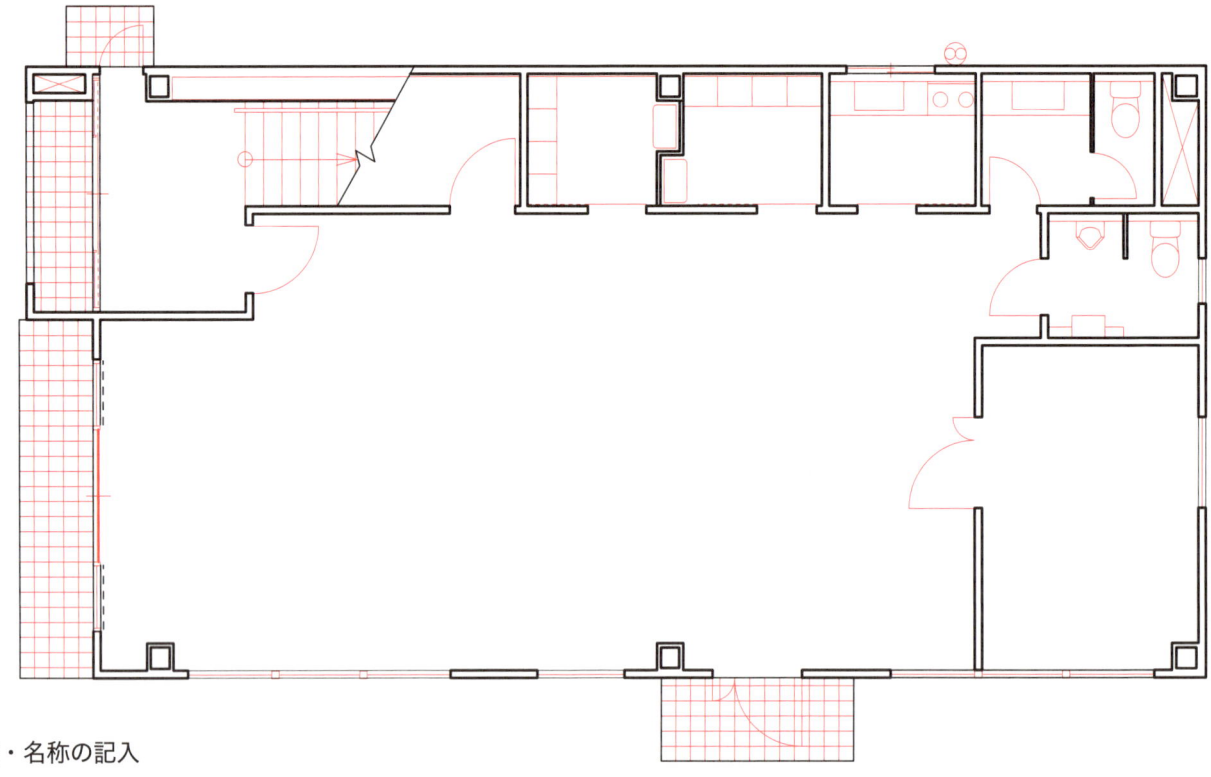

6) 寸法・名称の記入

1. 寸法線・寸法補助線を引き（細い実線），寸法を記入する．　2. 出入り口の表示（▲，△）を記入する．
3. 断面線・かなばかり図・詳細図の切断位置を示す切断線（細い一点鎖線）を引き，記号を記入する．
4. 室名，図名，縮尺，方位を記入し，完成させる．

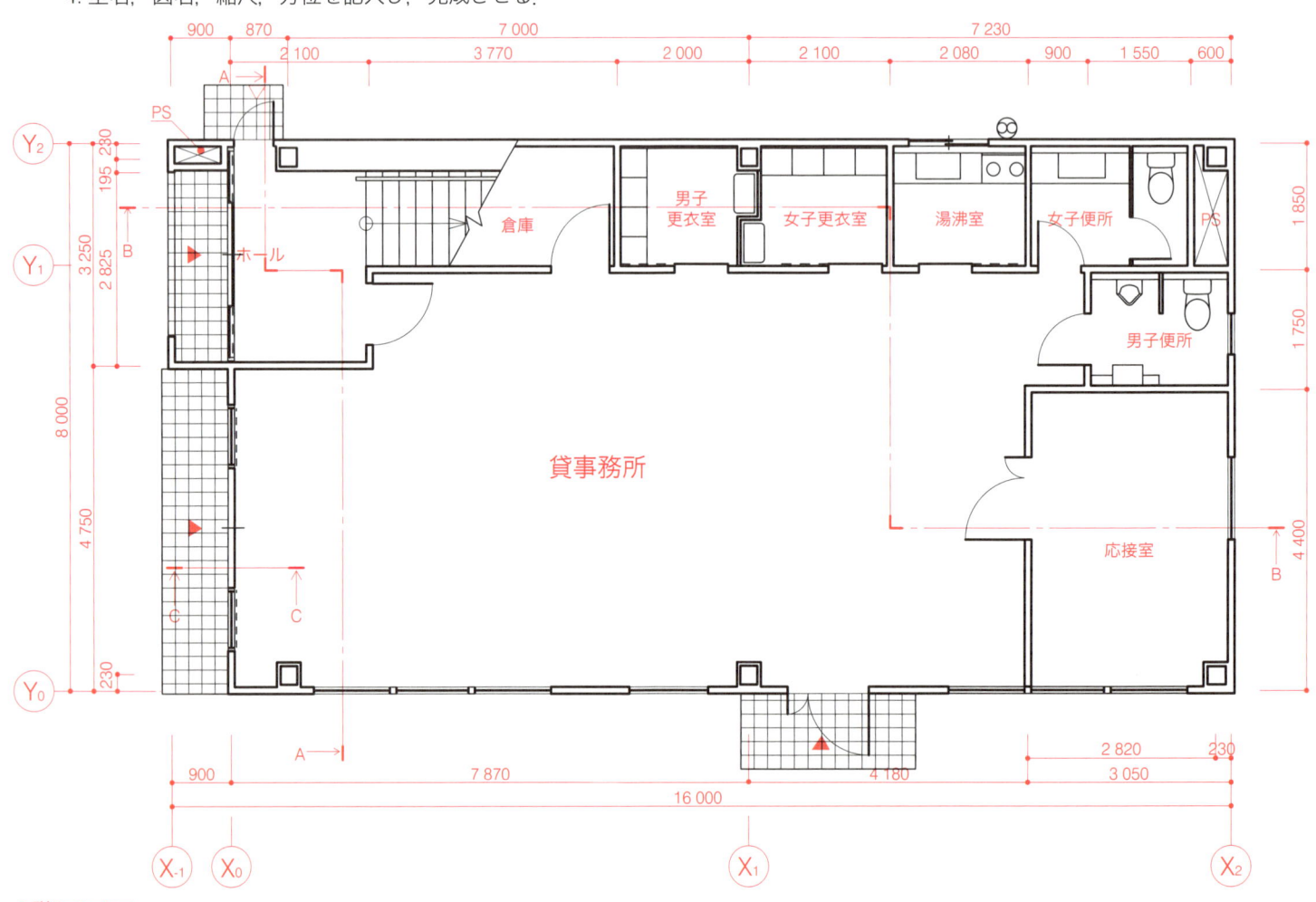

1階平面図　S 1:100

4・3 2階平面図

〈完成図〉

2階平面図は，1階平面図と同様の縮尺とし，同様の順序で描く．

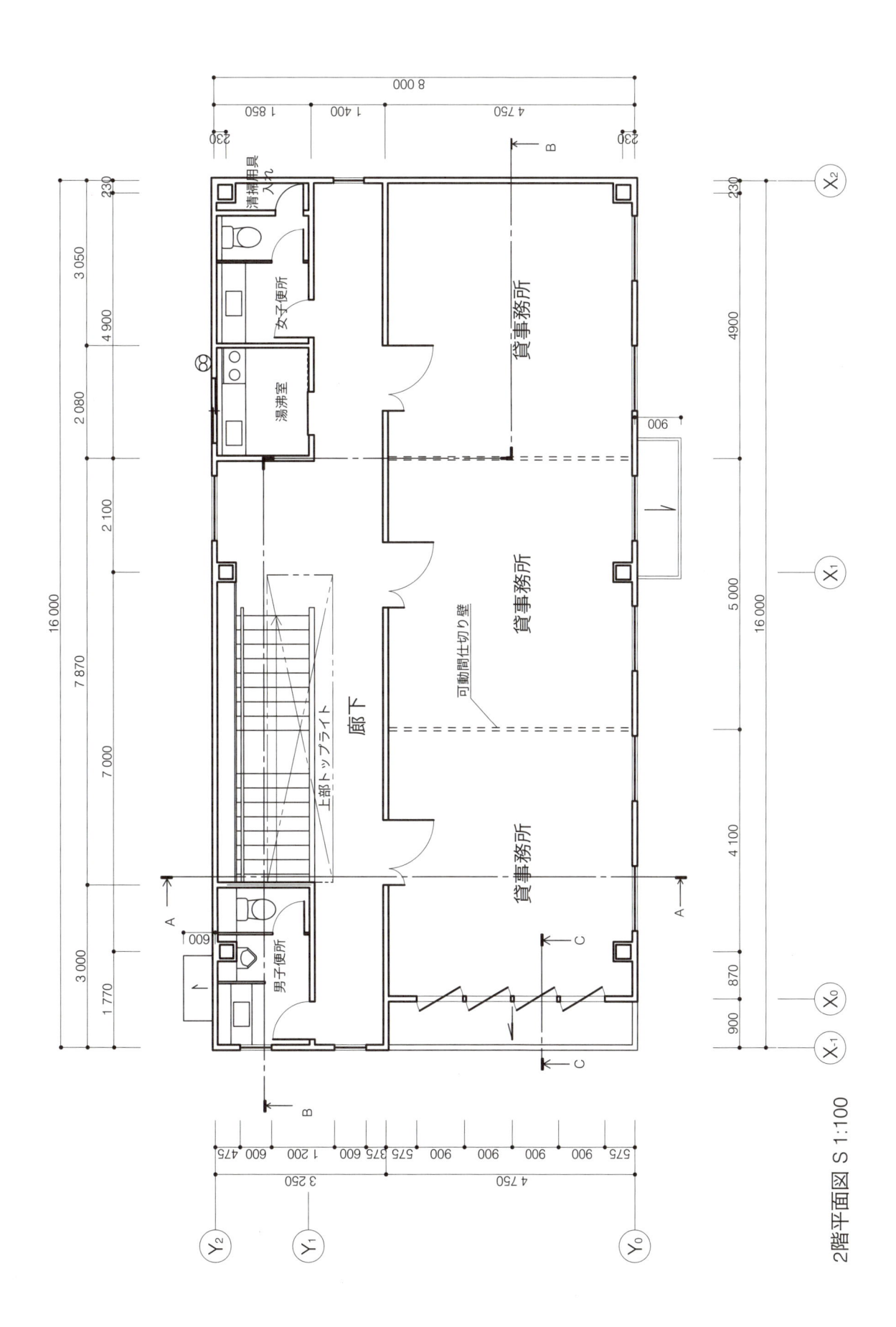

2階平面図 S 1:100

4・4 断面図

〈完成図〉

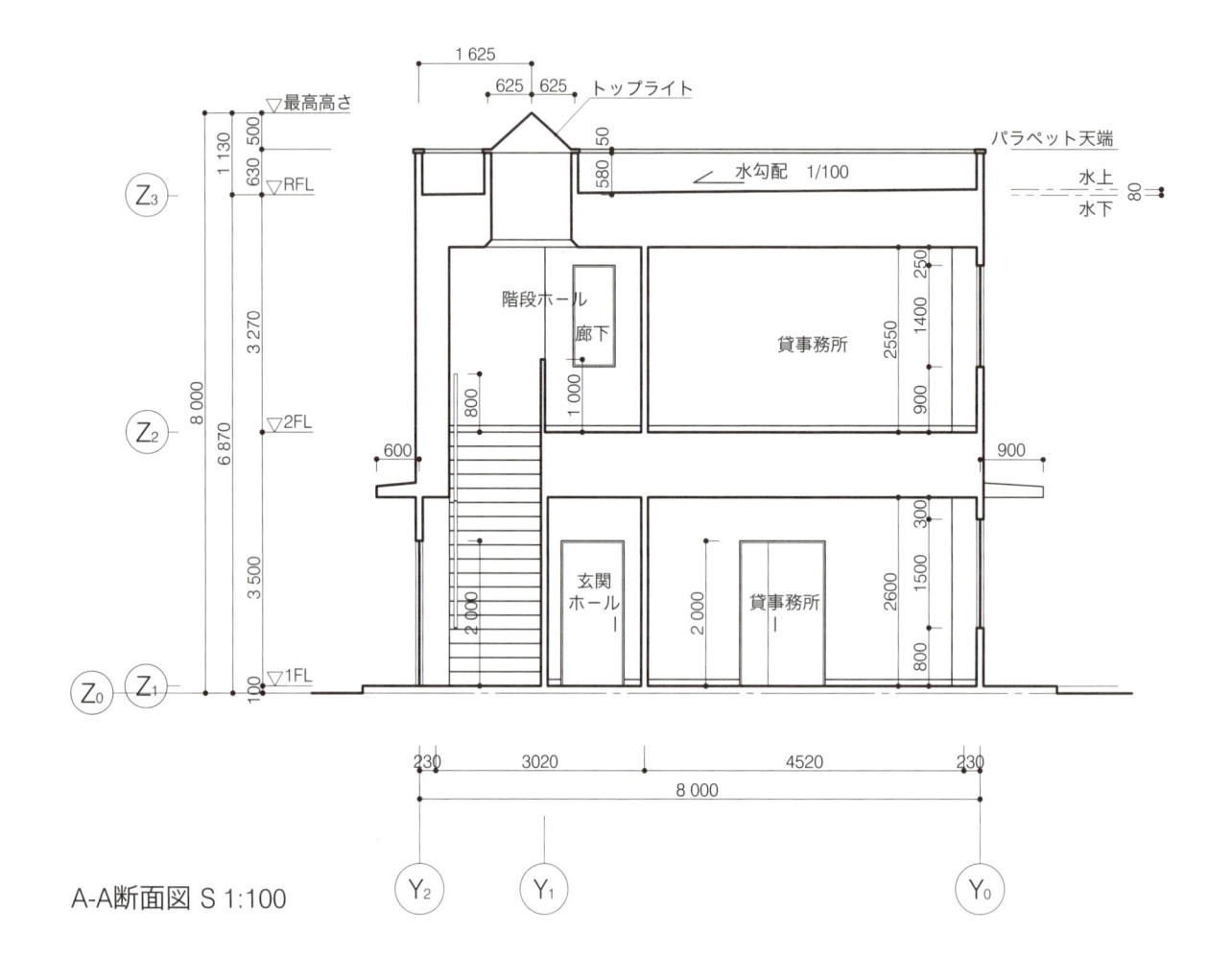

A-A断面図 S 1:100

断面図を 1/100 の縮尺で描く．

1）基準線・中心線の記入

1. 地盤線（GL）①を引く（細い一点鎖線）．
2. 高さ基準線②〜⑦を下書きする．
3. 壁心⑧⑨⑩を下書きする．
4. 柱心⑪⑫を下書きする．

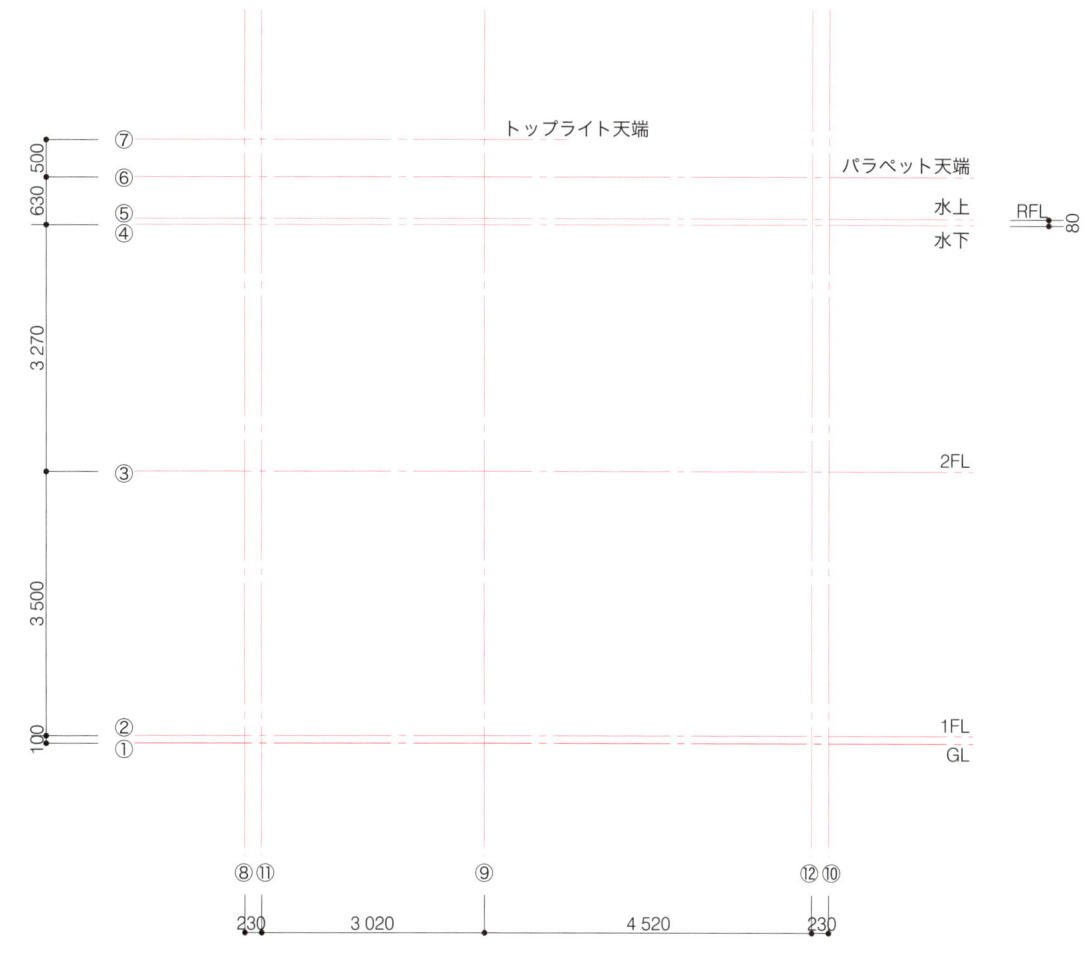

2）壁・屋根・開口部などの下書き

1. 壁心から ALC 版の厚さ（100mm）を振り分け，下書きする．
2. 1・2 階の床面から天井面までの高さを取り，下書きする．天井高　1 階事務室：2600mm，2 階事務室：2550mm
3. 窓の高さ，開口部の高さを取り，下書きする．
4. トップライトの壁，ガラスの下書きをする．
5. 庇，パラペットの下書きをする．

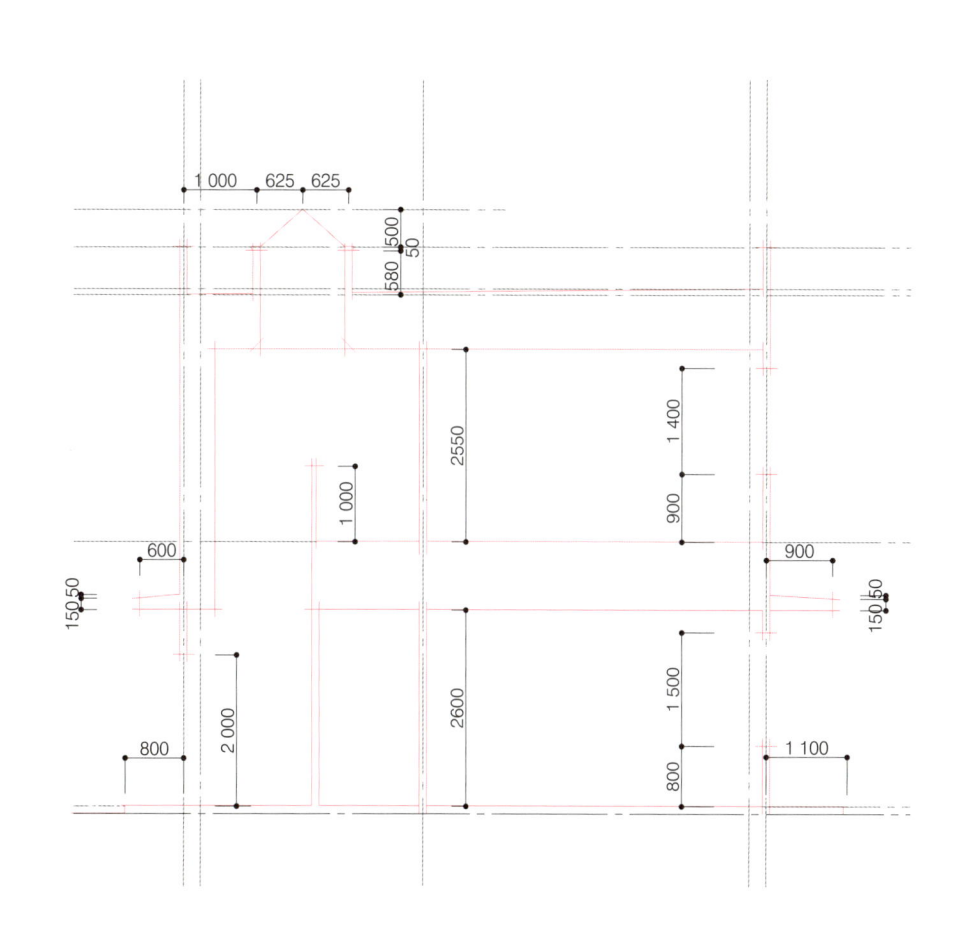

3）屋根・床・壁などの仕上げ

1. 下書きした壁・屋根などを仕上げる（極太の実線）．
2. 階段を描く（太い実線）．
3. 建具を描く（極太の実線）．

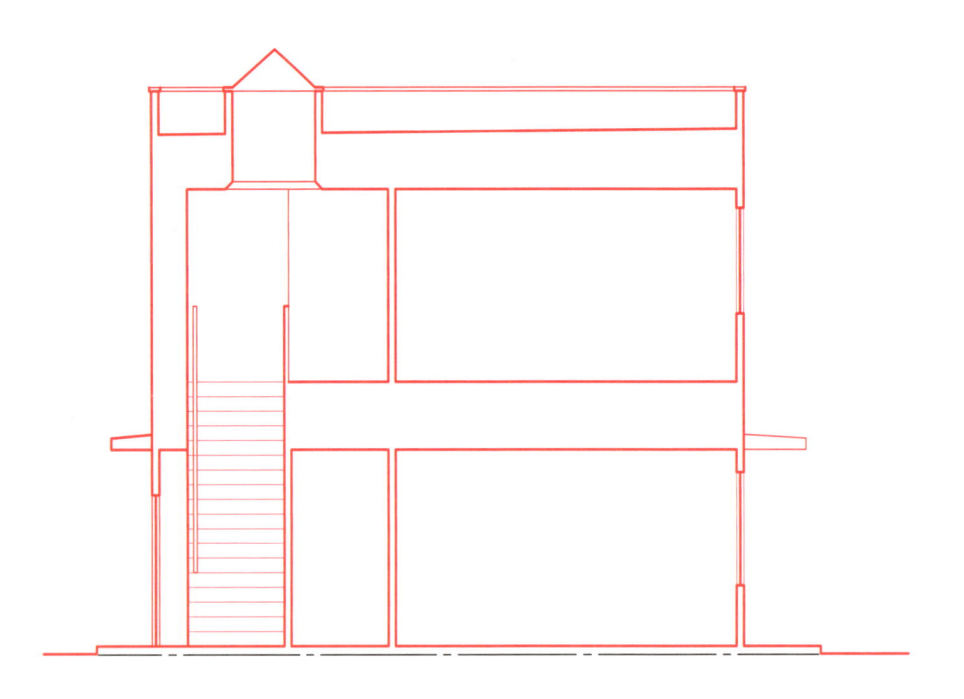

4）壁面の姿の記入

1. パラペットやトップライトの姿として見える線を引く（太い実線）．
2. 柱や壁の姿として見える線を引く（太い実線）．
3. 建具の姿として見える線を引く（細い実線）．
4. その他，姿として見える線を引く（太い実線）．

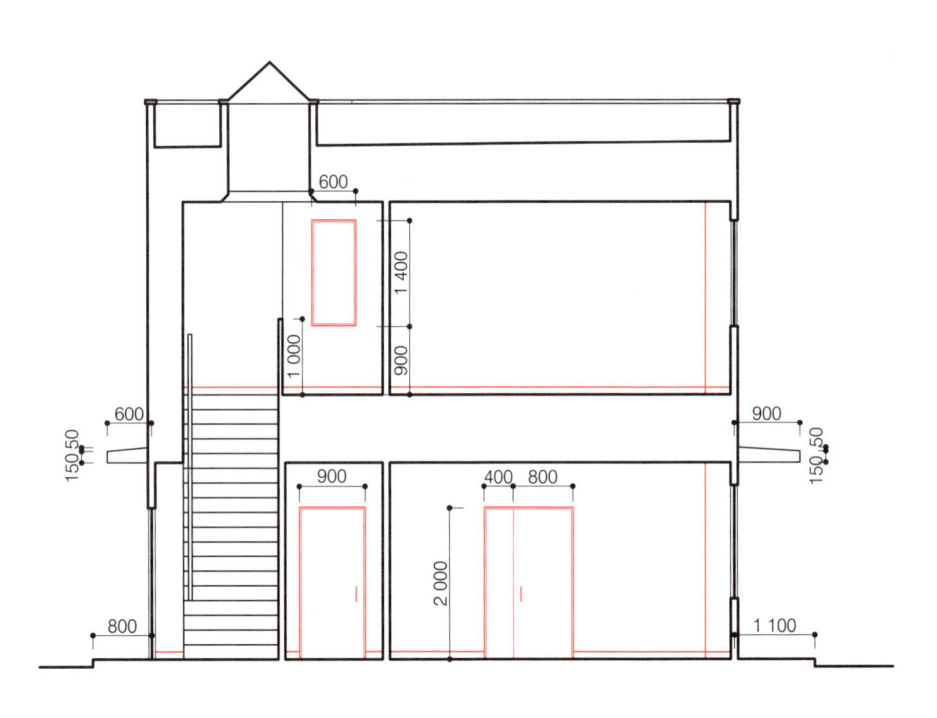

5）寸法・名称の記入

1. 寸法線・寸法補助線を引き（細い実線），寸法を記入する．
2. 室名，図名・縮尺を記入し完成させる．

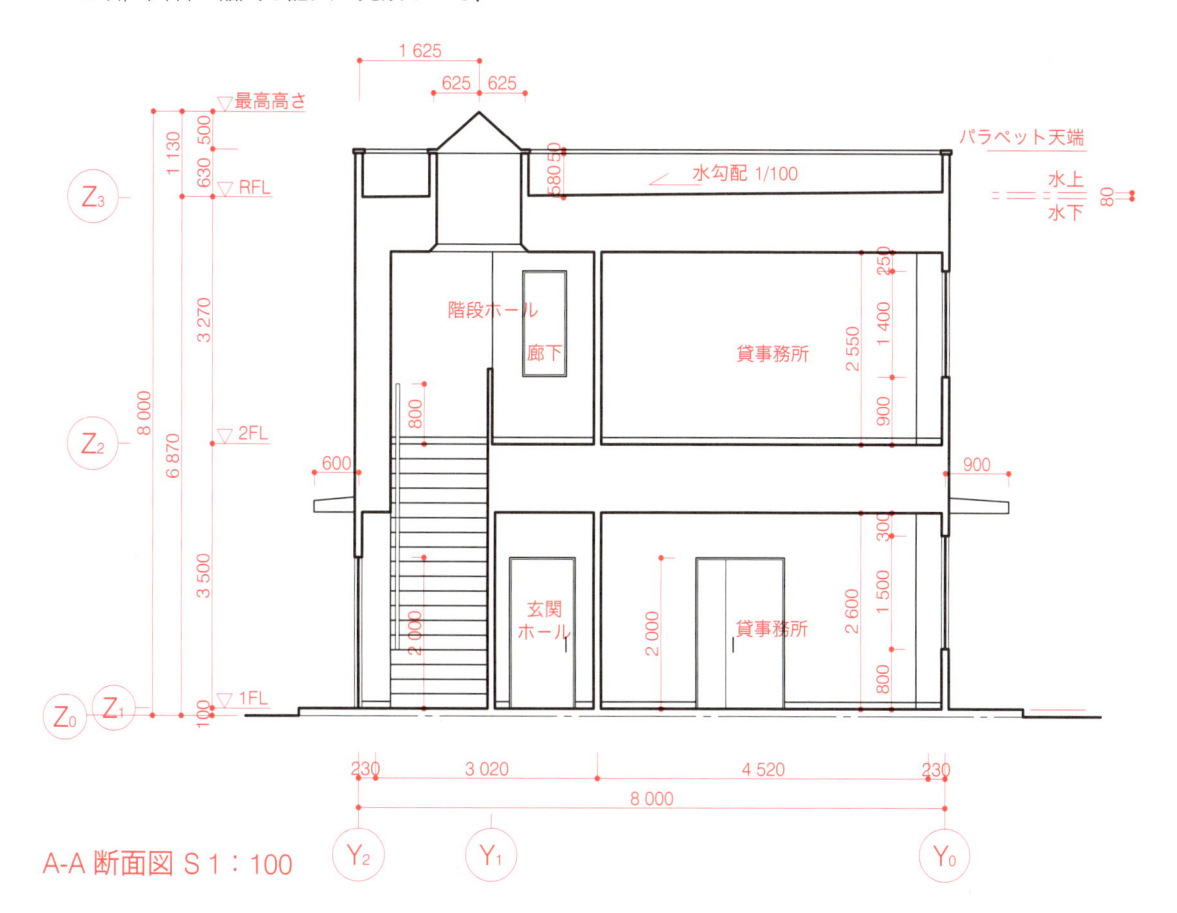

A-A 断面図 S 1：100

〈B-B 断面図／完成図〉

B-B 断面図は，A-A 断面図と同様の縮尺と順序で描く．基礎・基礎梁・柱・梁などは，かなばかり図を参照．

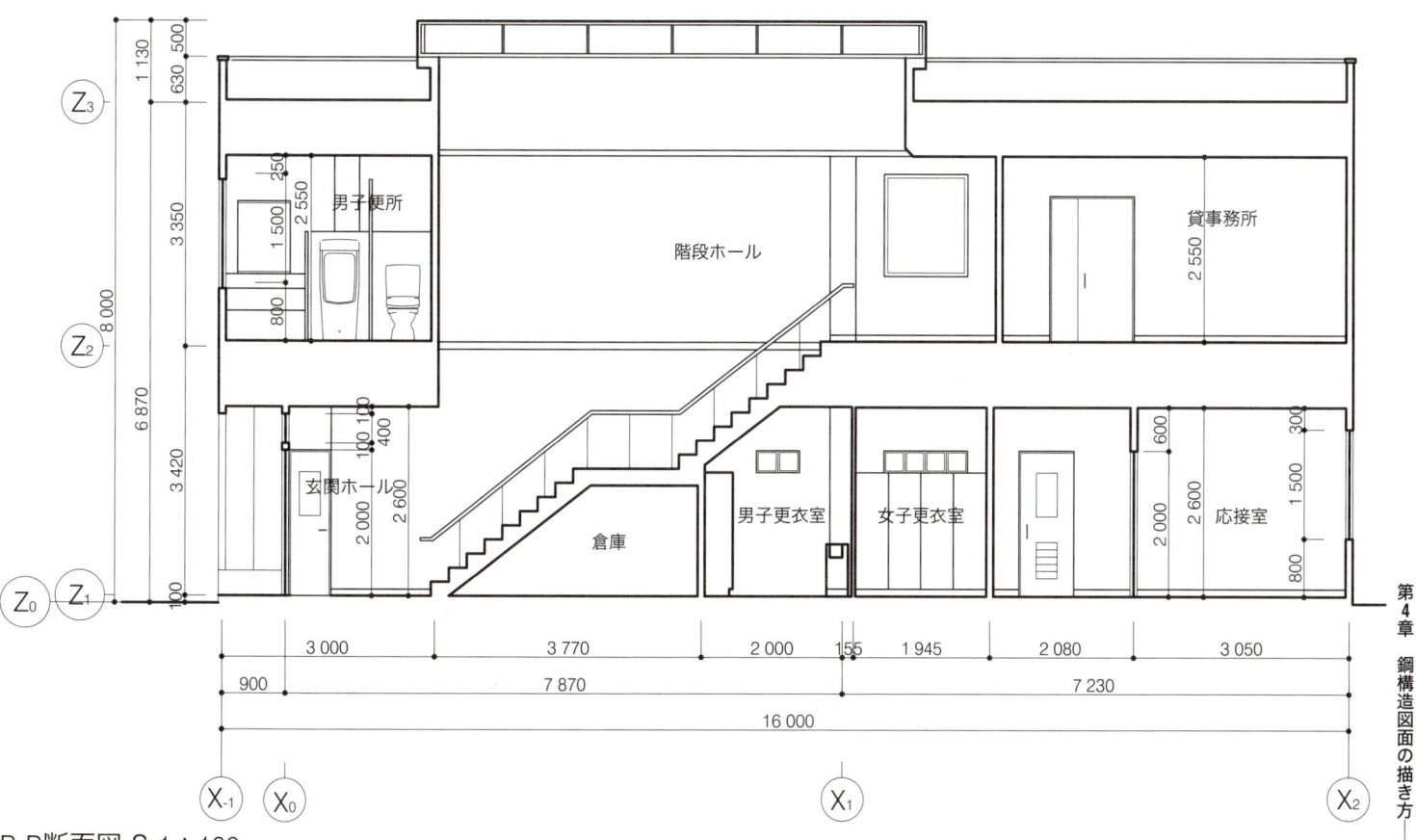

B-B 断面図 S 1：100

4・5 立面図

〈完成図〉

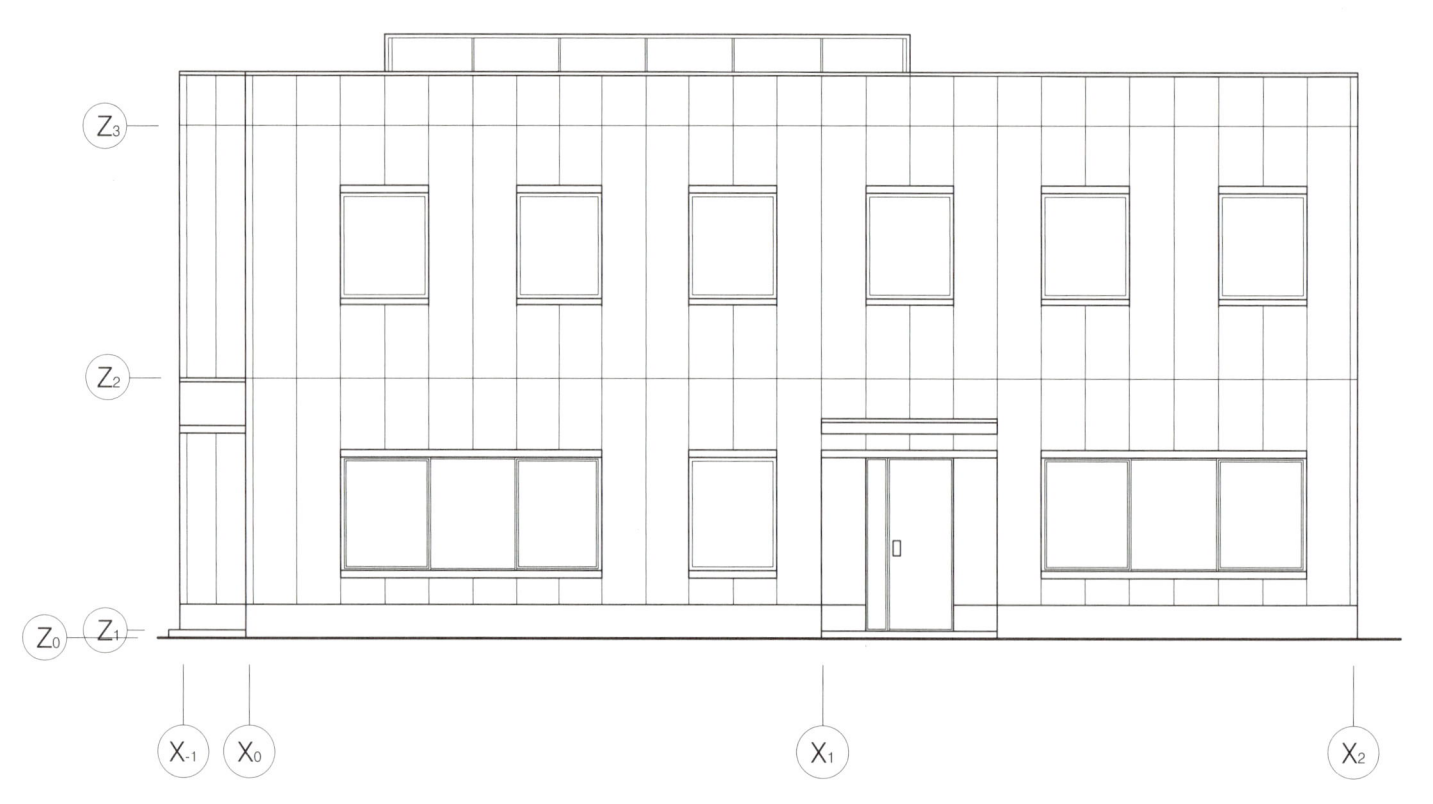

南立面図 S 1:100

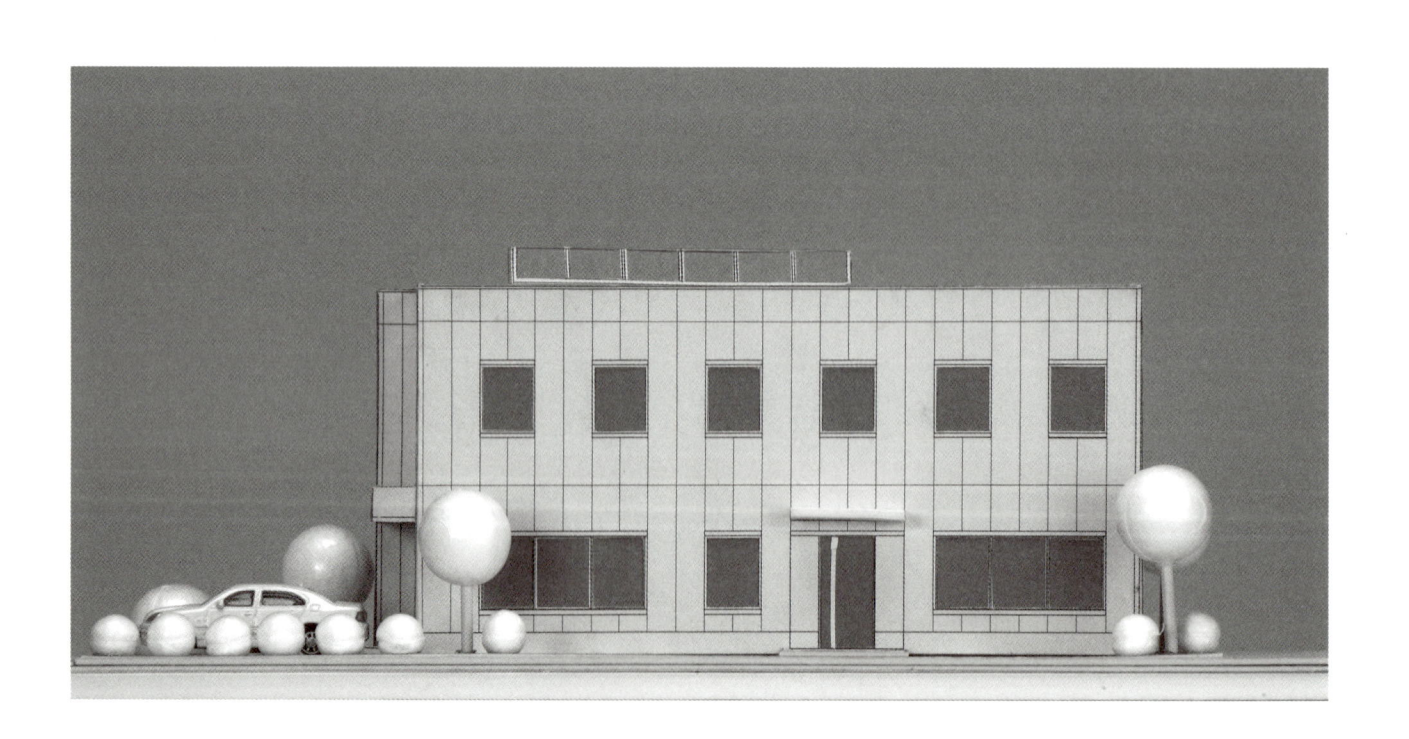

基準線を 1/100 の縮尺で描く．

1）基準線・中心線の記入

1. 地盤線（GL）①を下書きする．　2. 高さ基準線②〜⑥を下書きする．
3. 壁心⑦⑨⑩を下書きする．　4. 柱心⑨を下書きする．

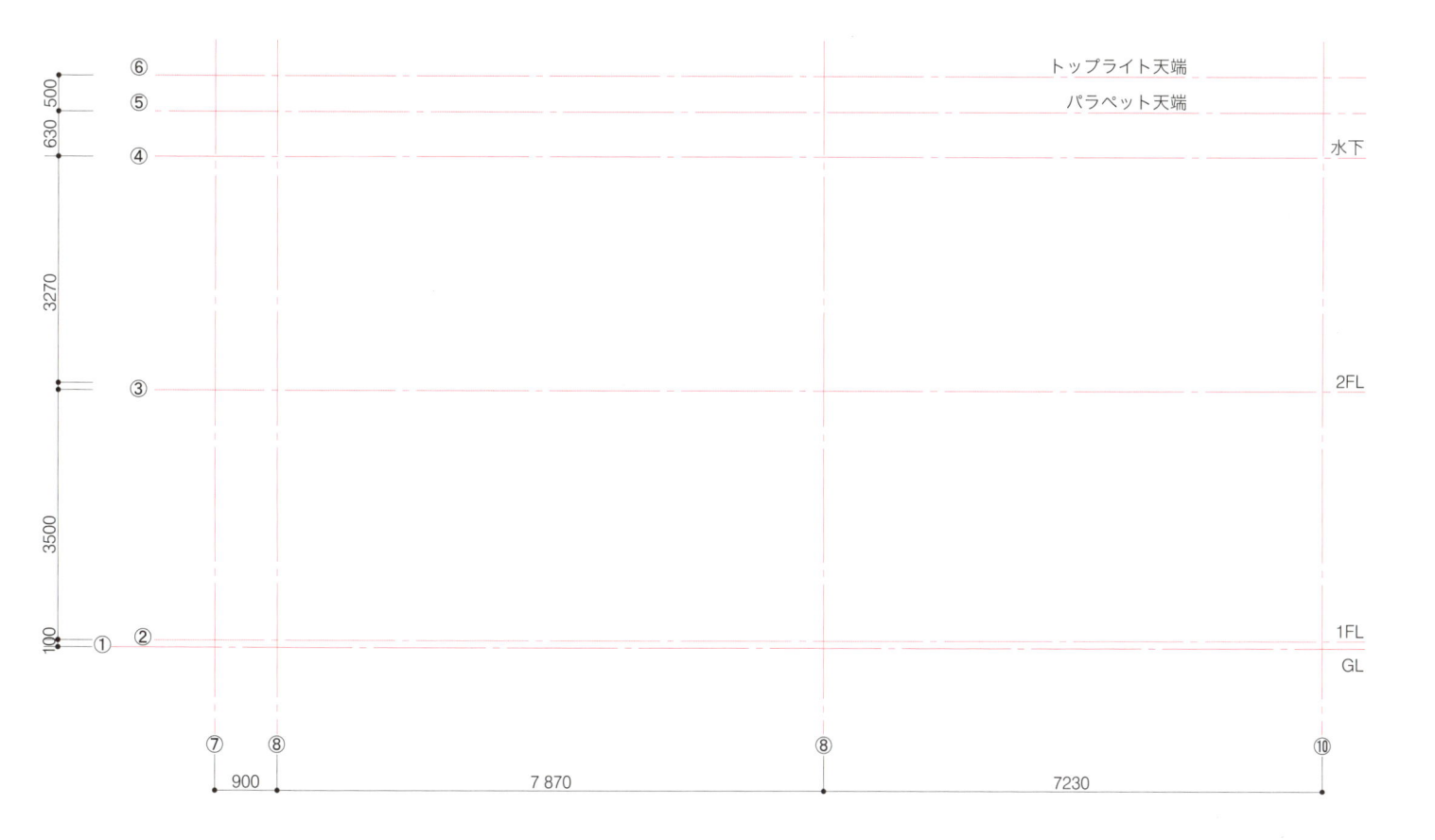

2）壁・開口部などの下書き

1. 外壁線からの ALC 版の厚さの半分（50mm）を外側にとる．　2. 開口部の内法幅と内法高さをとり，下書きする．
3. トップライトの幅をとり，下書きする．　4. パラペットの笠木の下書きをする．

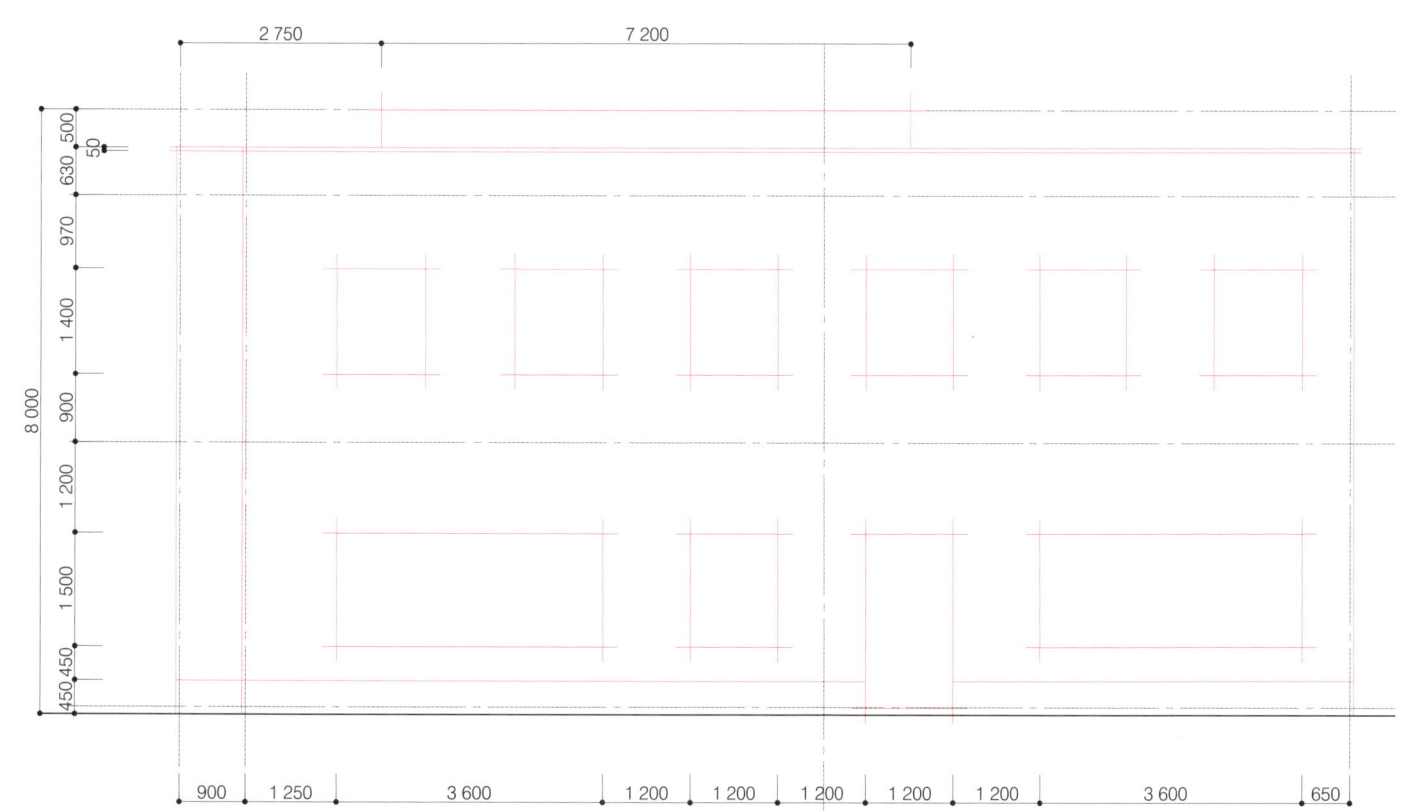

第 4 章　鋼構造図面の描き方

3）壁・建具などの仕上げ

1. 壁・建具を仕上げる（太い実線）． 2. トップライトを仕上げる（太い実線）．
3. パラペットの笠木を仕上げる（太い実線）． 4. 庇，ポーチの下書きをする．

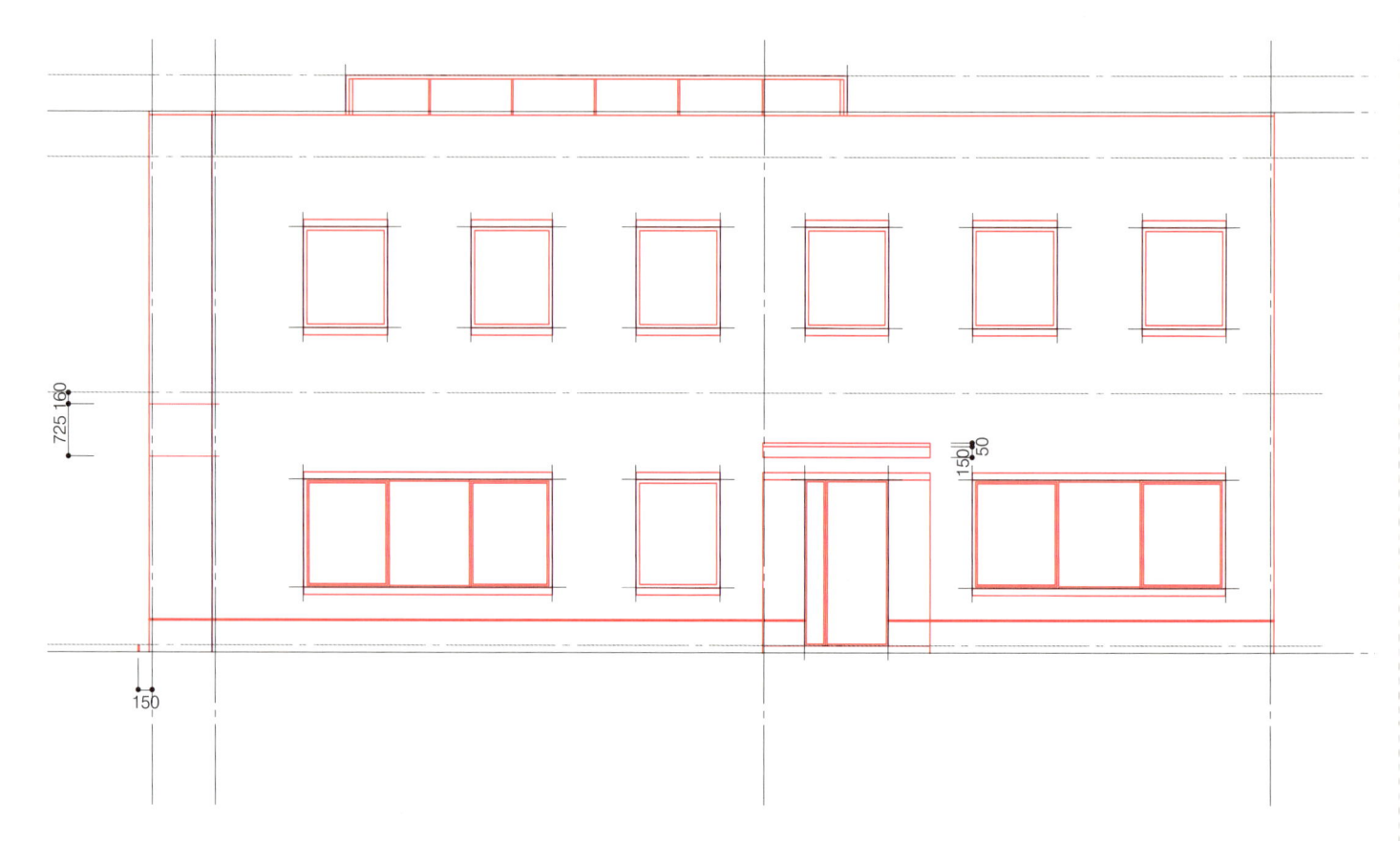

4）壁・開口部を記入

1. ALC版の割付け高さを描く（細い実線）．
2. 庇，ポーチを仕上げる（太い実線）．

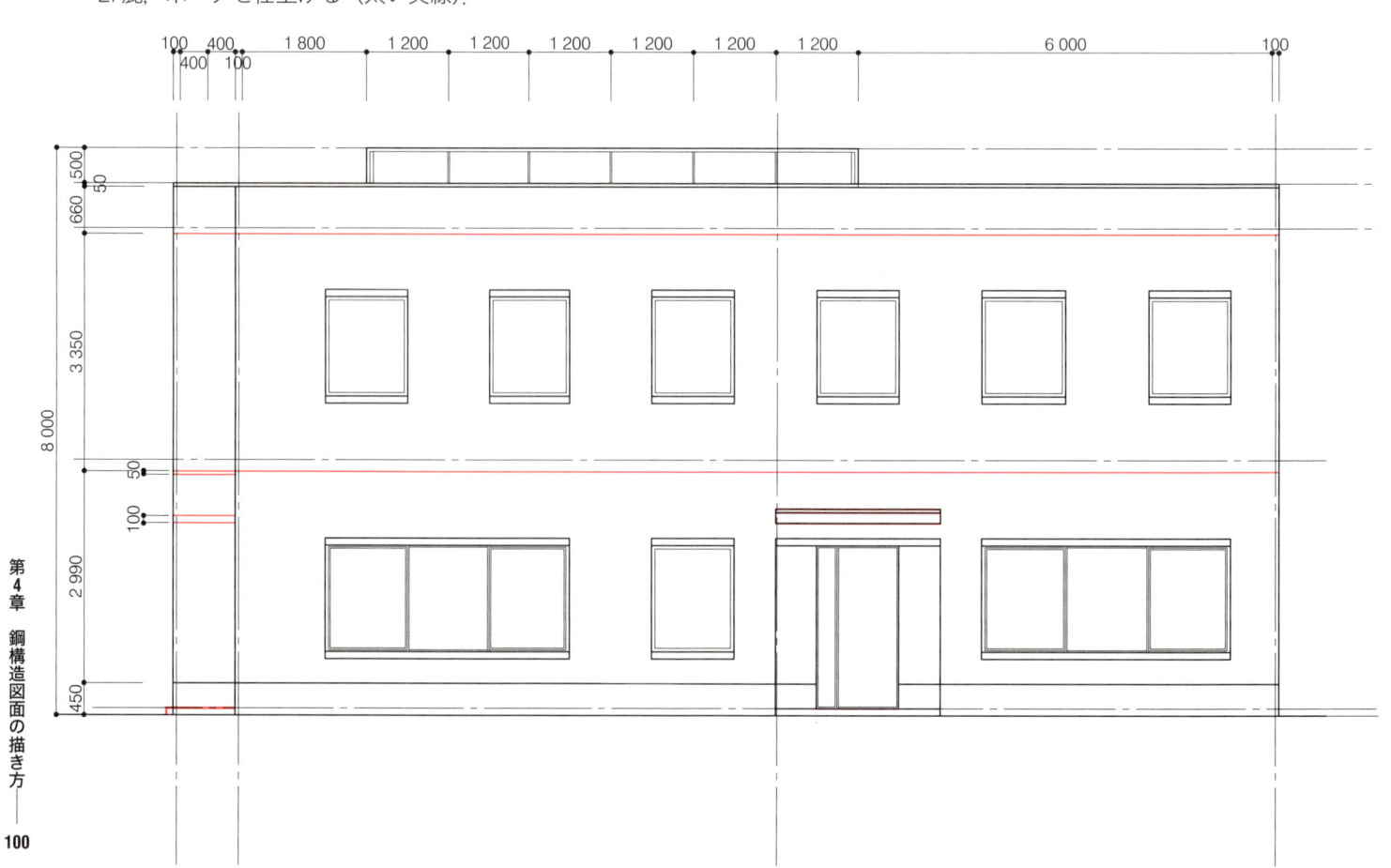

5) 文字・寸法の記入

1. ALC版の割付けを仕上げる（細い実線）． 2. 図名・縮尺・基準記号を記入する．
3. 地盤線（GL）を引き，完成させる（極太の実線）．

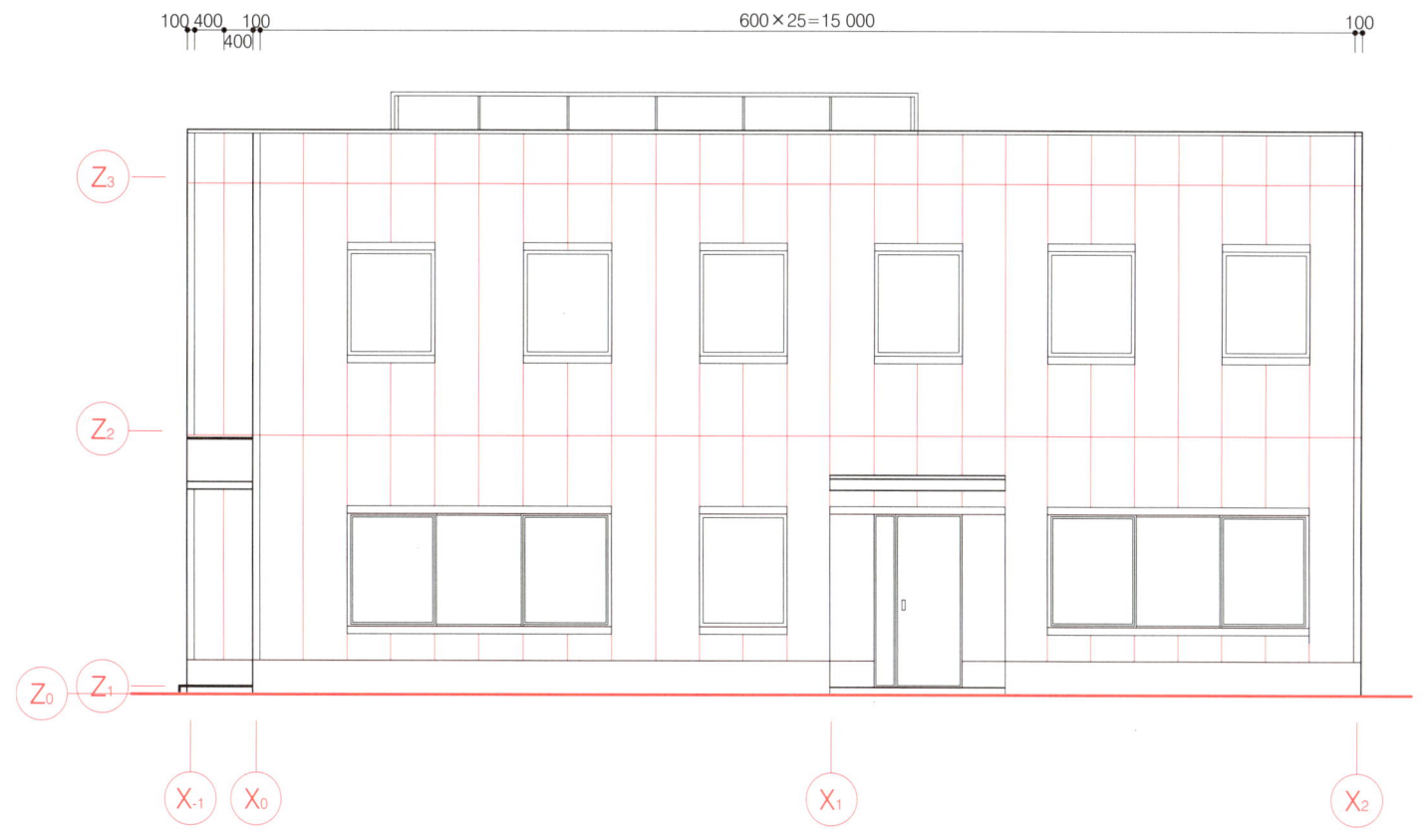

南立面図 S 1：100

〈西立面図／完成図〉

西立面図は，南立面図と同様の縮尺とし，同様の順序で描く．
西側の開口部などは，平面図，かなばかり図を参照して描く．

西立面図 S 1：100

4・6 かなばかり図

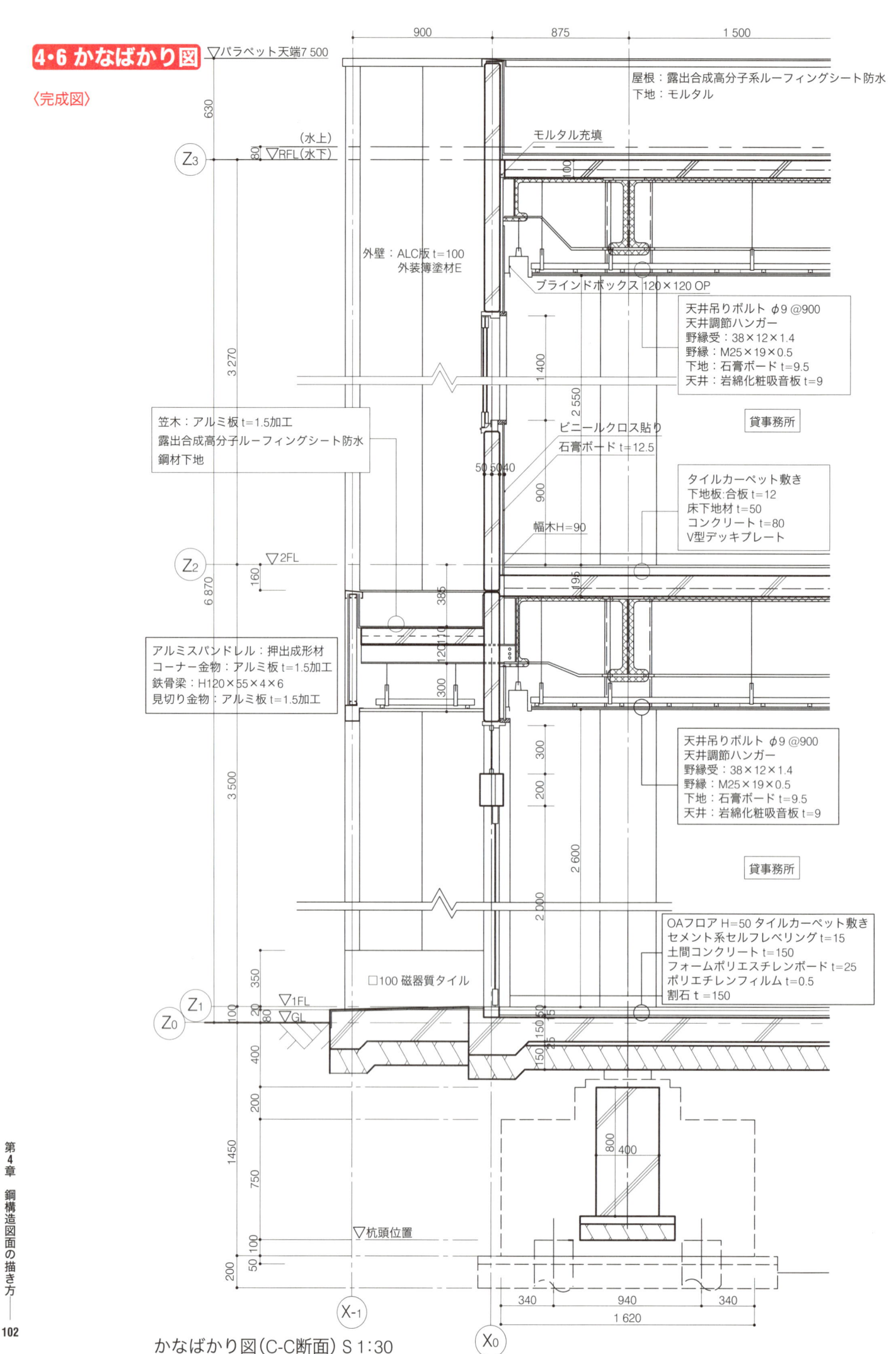

〈完成図〉

屋根：露出合成高分子系ルーフィングシート防水
下地：モルタル

モルタル充填

外壁：ALC版 t=100
外装薄塗材E

ブラインドボックス 120×120 OP

天井吊りボルト φ9 @900
天井調節ハンガー
野縁受：38×12×1.4
野縁：M25×19×0.5
下地：石膏ボード t=9.5
天井：岩綿化粧吸音板 t=9

笠木：アルミ板 t=1.5加工
露出合成高分子ルーフィングシート防水
鋼材下地

ビニールクロス貼り
石膏ボード t=12.5

貸事務所

タイルカーペット敷き
下地板：合板 t=12
床下地材 t=50
コンクリート t=80
V型デッキプレート

幅木 H=90

アルミスパンドレル：押出成形材
コーナー金物：アルミ板 t=1.5加工
鉄骨梁：H120×55×4×6
見切り金物：アルミ板 t=1.5加工

天井吊りボルト φ9 @900
天井調節ハンガー
野縁受：38×12×1.4
野縁：M25×19×0.5
下地：石膏ボード t=9.5
天井：岩綿化粧吸音板 t=9

貸事務所

OAフロア H=50 タイルカーペット敷き
セメント系セルフレベリング t=15
土間コンクリート t=150
フォームポリエスチレンボード t=25
ポリエチレンフィルム t=0.5
割石 t=150

□100 磁器質タイル

▽杭頭位置

かなばかり図（C-C断面） S 1:30

かなばかり図を1/30の縮尺で描く．

1）基準線・中心線の記入

1. 地盤線（GL）①を引く（細い一点鎖線）．
2. 1階床仕上げ面（1FL）の基準線②を引く（細い一点鎖線）．
3. 2階床仕上げ面（2FL）の基準線③を引く（細い一点鎖線）．
4. 水下・水上スラブ上端の基準線④，⑤を引く（細い一点鎖線）．
5. 基礎梁天端⑥，基礎天端⑦，杭頭位置⑧を引く（細い一点鎖線）．
6. 基礎下端⑨，根切底⑩を引く（細い一点鎖線）．
7. 外壁心⑪・⑫を引く（細い一点鎖線）．
8. 柱心⑬を引く（細い一点鎖線）．
9. 高さを省略する部分に破断線⑭，⑮及び⑯，⑰を引く（細い一点鎖線）．

※破断線⑭〜⑮，⑯〜⑰は用紙中に全図面がおさまらないため省略しても差し支えない部分を切断して作図している．

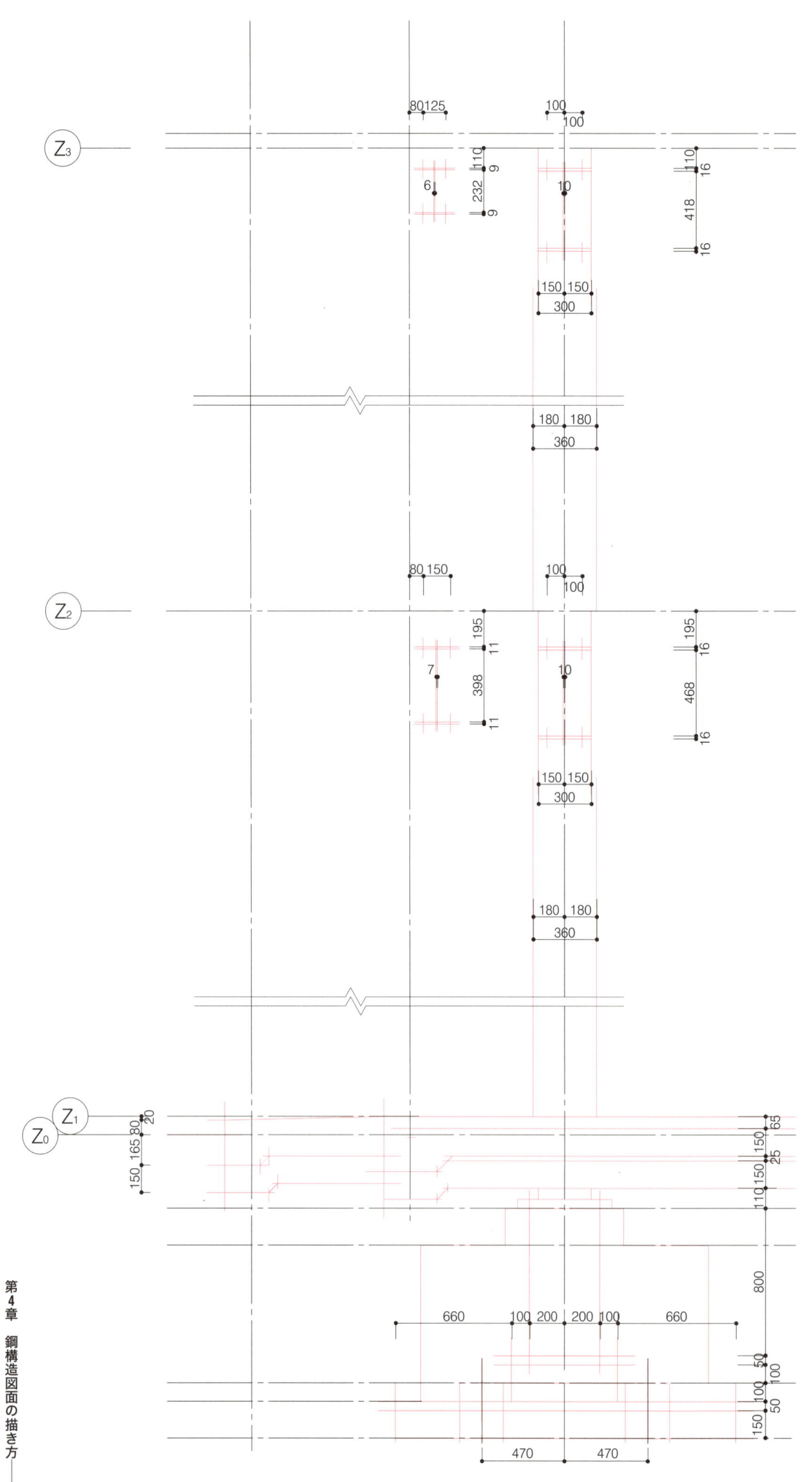

2) 基礎, 柱・梁の下書き

1. 1階床仕上げ（厚さ65mm）・土間コンクリート厚さ（150mm）・割石（厚さ150mm）を下書きする.
2. ポーチのタイル・土間コンクリート・割石を下書きする.
3. 基礎, 基礎梁, 基礎梁下部の捨コンクリート（厚さ50mm）・割石（厚さ150mm）を下書きする.
4. 柱の下書きをする.
5. 2階梁, R階梁を下書きする.

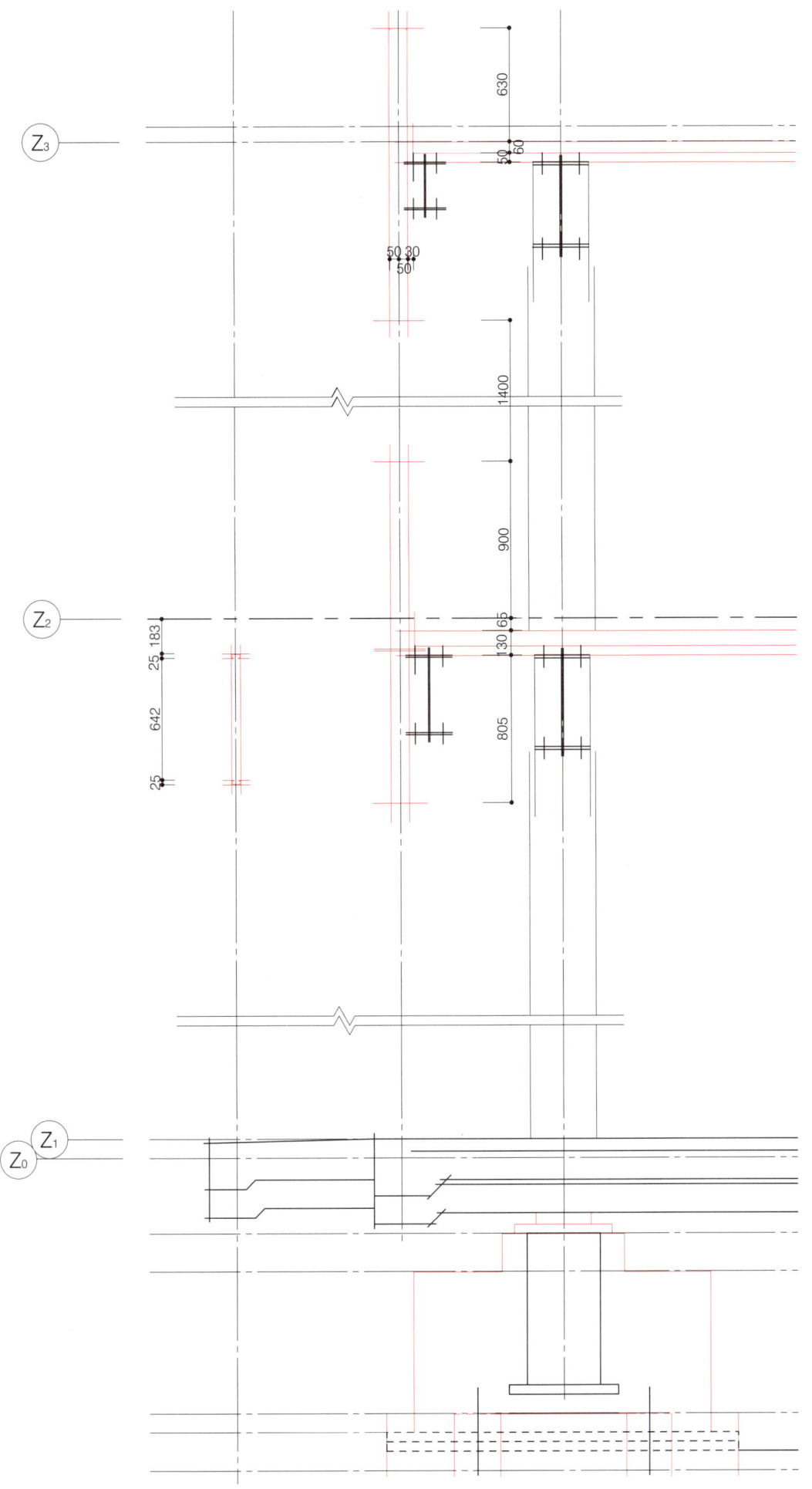

3）屋根・床・壁の下書き

1. 外壁ALC版（厚さ100mm）を外壁心から振り分けて，下書きする．
2. 屋根V型デッキプレートを下書きする（部分詳細図 p.111 参照）．
3. 2階床V型デッキプレートを下書きする．
4. パラペットの立ち上り（Z_3より630mm）を下書きする．
5. 2階の窓の高さ（Z_2より900mm）を下書きする．
6. 1階の庇のたれ壁を下書きする（部分詳細図 p.110 参照）．

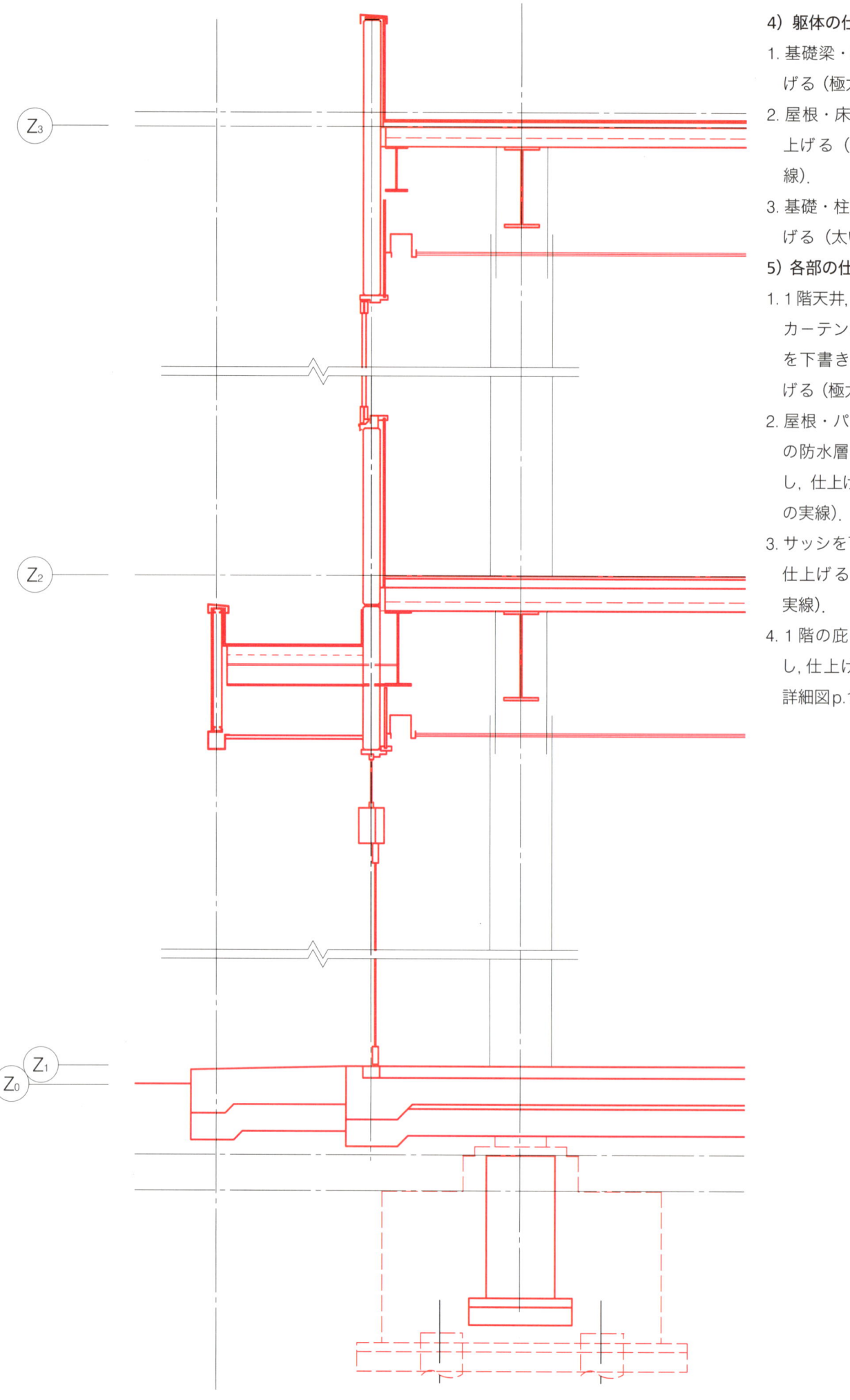

4) 躯体の仕上げ
1. 基礎梁・梁を仕上げる（極太の実線）．
2. 屋根・床・壁を仕上げる（極太の実線）．
3. 基礎・柱脚を仕上げる（太い破線）．

5) 各部の仕上げ (1)
1. 1階天井，2階天井，カーテンボックスを下書きし，仕上げる（極太の実線）．
2. 屋根・パラペットの防水層を下書きし，仕上げる（極太の実線）．
3. サッシを下書きし，仕上げる（極太の実線）．
4. 1階の庇を下書きし，仕上げる（部分詳細図p.110参照）．

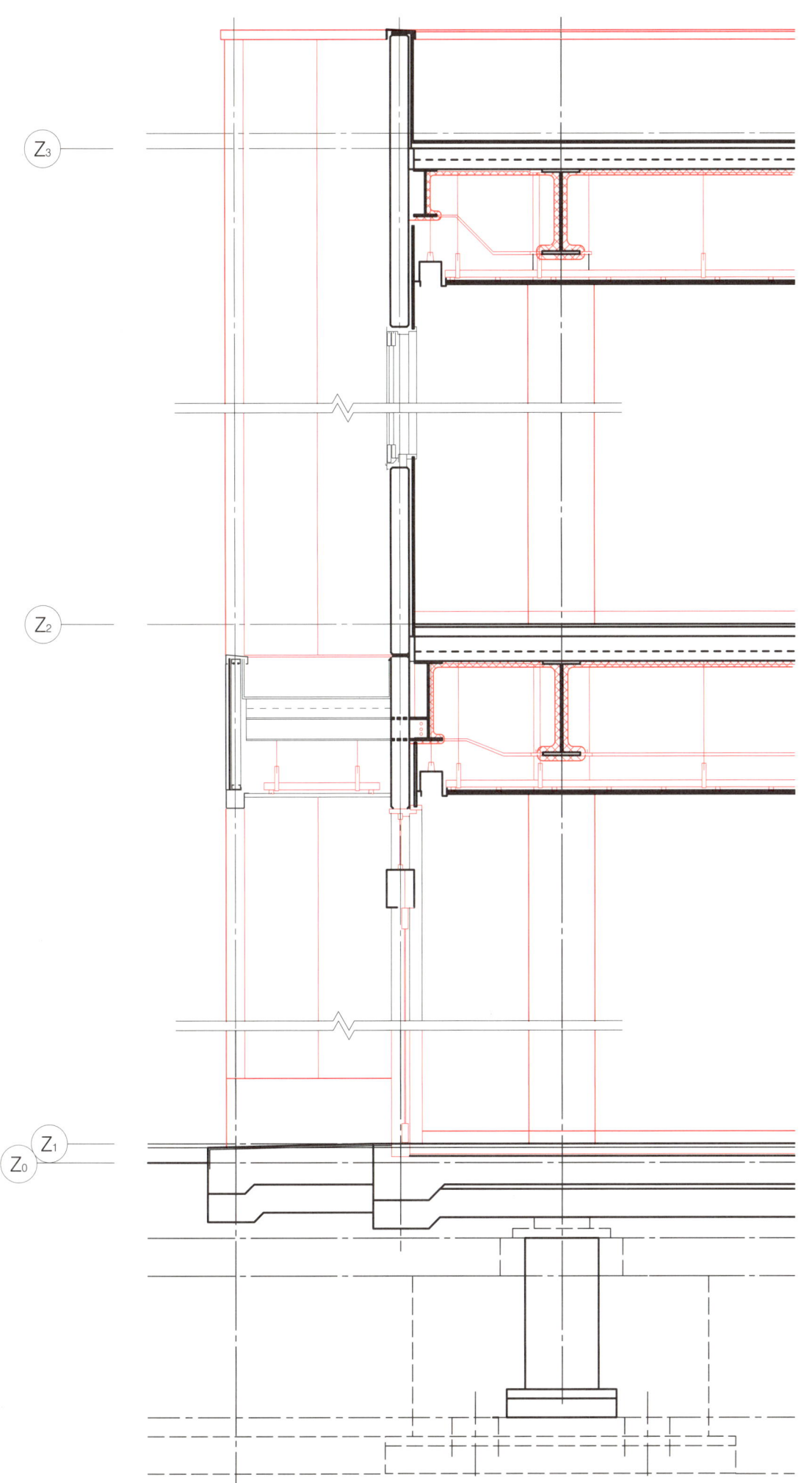

6）各部の仕上げ（2）
1. 柱・幅木・開口部枠を仕上げる（太い実線）．
2. 姿として見える外壁を仕上げる（太い実線）．
3. 外壁の目地を仕上げる（細い実線）．
4. 天井裏の野縁を仕上げる（極太の実線）．
5. 野縁受け，吊りボルトを仕上げる（太い実線）．
6. 耐火被覆を仕上げる．

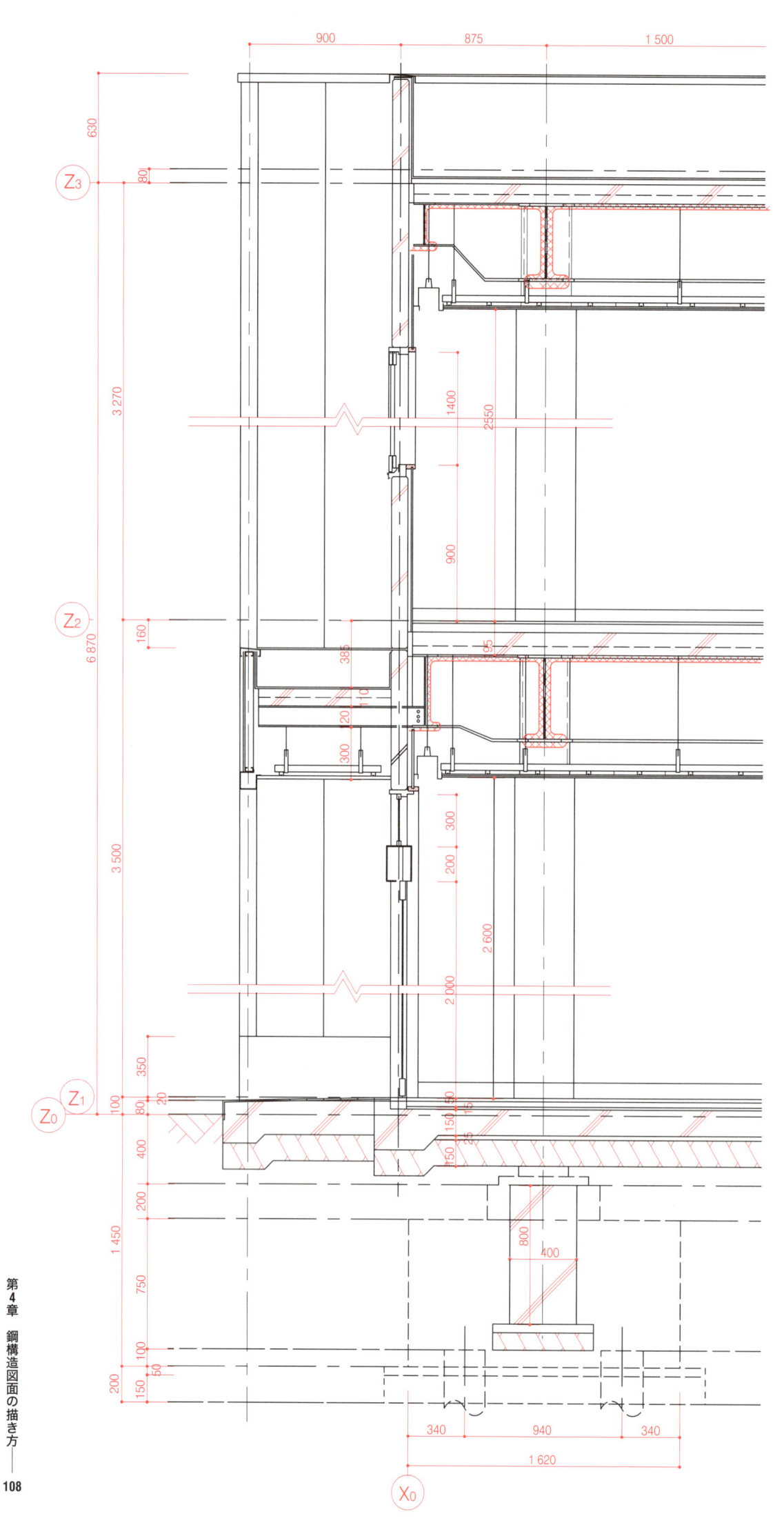

7) 材料・構造表示記号, 寸法名称などの記入

1. 耐火被覆を描く(極太の実線).
2. 地盤, 土間コンクリート, 基礎, 梁, 割石などの材料表示記号を記入する(細い実線).
3. 寸法線・寸法補助線を引き(細い実線), 寸法, 基準記号を記入する.

8) 名称などの記号の記入

1. 室名・各部の名称，図名・縮尺を記入し，完成させる．

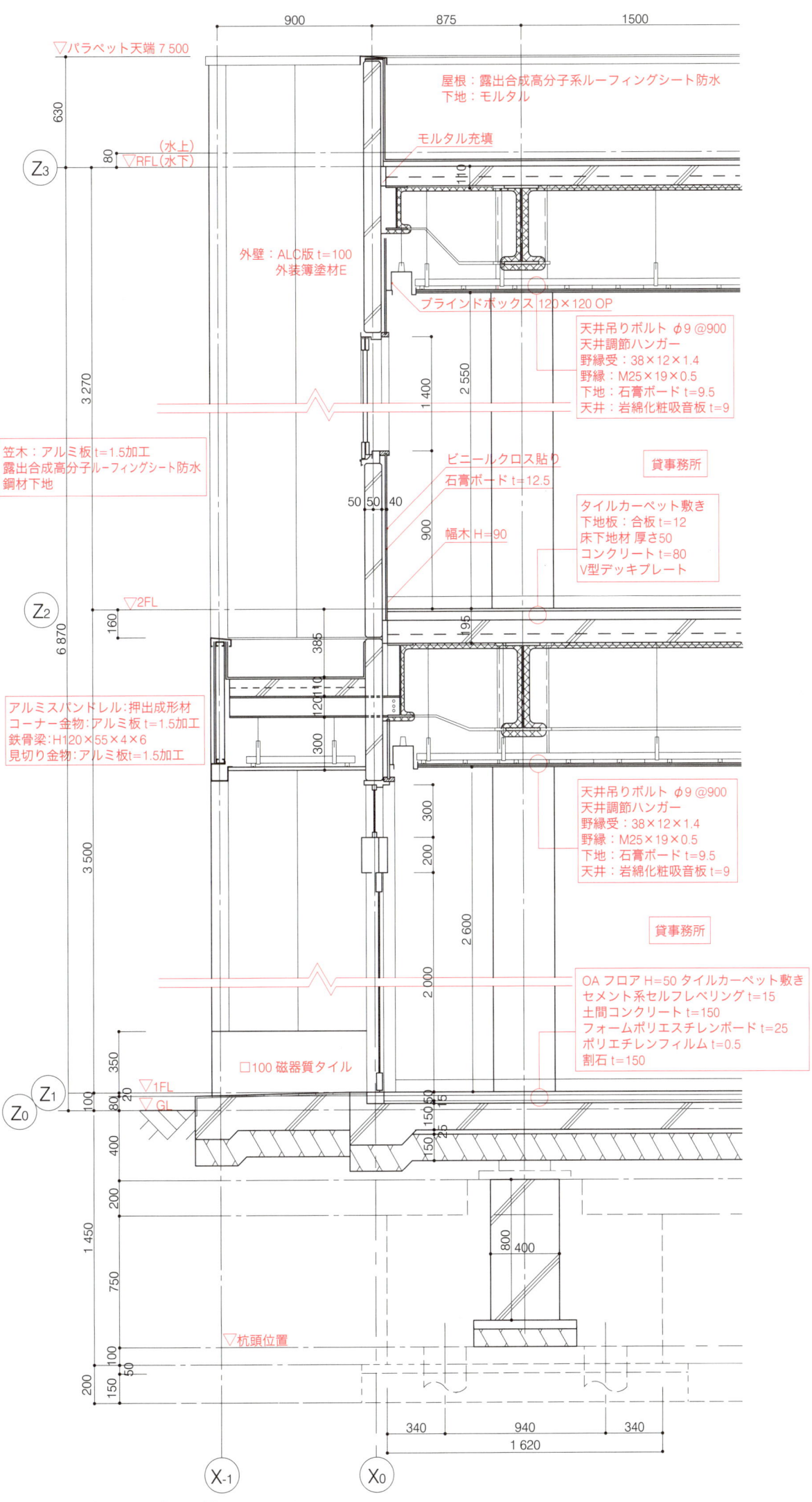

図面注記（右側より）:
- 屋根：露出合成高分子系ルーフィングシート防水
- 下地：モルタル
- モルタル充填
- 外壁：ALC版 t=100 外装薄塗材E
- ブラインドボックス 120×120 OP
- 天井吊りボルト φ9 @900
- 天井調節ハンガー
- 野縁受：38×12×1.4
- 野縁：M25×19×0.5
- 下地：石膏ボード t=9.5
- 天井：岩綿化粧吸音板 t=9
- 貸事務所
- ビニールクロス貼り
- 石膏ボード t=12.5
- タイルカーペット敷き
- 下地板：合板 t=12
- 床下地材 厚さ50
- コンクリート t=80
- V型デッキプレート
- 幅木 H=90
- 笠木：アルミ板 t=1.5加工
- 露出合成高分子ルーフィングシート防水
- 鋼材下地
- アルミスパンドレル：押出成形材
- コーナー金物：アルミ板 t=1.5加工
- 鉄骨梁：H120×55×4×6
- 見切り金物：アルミ板 t=1.5加工
- 天井吊りボルト φ9 @900
- 天井調節ハンガー
- 野縁受：38×12×1.4
- 野縁：M25×19×0.5
- 下地：石膏ボード t=9.5
- 天井：岩綿化粧吸音板 t=9
- 貸事務所
- OAフロア H=50 タイルカーペット敷き
- セメント系セルフレベリング t=15
- 土間コンクリート t=150
- フォームポリエスチレンボード t=25
- ポリエチレンフィルム t=0.5
- 割石 t=150
- □100 磁器質タイル

レベル記号:
- ▽パラペット天端 7 500
- ▽RFL（水下）（水上）
- ▽2FL
- ▽1FL
- ▽GL
- ▽杭頭位置

かなばかり図（C-C断面） S 1:30

第4章 鋼構造図面の描き方

4・7 部分詳細図

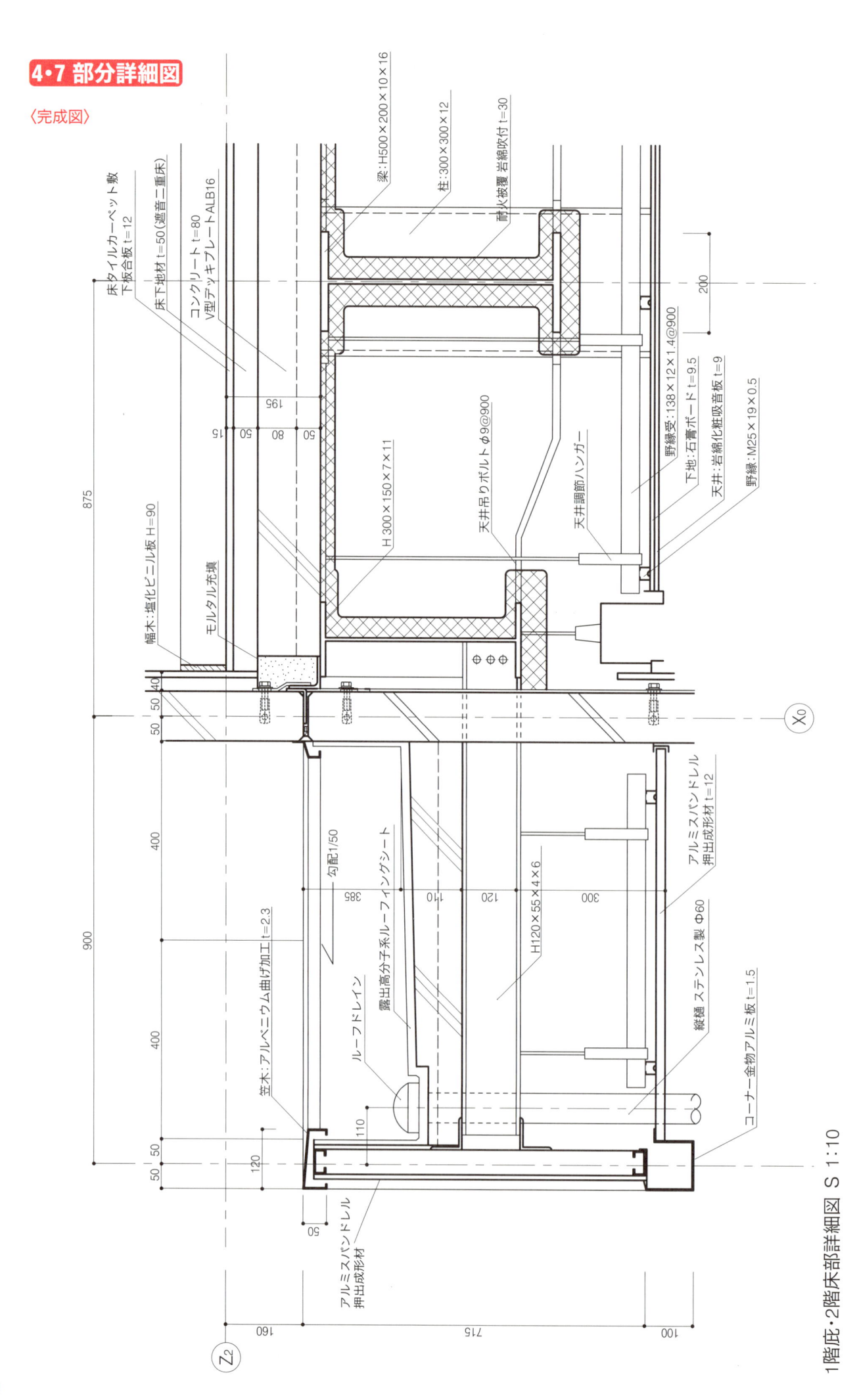

〈完成図〉

1階庇・2階床部詳細図 S 1:10

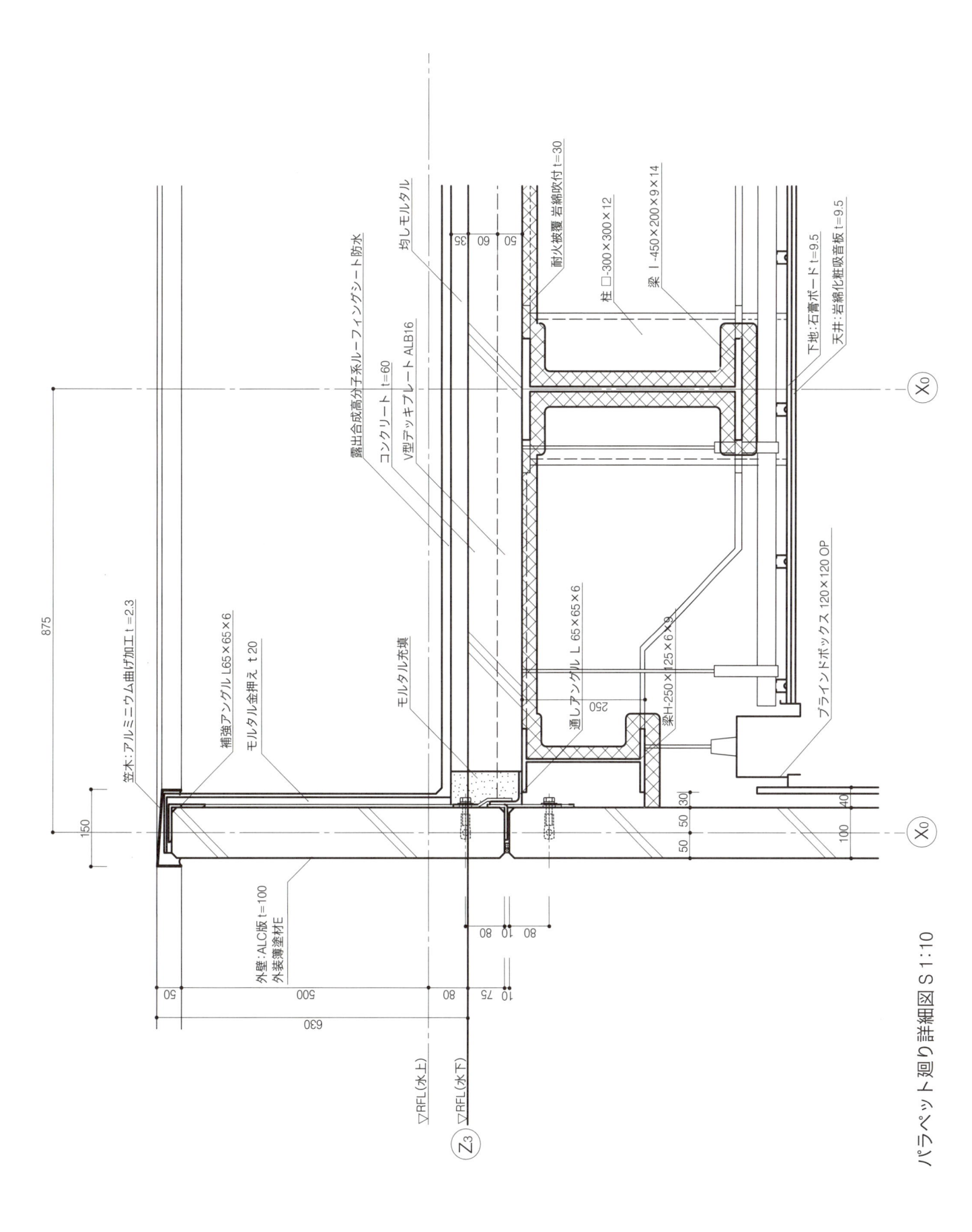

〈完成図〉

パラペット廻り詳細図 S 1:10

笠木：アルミニウム曲げ加工 t=2.3
補強アングル L65×65×6
モルタル金押え t20
外壁：ALC版 t=100
外装薄塗材E
露出合成高分子系ルーフィングシート防水
コンクリート t=60
V型デッキプレート ALB16
均しモルタル
モルタル充填
耐火被覆 岩綿吹付 t=30
柱 □-300×300×12
梁 I-450×200×9×14
下地：石膏ボード t=12
天井：岩綿化粧吸音板 t=9.5
通しアングル L 65×65×6
梁H-250×125×6×9
ブラインドボックス 120×120 OP

▽RFL(水上)
▽RFL(水下)

〈建築のテキスト〉編集委員会

● 編集委員長

　大西正宜　　（大阪府立西野田工科高等学校）

● 編集委員

　飴野正彦　　（兵庫県立神戸工業高等学校）

　宇都直人　　（大阪市立都島工業高等学校）

　岡本展好　　（大阪市立都島工業高等学校）

　覚野一与　　（兵庫県立姫路工業高等学校）

　河合省吾　　（大阪府立西野田工科高等学校）

　小早川弘樹　（大阪府立今宮工科高等学校）

　下山　明　　（兵庫県立尼崎工業高等学校）

● 執筆者

　下山　明　　（兵庫県立尼崎工業高等学校）

　森田修市　　（兵庫県立龍野実業高等学校）

　石原一弘　　（兵庫県立尼崎工業高等学校）

　山本正廣　　（京都市立伏見工業高等学校）

● 作図協力

　丸野貴好　　（兵庫県立龍野実業高等学校）

（上記の所属校は2008年初版時のものである）

初めて学ぶ建築製図

2色刷ワークブック

2008年　11月20日　第1版第1刷発行
2010年　1月20日　第2版第1刷発行
2025年　2月20日　第2版第6刷発行

著　者　〈建築のテキスト〉編集委員会
発行者　井口夏実
発行所　株式会社学芸出版社
　　　　京都市下京区木津屋橋通西洞院東入
　　　　〒600-8216　☎075・343・0811

イチダ写真製版／新生製本
装丁：前田俊平

Ⓒ〈建築のテキスト〉編集委員会 2008
Printed in Japan　ISBN 978-4-7615-2448-7

JCOPY〈(社)出版者著作権管理機構委託出版物〉
本書の無断複写（電子化を含む）は著作権法上での例外を除き禁じられています。複写される場合は、そのつど事前に、(社)出版者著作権管理機構（電話03-5244-5088、FAX 03-5244-5089、e-mail: info@jcopy.or.jp）の許諾を得てください。
また本書を代行業者等の第三者に依頼してスキャンやデジタル化することは、たとえ個人や家庭内での利用でも著作権法違反です。